本书出版受到国家社会科学基金项目“竞技正义研究”（14XTY001）的资助

竞技正义研究

杨其虎 ◎ 著

·长 沙·

图书在版编目(CIP)数据

竞技正义研究 / 杨其虎著. —长沙：中南大学出版社，2020.11

ISBN 978-7-5487-4200-5

Ⅰ.①竞… Ⅱ.①杨… Ⅲ.①竞技体育—体育伦理学—研究 Ⅳ.①G803

中国版本图书馆 CIP 数据核字(2020)第 189616 号

竞技正义研究

杨其虎　著

□责任编辑　沈常阳
□责任印制　易红卫
□出版发行　中南大学出版社
社址：长沙市麓山南路　邮编：410083
发行科电话：0731-88876770　传真：0731-88710482
□印　　装　湖南省汇昌印务有限公司

□开　　本　710 mm×1000 mm 1/16　□印张 18.5　□字数 283 千字
□版　　次　2020 年 11 月第 1 版　□2020 年 11 月第 1 次印刷
□书　　号　ISBN 978-7-5487-4200-5
□定　　价　58.00 元

前　言

作为一种古老的身体活动，体育竞技自诞生以来，伴随着一定程度的“野蛮”，穿越数千年的历史时空，无时不在影响着人们的生活。

人们对体育竞技历久弥新的追求与竞技运动的游戏性有着重要关系，人类的活动纷繁芜杂，多种多样，但总体上可以分为工作与生活(狭义)。工作是为了解决生活所需而从事的活动，工作的目的是生活得更好，生活才是人存在的基本状态。人的生活由各种活动组成，其中一种重要活动就是闲暇活动。闲暇活动中常见的是游戏，体育竞技就是游戏中的一种，它能给人们带来愉悦与放松，竞技体育游戏中的愉悦和轻松是其对人们产生强烈吸引力和影响力的重要原因。

然而，竞技体育给人带来的愉悦不是它具有持久魅力的唯一缘由。有些竞技活动，如散打、拳击等，本身带着血腥，结果也可能充斥着伤害。人们同样对其津津乐道，参与者锲而不舍、奋不顾身，观看者乐此不疲。这已然超出常态中的游戏的愉悦吸引力的范围，它们的存在是不能用游戏的消遣和审美来进行充分解释的。

除愉悦外，体育竞技还有什么“隐性”的魔力，体育竞技到底有着怎样的深层意蕴，有着什么样的本体论意义，人类为什么需要体育竞技？人类怎样用体育竞技来满足自己的需要？这些问题早在笔者攻读法学硕士研究生时就进入了笔者的思域，且一直挥之不去。

机缘巧合，笔者研究生毕业后有幸进入一所重点大学的体育学院工作，在与诸多体育学专家学者和运动员、教练员进行交流后，笔者决心攻读伦理学博士，且以体育伦理作为研究方向，去寻找上述问题的答案。当笔者把法学中的“规则”“权利”“义务”等概念融入伦理学中的“应当”“善”“正义”和体育学中的“竞技”“公平竞赛”“体育精神”等范畴中时，体育的本体论意义隐约露出了一丝曙光。在攻读博士研究生的第一个年头，笔者就确定了以“竞技体育的伦理价值”作为研究目标，博士学位论文围绕竞技体育的伦理价值展开。在博士学位论文中，笔者提出了“竞技正义”的概念，并予以了初步的阐述。但是该文重点在讨论竞技体育的伦理价值，主要分析了竞技体育的自由、平等、公正、勇敢、和平等价值；指出了当代竞技体育的异化现象；提出了通过规则规范、制度控制和法律规制的手段来维护体育竞技的公平公正，维护竞技正义的实现。囿于题目对内容的限定，在博士学位论文中笔者没有对“竞技正义”的内涵和外延进行界定，没有给“竞技正义”做出具体的定义。

“竞技正义”从字面上理解很容易和有些学者提出的“体育正义”产生混淆。“体育正义”实际上是指“体育中的正义”或者“体育中存在的正义问题”，“体育正义”这种提法更多地从体育学的角度把体育中的不公正现象作为研究对象，对体育异化进行批判。“竞技正义”涵盖了对竞技体育中不公正现象和异化问题的挞伐，但它不止步于这些问题，而是从哲学的视角，以一种形而上的精神，抽象和提炼出一种独特的“正义”范畴。因此，“竞技正义研究”在研究进路上，是对笔者博士学位论文的一个延续性研究，具言之是对笔者博士学位论文的深化。这种深化，不是对原文的全面性扩充，在篇幅上予以拉长，而是对其中的第三部分“竞技体育的伦理价值”从形而上的哲学思辨中阐明：体育竞技中包含的各种正义可以整合成一种新的正义，这种新的正义就是“竞技正义”。这意味着，在本书中，在笔者博士学位论文中讨论过的其他问题，如竞技体育有什么样的伦理价值，公平竞赛、体育精神的伦理内涵以及竞技体育的异化，竞技正义的维正义模式，它隐藏在我们司空见惯、习以为常的竞技体育中。

竞技体育通过竞争、规则、程序、裁判、仲裁等体制机制使其处于良好的秩序状态，并使分配正义、程序正义和矫正正义得以实现，竞技体育成为一个有着自身秩序和内部正义的系统。那么，它的内部正义有何特点？与社会正义关系如何？它对社会公正有何影响？本书以体育竞技为对象，以伯纳德·休茨的体育哲学理论为基础，以游戏、规则、契约、制度为经线，以分配正义、程序正义、矫正正义为纬线展开分析，系统论述了“竞技正义”这一新范畴的内涵、内容、特点、生成机制。在这一理论体系之上，进一步探索了竞技正义与社会正义之间的关系和竞技正义对当代中国社会公正的观照等问题。

总体而言，我国对竞技体育与正义相关问题的研究还处于初始阶段。尽管有学者提到“体育竞技正义”，个别研究者已经把“体育竞技正义”和“竞技正义”当成一个新概念开始加以使用，但尚未对“竞技正义”范畴做出深入和系统的论述，对前文提到的“体育正义”“竞技正义”“体育中的正义问题”等范畴或命题各自的内涵和外延如何，彼此的关系如何，尤其是“竞技正义”能否成为一种独立的正义范畴，是否可以用来分析社会公正状况，国内外还没有系统的、独立的成果。本书尝试构建“竞技正义”理论，致力于对“竞技正义”进行系统的理论构建与论证，试图阐明其作为一种独特且独立的正义范畴的可能性，并将其作为一种新的理论工具来对当下中国的社会正义问题进行审视，这是本书的理论创新之处和可读之处。

护路径等将不再赘述。在理论意义上,“竞技正义研究”是要构建一种与“代际正义”“经济正义”等相类似的新的正义范畴;探析“竞技正义”与“分配正义”“程序正义”“矫正正义”等诸范畴之间的关系,界定“竞技正义”的具体内涵,阐明“竞技正义”作为独立范畴的特殊意义。

构建“竞技正义”范畴是建立在笔者对人的关系的抽象与思辨之上的。人与人之间的关系可谓千丝万缕,盘根错节。但当我们穿越表象的层面,逐层地抽象,最终我们可以发现,人与人之间的关系只有两种,即“竞争”与“合作”关系。我们认为,在这两种关系中,竞争关系是本位的,易言之,竞争关系是第一位的,合作关系是第二位的。两种关系的这种序列状态是因世界上物资的匮乏性和人的动物属性导致的。有人提出这两种关系中“合作”是第一位的,那是对“人的动物属性”的忽视。人们需要合作,也许总体表现出合作的状态是基于这样一些情形:要么,“合作”是为了更好地竞争,如人要结成群体才能对付比个体力量更大的其他个体或动物(人与野兽的生存竞争);人们建立国家是为了防止外敌的入侵(群体与群体的竞争);要么,“合作”时已经解决了“竞争”问题,如物资的量充足到可以满足全体成员的需要,当物资匮乏到连一个人的需要都难以满足时,两个以上的个体之间是很难“合作”的。

在承认人与人之间的基本关系是“竞争”的基础上,人们就面临了一个重要的命题:人与人之间怎样的竞争才能让每个人都受益?怎样竞争才会给所有人带来最大的快乐和幸福?如何竞争才能给整个社会创造最大的善?在人类社会中,人们在政治、经济、社会、文化、生态等各个领域中存在着五花八门、形形色色的竞争。在政治竞争中充斥着告密、卧底、窃听等阴暗手段;在经济竞争中充斥着垄断、霸市、以次充好、强买强卖等不良方式;在社会竞争中充斥着隔离、歧视、排挤、奴役等不善之举。在人类现有的竞争方式中,只有体育竞技以一种公开公平的方式较好地实现了分配正义、程序正义和矫正正义,体育竞技为其他各种竞争树立了一种典范。“竞技正义”是一种与现存的诸种正义均不相同的值得探讨的独特的

目 录

第一章

竞技体育：现象与本质

著名学者约翰·加尔通认为，体育体系是整个世界体系的一个隐喻，体育是迄今为止人类知道或创造的最有力的文化传递机制或文化结构之一。人们对体育的解释与分析不只是在提供体育这一社会领域的知识或理论，而是对人和社会的广泛理解。[①] 人的存在是一种有“意义”的存在，每个人都生活在一个“意义”世界里，那种“意义”错综复杂，最终形成一张“网”，那张“网”，我们通常称其为“文化”。当整个世界呈现为一张巨大的文化之网时，体育就是那张网的一个缩影。用文化之镜来透视体育，我们不仅可以理解体育是种什么样的文化活动，还可以找到体育作为人类文化现象的产生和发展脉络，更可以帮助人们理解体育对人类文化的反作用。

竞技体育由于能最大限度地挖掘和发挥人在体力、智力、心理等方面的巨大潜力，从诞生以来就逐渐与人类的器具文化、制度文化和价值文化紧密联系在一起，不断地发展壮大，直至今天，它几乎已经渗透了每个人的生活，成为一种最常见的文化现象。

---

① Galtung J. The sport system as a metaphor for the world system[C]//Landry F, Landry M, Yerles M. Sport, The Third Millennium. Canada: University of Laval Press, 1991: 147-156.

第一节　竞技体育文化及其意蕴

从文化的角度来研究体育，有利于我们理解体育现象，也有利于充分展现体育的价值。文化是人类行为的一种静态表现，这种状态是人类活动的形态或结果。要分析文化，还得从人的活动开始。

汉娜·阿伦特根据古代雅典人的生活情况，提炼出了“积极的生活（vita activa）”这一概念，她把这种“积极的生活”划分为“劳动、工作和行动”三种人最基本的活动，并认为这三种基本活动是人之为人的条件。这一理论为现代“消费社会”抑或“大众社会”的兴起提供了一个概念性的分析框架。阿伦特认为，劳动是社会中最常见的活动，它是人们为了生物般的生存而从事的苦差，它是动物性的“无心”的枯燥重复，是一种“机械运动”，类似于其他任何生物过程，它的产出消耗在“消费”中。“工作”是第二层次的活动，它或多或少含有某种技能性或者具有一定“艺术性”。如从“劳动”中的黏土制造的器皿，虽然是劳动产品，但是却属于艺术品的范畴。尽管工作反映了生产者的某种个人技能，但是它的产出还是像劳动产品一样，都从属于人自身的某种目的，如住所、营养、战争等功用。第三层次，也是最高层次的活动——行动，它包含了我们习惯称为“事件”的内容，包含了某种个人生活空间中公开受人尊重的成分，或者涉及“竞技场”“舞台”上的决断、企业、斗争等内容，它们的结果是很难预言的，而它们的成功又是十分富有荣耀感的。如希腊传说中的阿基理斯，他是“伟大话语的言说者和伟大行动的践行者”，他的英雄行为不仅在荷马的《伊利亚特》中是不朽的，在普通的生活传统中也是不朽的。尽管工我的创造物可能历经数年不腐，但是工我的地位最终可能不为人所知，他们之所以是英雄，是因为他们是重大事件的参与者，他们通过自己的行为在公众心目中获得认可，离开了他们的行为，人们不一定知道他们。因此，无论客观结果为何，很多行动在业已完成之时就会消失，只有那些有影响力的行为被人记住。

在“人的条件”中，行动被阿伦特置于核心位置。尽管劳动、工作、行动都是人类司空见惯的行为，但只有与公共领域或公共事务紧密联系在一起的行动，对于人之为人，对于人类特有的生活才是根本性的，因为人只有通过在公共领域的行动才能寻求不朽，从而使人获得超越动物性生存的意义。

“行动”与公共事务或公共领域的关联使“行动”比“劳动”和“工作”更富文化内涵，我们可以从以下方面进一步理解：首先，“行动”是在人的意识驱使下所做出的“行为”。在人们的日常活动中我们不乏看到这种场景，如对某个活动进行策划后，组织者在开始实践或落实时常说：“好的，下面我们开始行动！”其次，“行动”是在某种环境或某种规则的支配下的行为，“行动”是在对该环境或规则的充分理解与分析的前提下做出的，否则“行动”很难实现行为前行为者的欲求。再次，“行为”更多地影响到他人，对他人的影响不仅体现在“行动”本身需要两个以上的主体进行配合，“行动”的结果会影响到配合的各个主体；同时“行为”的过程和结果会较大地影响到行为主体以外的其他人。与之相比，“劳动”和“工作”的目的简单，涉及面窄，因此，“行动”更容易形成一种文化现象。

在阿伦特的“劳动”“工作”与“行动”的划分中，尽管阿伦特没有明言体育竞技是一种人的“行动”，我们不难看出，体育竞技是人们通过“劳动”和“工作”获得温饱以后所做出的“行动”。就是她举出的例子——阿基理斯，不仅是古希腊的民族英雄，更是一位体育英雄。体育竞技正是人的“优秀行为”表现出来的某种“卓越”建立的一种精神文化。

竞技体育之所以引起人们的广泛关注，不仅在于体育竞技结果的不确定性，还在于竞技者在竞技过程中所展现的卓越行为，更在于竞技者的竞技行为与每个时代现行的价值文化高度融合。在不同的历史时期和不同的文化语境中，竞技体育在价值层面或许有着差异性，但总体而言，竞技体育蕴含了某种人的生活所需要的秩序性，这种秩序性中隐含的“应然性”正是在人类文明的历史长河中人们孜孜以求的文化意义。

文化是个复杂的概念，狭义上指意识形态所创造的精神财富，包括宗教、信仰、风俗习惯、道德情操、学术思想、文学艺术、科学技术、各种制度等。英国文化学家泰勒在《原始文化》一书中提出了狭义文化的早期经典学说，即文化是包括知识、信仰、艺术、道德、法律、习俗和任何人作为一名社会成员而获得的能力和习惯在内的复杂整体；广义上指人类在社会历史发展过程中所创造的物质财富和精神财富的总和。还有一种大文化观点认为，文化着眼于人类与一般动物、人类社会与自然界的本质区别，着眼于人类卓立于自然的独特的生存方式。

竞技体育作为一种社会现象，它的出现既是人类文化发展的结果，又是人类文化的重要组成部分。没有人类文化的发展，就不会有竞技体育的出现。历史上每个时段的竞技体育也承载着不同的文化价值内涵。体育是人以自己的身体为载体创造的一种文化，换言之，体育是人针对自己的身体创造的一种文化。① 作为身体文化的竞技体育是人发展到一定阶段的产物，它的起源是人类文化积淀的积极结果。关于竞技体育的起源，在体育史的相关文献中，学术界的研究成果已经相当丰富，争议也较大。有关竞技体育的起源地，存在竞技体育起源于古典时代说和起源于近代说。竞技体育起源于古典时代说认为体育是一种普遍现象，它起源于希腊青年进行各种身体教育的方式，可以追溯到古希腊罗马的古典时代，因此主张竞技体育起源于地中海地区。竞技体育起源于近代说认为体育的产生及发展与现代工业社会的出现与发展紧密关联，该学说主张体育运动源自十九世纪的欧洲贵族阶层尤其是英国上流社会的休闲活动，因此主张竞技体育运动起源于英格兰。对于体育起源的因素，无论是劳动起源说、宗教起源说、军事起源说、游戏起源说还是性起源说都是从一种单一行为的影响与关联去探讨竞技体育，而对于作为复杂文化现象的体育，只有从文化与社会的复杂关系中去把握才会有丰满的理解。

对体育的产生问题，我们不能脱离社会文化背景去理解，否则就会出

① 胡小明. 体育人类学概论[J]. 体育与科学，2000(2)：6.

现事与愿违的结果。对体育起源的理解不仅仅是探索体育从哪里出现和因什么事件而出现，而是理解体育是如何出现的，它与社会文化的互动关系是怎样的。所以，体育起源的探讨需要解决相似的身体活动在不同的社会结构下是否具有同样的社会意义，相似的身体活动是否对不同个体具有同样的社会意义等问题。① 体育的起源与身体、个人、社会之间有着复杂的关系。法国社会学家皮埃尔·布迪厄的建构—结构主义社会学流派承袭了竞技近代体育起源说，他认为现代体育诞生于近代英国的精英学校。他以身体的功能和意义与体育惯习的形成等理论来论述体育起源，很好地克服了体育起源于近代说和古典时代说所造成的割裂问题。体育惯习被他解释为“身体在无意识的情况下，自然地符合某项运动特定的运动规则的行为”。在布迪厄看来，作为伦理文化现象的竞技体育，只有当其形成一种既相对稳定又充满冲突或矛盾的体育场域后，才能拥有完整的社会机构或组织，从而对社会个体的生活产生影响。布迪厄认为体育惯习反映了体育运动及其参与者的社会、经济乃至政治背景。因此，体育惯习有着身体、社会背景和体育规则三个维度，缺乏任何一维，体育惯习都难以成立。体育机构的产生和体育规则的形成是由个体、社会背景和规范等要素共同作用而完成的。

回顾不同时期的竞技体育与文化的互动性，竞技体育的文化性将更为清晰。作为文化现象意味着竞技体育一方面是一种文化，另一方面它的产生离不开一定的文化基础，它不可能无中生有，突然出现。

文化是个外延宽泛和内涵丰富的词语，理论界一般认为可以分为器物文化、制度文化和精神文化，我们权且借用这种分法来对竞技体育加以分析。

在器物文化上，竞技体育的诞生离不开体育必需的设备与场地（场馆）。竞技体育通常都是在特定场所进行的，如竞技场、田径场、体育馆等，赛跑类的竞技往往在跑道上进行，我们形象地称其为径赛，投掷类的

① 高强．西方体育起源之争与身体维度解析[J]．体育学刊，2010(12)：25.

比赛往往在较宽广的平地上进行，我们称其为田赛。这些活动无论是现代体育还是古代体育基本是相同的，最大的不同是随着生产力的发展，人们制造出了更多的体育器材，并随之创设了更多的体育项目，如篮球运动、高尔夫运动等。从有形性的器物文化来说，体育是人、场地、体育器材构成的一种组合性文化。

竞技体育是一种制度性极强的文化活动。一场比赛的顺利进行离不开良好和有效的组织，体育竞技的开展需要裁判员、运动员、体育组织、观众等的参与。竞技体育需要把体育组织、裁判员、运动员和观众等有机联系在一起，比赛的顺利进行需要依靠体育规则的规范与约束，体育规则是体育制度的重要组成部分而且是体育制度的核心部分。体育规则不仅是某项体育运动得以产生的基础，也是它得以运行的基础，裁判员的判罚和体育组织的仲裁裁决都是依照体育规则进行的。现代体育与古代体育都离不开这些制度因素。现代体育的制度相对古代体育来说更为复杂，更为丰富，更为完善，但就制度文化本身来说，它们是同质的。

体育是一种精神文化。单纯的体育物质不足以使体育走入人们的内心深处并激起波澜。人们对足球世界杯和奥运会的热心和热情绝不仅仅是去看足球场和北京的鸟巢，更多的是去感受运动员的优秀表现和那些表现带给人们的震撼。具言之，体育的精彩是在观念和价值体系中呈现出来的。体育观念和体育价值是体育精神文化的内核，它们对体育文化起着统合与体系化的作用，体育价值和观念的完善与否决定了体育文化的独立性。价值是一种判断与选择，是主客体之间一种关系属性，是文化被扬弃的决定性因素。也可以说体育观念与价值是体育的精神内涵，正是这一精神内涵赋予了体育文化重要的社会文化意义与社会文化价值。这一命题我们大致可从三个方面来理解。首先，体育运动是人格发展的重要形式。体育运动是人的实践方式之一，这一身体实践可以塑造人的良好体质。更重要的是，体育运动是在一定的规则调控下，有目的、有秩序的活动，规则、目的、秩序是人在社会化状态下具有较高文明意义的价值诉求。因此，体育在育体的基础上直接影响了人的思想意识和精神面貌。其次，现代体育的竞技性使人们在强与弱、快与慢、优与劣、先进与落后、守旧与创新的较量与角逐中深刻体会到公平竞赛的重要性。而这种公平竞赛对政治、经济、社会各领域的竞争有着示范性作用。人类若要和平相处，共同发展，必然需要公平竞争的体制与机制，人们需要机会均等和平等对抗。如何实现公平竞争，竞技体育给我们提供了参照的标准。[①] 再者，竞技体育作为一种精神文化，它更深刻的意义在于它蕴含着影响人类社会秩序和生活幸福的伦理价值。人们认为，体育在其演进和发展的过程中已经到了一个新的阶段，在这一阶段，体育最好被理解为一种有着道德内涵的被普遍接受的有价值的社会文化。当体育被这样理解和关注时，它将成为一种在学校或其他场合有确切价值的教育方式。

尽管有关体育伦理的研究在西方国家已经相当丰富，相关著作和论文也已数量庞大。但是，只有较少的作品涉及体育自身伦理基础的问题。我们认为，把体育理解为一种有价值的人类实践，可以给我们提供一种规范标准。这样，它将有助于我们对体育乃至与体育相关的活动做出合适的道德判断。到目前为止，我们还没有充分认识到体育与科学或医学一样是一种特殊的人类实践。它有自身的独特性，受着规则和特质的调控。这些活动已经开放到了被人滥用的程度，但从根本说来，它们是有意义的人的生活的独特形式。它们不仅是人类文化的组成部分，还是我们可能称为有价值的文明的渊源。

对这种“文明的渊源”，前人已经有了不少论述，伯纳德·休茨就是富有洞见的一位。在休茨那里，体育与“玩耍”和“游戏”一起构成“玄奥的三位一体”。[②] 在一些文献中，“玩耍”与“游戏”几乎可以相互替代。这些年来，人们对上述术语越来越以非歧视性的方式加以使用。但是在学术界，人们认为，“玩耍”是人们为自己的目的而主动从事的活动；“游戏”是以规

---

① 杨其虎. 追寻竞技正义：竞技体育伦理批判[M]. 长沙：中南大学出版社，2015：41.

② Suits B. Tricky Triad：Games，Play，and Sport[J]. Journal of the Philosophy of Sport，1988，XV：1-9.

则约束和目的明确为显著特点的活动，共同认可的规则限制了实现目的的手段。在玩耍中，玩耍者的目的直接指向活动的内在价值。尽管在游戏中，游戏者的游戏目的也指向游戏的内在价值，但是游戏的最大特点还是“受到规则的约束”。体育除了目的指向和规则约束外，它的特点还有身体技能和英勇。值得我们注意的是，尽管玩耍存在于游戏和体育中，但是体育明显以身体技能、力量、速度和体能等为基础。

以上关于玩耍、游戏和体育的核心特点的描述简单地陈述了它们之间的关系和区别，但对体育作为有价值的有着悠久的历史和世界性的社会现象的人类文化实践在论述上还不够充分，说服力也不够强。

当然，体育有着各种古代文化的渊薮，但它的现代形式主要还是源自古希腊和19世纪的英国。现代体育起源于工业革命时期英国的公立学校的重要原因不是人们不太注意锻炼身体和维持健康，而是人们相信体育可以锻炼领导力，可以培养尊重、忠诚、勇气、诚实、公平竞争、体育精神、自立和自律等美德。① 一所学校内的成员团结、团队精神与团队自豪感是被人们强调的重要品质。隐含在体育中或通过体育训练出来的那些特质是基督徒绅士的品质。现代体育为19世纪被称为英国“强身派基督”运动的孕育和规范起了很大的推动作用。②

尽管每项体育运动都有其独特的演化方式，但调控它们的规则还是以平等和社会正义为基础的。它的建构性规则和规范性规则是设立体育项目时对社会价值和伦理价值保护的正规形式。例如，在英国公立学校中没有体育精神的体育规则被认为是不可思议的。

奥林匹克运动的基本原则也支持公正、平等的竞争，并呼吁不应有基于种族、宗教、政治和信仰的任何歧视。奥林匹克的宗旨是要促进和增强各国运动员之间的友谊。被人们尊为现代奥林匹克运动之父的皮埃

① Arnold P J. Sport, Ethics and Education［M］. Bloomsbury Publishing PLC, ProQuest Ebook Central, 1997：13.

② Arnold P J. Sport, Ethics and Education［M］. Bloomsbury Publishing PLC, ProQuest Ebook Central, 1997：13.

尔·顾拜旦深受当时一所橄榄球学校的校长托马斯·阿诺德的影响。他认为，体育不仅仅被看成是基于骑士精神的身体文化的一个方面，还是美育的一种形式。在奥林匹克宪章中，奥林匹克主义的一项基本原则是"把体育置于人的和谐发展的服务中，鼓励建立保护人的尊严的和平社会"。另一项原则也涉及尊重普遍的伦理原则的生活方式。这一切表明，尽管近些年来人们对体育有着不少的歪曲和令人不快的言论，但这并不否定体育是一种有价值的文化实践，这一实践中包含了最高的人类理想和最珍贵的文化传统。当一项体育运动因其自身的目的被人们追逐时，它的规则就会被人自愿地遵守，它蕴含的最好的惯习就会被人传承。体育会成为一种高贵和珍贵的生活方式，成为一种个体被评判和文明测试的人类实践。另一方面，当体育仅仅作为个体、组织和社会的政治化、商业化目的进行价值评判时，必将存在这样的危险：它将成为实现某种目的的手段，使得它的本质和作为人类实践的特性被改变和腐化。因此，更具体地理解"实践"这一术语和理解在何等程度上体育具有文化价值是至关重要的。

根据麦金泰尔的观点，我们认为"实践"一词可以这样理解：实践是某种内在的、复杂的、社会化的和合作性的人类活动，通过这些活动，内在于那些形式的善在努力实现那些优异标准的过程中得以实现。这些优异的标准有些是不确定的，却是符合那些活动形式的。它最终伴随着实现优异的人的力量、有关目的的人类概念和内在的善获得对称性的扩展。

正如农耕、物理和建筑一样，体育也是一种实践，因为它是一种人类特殊的活动，在这种活动中，在实现优异标准的过程中，它的内在价值被发现或被实现。正如麦金泰尔指出，就像实现善的目的一样，实践包含优胜的标准和对规则的遵守。进入实践就是承认那些标准的权威性和自己行为被他人评判的不充分性。这种实践就是让自己的态度、选择、偏好和胃口屈从于当前和部分确定的标准。

正如体育案例揭示的那样，实践具有历史感并且经历了一段时间。

因此，这些标准不是固定不变的，不排除被批判和改动的可能。当一个人决意参加某项实践活动，他就会以这种方式去完成它：他被期待接受到当前为止，那种实践业已实现的最好标准的权威性，无论他是在垒球、芭蕾舞、音乐还是数学领域。譬如在从开始学网球时起，如果我们就不接受别人比我们更懂得发球和截击，我们的网球技能的培养就会收效甚微。就像其他实践的标准一样，体育运动的标准是客观的，不是主观的或情绪化的，是与内在目的相连的，而不是与外在目的相连的。再有，每一种实践，如果要保持自身的真实，不被外来影响或外来压力所腐蚀，它需要参与者之间的某种联系，无论他们是否喜欢对方，甚或他们之间彼此对抗。除非参与者彼此尊重和成为该项实践活动内在价值的守护者，否则该实践活动就会被损害或者双方都成为无规则和无道德行为的牺牲品。为了保证实践的完整性，参与者必须支持和追求实践的内在价值和优秀标准，像公正、诚实和勇气这样的品质必须得到培育和鼓励。这些美德，就像麦金泰尔所言，不仅是必要的元素，而且有利于识别他们。

公正需要实践中的每个人得到公平对待，每个人都遵守客观的、非个人化的实现或行为的标准。诚实要求真实的“到场”，需要参与者彼此之间产生信赖。勇气要求承受伤害的能力超越对实践的价值、目的和标准的关心。实践的核心特征之一就是双方都需要上述美德，并且都需要给予机会去使上述美德得以培育与发展。这才能使像体育这样的实践得以保持真实，无论参与者是否具有相同的政治、宗教、种族、人种、区域的背景。对实践来说，这些美德不可或缺的关键，在于离开了这些美德就不可能满意地去实现构建和显现这一实践的价值和优越。当一个人参加某项作为实践的体育运动时，他或她就成了某个扩展了的社区(群体)的一员，这一社区就是以友好关系和行为而与其他社区相区别的。每个成员都被期待全身心投入，一起分享的内在目的与价值，他们对这些目的与价值一起负有重要的责任。只有这样，才能为培养同情、关爱和大方等这些社会美德提供机会，也才能为培育团队认同的情感提供机会。

勃拉姆(Blum)在讨论麦金泰尔著作中美德与社区的关系时归纳出一些性质。这些性质如果是真实的话，那它们不仅对体育教育，而且对所有教育都是至关重要的。首先，美德只有在具体的生活形式中才能被学习；其次，美德一旦养成，只有在社区才能被维持。在这一点上，麦金泰尔强调："我需要我周边的人来加强我的道德力，帮助我矫正道德弱点。"通常只有在社区中，个人才能变得具有道德感，并且只有在社区中才能维持其道德心。再次，只有生活在具体的社会生活形式中(或者参加某种具体的实践时)，人们才能熟知所处的场景、认知形式、良知和行为习惯。它们赋予我们的理解和行动以内容。美德伦理不应看成是公正和普遍性伦理的替代物，而应看成是其补充物。

体育是有着内在目的和优点的有价值的文化实践活动，它的内在目的和优点通过参与者拥有的某种美德得以支撑或维护。事实上，一种实践(如某一职业)的特征都是由参与者在培养技能和实现目的的自身行为中的道德方式表现出来的。能明显区别两种不同实践的关键在于它们各自的内在目的，我们可以从两个方面对其进行理解。一是它们只有在具体的活动中才能被确定和被理解；二是它们只能被活动内部人员充分欣赏。总之，体育作为有价值的文化实践，可以理解为：一种竞争性的、受规则约束的身体活动，该活动的内在目的与标准以自身的道德方式得以实现。

如果我们对竞技体育是有价值的实践活动的认识不够清晰时，我们就会对正在实践的体育的指导性原则缺乏正确判断与标准。因此，我们认为，在普遍意义上，竞技体育的实践观在原则上是道德的，正如其他的人类实践一样，都具有文化性。具言之，一方面，竞技体育的各种规则都是建立在一般性的伦理原则上的；另一方面，竞技体育是基于它固有的普遍认同的伦理和世界性的特殊的实践场域之上的。由此可见，竞技体育是一种文化现象，竞技体育蕴含着丰富的文化内涵。

第二节　竞技体育的游戏本质

游戏是人类的一个普遍现象和人的存在方式之一。[①] 从文化哲学的视角来解读，游戏可以视为“符号形式的自由自觉的活动”。因为游戏与人的存在和发展有着深度关联，历史上许多哲学家都对游戏进行过探讨，从古希腊的赫拉克里特，到近代的康德、席勒、赫伊津哈，再到现当代的维特根斯坦、加达默尔、德里达、休茨等，都对游戏有着独到的理论见解。[②]

对于竞技体育的本质是否是游戏，在国内存在一定的争论，但是主流观点是赞同竞技体育游戏本质论的。

在体育界和学术界，有不少人把竞技体育理解为“以体育竞赛为主要特征，以创造优异运动成绩、夺取比赛优胜为主要目标的社会体育活动”。

---

① 洪琼. 西方“游戏说”的演变历程[J]. 江海学刊，2009(4)：69.

② 从文献资料来看，赫拉克里特是第一个讨论游戏的人。赫拉克里特认为世界是宙斯的游戏，世界是火的自我游戏。(苗力田主编：《古希腊哲学》，中国人民大学出版社，1989 年版，第 51 页)康德对游戏的讨论是从对审美的本质认识开始的。康德认为审美的本质是一种情感判断，艺术是种“自由的游戏”。审美活动自始至终有着自由游戏的性质(康德：《判断力批判》，邓晓芒译，人民出版社 2002 年版，第 77、79 页)。席勒也从审美出发，继承和发扬了康德的思想，不过席勒对审美游戏进行了人性的还原。他认为，人有“感性冲动”和“形式冲动”两种自然冲动，它们之间通过“游戏冲动”发生联系。在人的各种状态下，正是游戏，只有游戏，才能使人达到完美并同时发展人的双重天性(席勒：《美育书简》，徐恒醇译，中国文联出版公司，1984 年版，第 89 页)。维特根斯坦提出了著名的“语言游戏说”，他认为语言的意义在于用法，语言经由语言游戏或日常的语用获得意义。语言游戏遵守一定规则，不同规则带来不同游戏。语言游戏说具有反本质主义的特征。(维特根斯坦：《哲学研究》，陈嘉映译，上海人民出版社，2001 年版，第 13、130 页)。加达默尔认为，游戏是一种自律和同一的反复运动。对游戏者的游戏意识而言，游戏本身具有先在性，只有当游戏者在游戏中丧失自我时才实现游戏的目的，“一切游戏活动都是一种被游戏的过程”(伽达默尔：《赞美理论》，夏镇平译，上海三联书店，1988 年版，第 69 页)。德里达认为，“游戏是对在场的扰乱”，在场和缺席的对立中总是存在某种游戏，在在场和缺席出现之前，游戏就已经存在(德里达：《书写与差异》，张宁译，三联书店，2001 年版，第 292 页)。

或者理解为“一种具有规则性、竞争性及挑战性、娱乐性和不确定性的身体(身体性)活动”。这些理解都是从竞技体育的外在特点而不是从竞技体育本质的基础上去解释或定义的。这些定义和解释看到了运动，看到了竞争，看到了身体，但是没有看到运动、竞争和身体这些活动、行为或现象背后的价值和内核。我们应该明白，并不是所有的体育竞技都是以获胜为主要目标，即使获胜是体育竞技的主要目标，但也不是唯一重要的目标。奥林匹克运动有一句极其重要的格言“参与比获胜更重要”，它与“更快、更高、更强”有着同等重要的人文价值。倘若获胜是体育竞技的唯一终极目标，那这句格言无疑是不合理的，甚至是错误的。把获胜作为体育竞技的唯一目标很容易将竞技体育引入误区，一方面，它很容易将人们的视线过多地聚焦于比赛结果，从而忽视体育竞技的过程和赛前科学的训练；另一方面，只关注比赛获胜的结果是一种功利性追求，体现的是人的工具价值，这种功利结果很容易被经济、政治、文化等其他社会活动所利用，使竞技体育成为经济、政治、文化活动的工具或附庸，从而丧失其独立价值。当然，从外观和表现来看，竞技体育的确需要参与者的奋力角逐和奋勇拼搏才能精彩展现出来，但比赛获胜是从经济或利益角度考量的主要目的，不是从人的存在和发展的角度加以考量的主要目的。使优秀者在比赛中胜出是竞技体育存在的一种手段，正如游戏的存在，游戏中要设置某个机制来使游戏具有结果的不确定性。体育竞技中的比赛获胜就是使“游戏具有结果的不确定性”，离开了这种“不确定性”，竞技体育就会失去生命力。无论是远古的竞技运动会还是现代竞技体育得以持续和充满魅力正是得益于这种机制。但我们如果片面理解这一机制，必然会使竞技体育滑向狭隘生物学竞争的深渊。

从人们关注竞技体育的本质伊始，有不少学者就认为体育的本质是游戏。荷兰著名的文化学者赫伊津哈从文化论的视角出发，他系统考察和探究游戏与文化之间的关系和游戏在各种文化形态中的地位，他在《游戏的人：关于文化的游戏成分的研究》中对体育竞技与游戏有着本质的同一性做了深刻的、极具说服力的论述。从广义的文化来看，人类的一切观念和行为都属于文化的范畴，探寻竞技体育的本质，我们不能拘泥于狭隘的视域。德国学者笛姆认为，从广义上来说，竞技运动就是游戏；从狭义上来说，竞技运动是有组织的身体性游戏；美国学者托马斯认为竞技运动具有游戏的要素，但在规则与组织性和对结果的评价等方面却超出了游戏的范畴；日本学者今村浩明坚持，竞技运动在广义上与游戏同义，狭义上是游戏的诸形式之一；我国学者卢元镇认为游戏是奥林匹克运动的本原，他把竞技体育比喻为游戏与工作之间的游标；周爱光先生运用赫伊津哈、凯洛易和威斯等人的游戏理论对体育竞技的特征和内涵进行分析比较，从而深度论证竞技体育与游戏之间的内在关联，并指出竞技体育的本质是游戏；张军献先生从本质主义的理论推进，提出竞技本质游戏论，他认为竞技体育是身体活动性游戏。①

在上述哲学家、学者的游戏和体育是游戏的理论中，对体育是游戏论述最深刻和最有影响的是美国体育哲学家伯纳德·休茨。② 休茨的体育哲学理论对体育是游戏有着基础性作用，他揭示了游戏和体育的建构性特点。他从游戏要素、体育与游戏的关系和体育的特点等方面做了生动而透彻的论述。他的这一理论为体育是游戏和体育建构论奠定了坚实的基础。由于他的理论是本书的基础理论，是“竞技正义”理论的立论基石之一，在此对其理论做概要性的介绍。

---

① 杨其虎. 再论竞技体育的游戏本质[J]. 学理论，2015(5)：105.

② 伯纳德·休茨 1925 年出生于美国密歇根州的底特律，后在芝加哥大学获得文学学士和哲学硕士学位，在伊利诺伊大学获得哲学博士学位。他的主要研究兴趣集中于“游戏”与“博弈”，是该领域的权威学者。休茨早前在伊利诺伊大学和普度大学任教，后转到加拿大的滑铁卢大学(the University of Waterloo)，1994 年退休，1995 年被聘为荣誉教授。其间，休茨曾任滑铁卢大学哲学系主任、国际体育哲学协会主席(President of the International Association for the Philosophy of Sport)、加拿大莱斯布里奇大学和英国布里斯托大学客座教授。休茨的游戏与体育哲学理论主要体现在他 1967 年在《科学哲学》(*Philosophy of Science*)上发表的《什么是游戏》、1969 年在《科学哲学》上发表的《游戏与悖论》、1978 年出版的《蚱蜢：游戏、生活与乌托邦》专著、1988 年在《体育哲学》上发表的《微妙的三元组：玩要、游戏与体育》以及《体育哲学探究》和《体育伦理》中收录的《体育的要素》等论著中。他的专著《蚱蜢：游戏、生活与乌托邦》被誉为 20 世纪最伟大的哲学著作之一。

第一，游戏的要素。休茨的体育哲学理论是建立在他的游戏理论之上的。休茨认为，体育的要素尽管与游戏的要素不能完全等同，但基本上是相同的。游戏包含着游戏目的、游戏方法、游戏规则和游戏态度等要素。在休茨眼里，游戏与工作是相对的，工作是种“技术”活动，行为人通常需要采用最有效的方法来实现先前期待的目的。但是游戏不一样，游戏往往是采用不太有效的方法来实现先前的目的。如200米短跑比赛，参加者的目的都是要跑到终点，如果是工作，从起点跑到终点最有效的办法是从田径场的中间直插过去，但是游戏不能这样做，不能选择这种最有效的方法去跑，而是一定要在跑道上跑。可见游戏有着自己的逻辑、目的和要求。

休茨认为，游戏是有选择的目的性活动，因此目的和方法是游戏的重要元素。除了目的和方法外，游戏还是受规则控制的活动，规则是游戏的第三要素。游戏规则是一种非常特殊的规则，这种规则需要游戏者具有某种游戏态度。游戏态度恰恰是串联前三个要素的纽带，使它们成为一个整体。同时游戏态度还是游戏的重要保证，这四个要素联系在一起成为游戏的充要条件。

在休茨的理论中，每项游戏都有着多重目的，通常说来，游戏至少含有三个明显的目的。如果我们问一个参加长跑比赛的游戏者他参加比赛的目的是什么，他可能说出以下三个目的中的任何一个。其中任何一个都是正确的、恰当的。他可能回答：①我的目的是参加长跑比赛；②我的目的是赢得比赛；③我的目的是在所有参赛者中第一个冲过终点。值得注意的是，这三种说法不是同一目的的三个不同表达。赢得比赛与第一个冲过终点是不能完全等同的。因为他有可能用不公平的方式如偷跑来实现第一个冲过终点的目的。参加比赛的意义与其他两样也不完全一样，尽管他可能跑完了全程，却因为犯规或跑得不够快最终没有第一个冲过终点。正是这游戏目的的三重性，游戏者在游戏中采用何种游戏态度使游戏规则与游戏方法发生了重要联系。首先，让我们选出其中一个目的作为研究对象。我们先看“在所有参赛者中第一个冲过终点”，这个目的是三个目的中最基础的，因为其他两个都以它为前提，而它却不以其他两个中任何一个作条件。如果我们把“最先冲过终点”看成是长跑游戏中的一个元素，那么它就是这个游戏中最基础的那个元素，其他元素相对它来说都是复合元素，其他元素必须在基础元素被阐述清楚后才能被确定下来。

第一个冲过终点(不一定用公正的方式，如偷跑)，把高尔夫球弄进球洞里(不一定是用高尔夫球杆推进去的，如用手放进去)，或者麻将和牌(不一定是自摸等合理结果，如偷牌)，这种目的我们可以表述为“某事物可以实现的具体状态”。它是我们在游戏中期待出现的一种状态。为了不让赢得某种游戏和实现某种具体状态发生混淆，这里我们不讨论怎样实现那种状态的手段或方法。因为只要我们足够智慧，事物需要呈现的某种具体状态就一定会出现。我们把这种“某事物可以实现的具体状态”称为游戏的“前游戏目的(pre-lusory goal)”。如小孩玩捉迷藏游戏中，“找到藏起来的小孩”就是前游戏目的；篮球运动中把球投入篮中，足球运动中把球踢进球门等都是这里所说的“前游戏目的”。特别值得注意的是，前游戏目的只是游戏中的一个具体目的，它并不是游戏目的(lusory goal)，游戏目的是“赢得游戏”或者说“在游戏中获胜”。赢得游戏是遵守游戏中所有规则而实现的“最终状态”。此外，游戏还有一个目的就是参加游戏，人为什么参加游戏？人参加游戏的目的各种各样，可能是想获得游戏带来的愉悦感，也可能是为获得游戏中设置的某个奖品。就游戏的结构而言，参加游戏的目的严格说来根本就不是游戏的组成部分，它仅仅是人们想拥有诸如财富、荣誉或安全等的目的之一。这些我们可能也把它们称为游戏目的，但它是外在于游戏的目的，或者更确切说来，它是游戏的生活目的。但是值得注意的是，游戏的生活目的与游戏目的完全不是一码事。

上面谈到游戏目的至少有三种不同解释的可能，因此实现游戏目的的方法也不止一种，这要看我们要实现的是赢得游戏的目的还是实现前游戏目的抑或其他目的。在拳击比赛中我们可以用一种极端的方法实现让对手倒地十秒站不起来的前游戏目的，那就是用枪打穿对手的头，但是这种方法明显不能赢得比赛。当然，在游戏中我们只对被许可的赢得比赛的那一类方法感兴趣。我们把在游戏中许可使用的方法称为游戏方法。游戏方法意味着那些方法是我们试图实现前游戏目的时被允许采用的方法，换言之，就是合乎游戏规则的方法。因此，在足球运动中，运动员为实现把球弄进球门的前游戏状态时，运动员可以用脚和头碰球，但不能用手碰球(守门员除外)。如果有球员不把自己限制在游戏方法中，即使其实现了前游戏目的也不能算获胜。实现前游戏目的，赢得比赛需要游戏者采用游戏方法。因此遵守游戏规则是赢得比赛的必要条件(但不是充分条件)。这样，我们就可以给游戏方法下个定义了，所谓游戏方法，就是在游戏中为实现前游戏目的被允许的方法。

与游戏目的和游戏方法相联系，游戏需要确定两种规则，一种与前游戏目的有关，另一种与游戏目的有关。实际上，游戏规则排除了某些对实现前游戏目的的有效方法。这种规则具有建构性，因为这些规则与前游戏目的的规定一起确定了整个游戏得以完成的预备条件(当然不包含技巧方面的条件)，这些条件创设、构造了某个游戏，我们把这些规则称为建构性规则。其他规则围绕建构性规则而设立和运行，它们可以被称为技巧性规则。如我们熟悉的篮球，运球时不要用眼睛瞪着球、传球的方向与角度等。触犯了技巧性规则，我们可能输掉比赛，但至少我们还可以继续玩游戏。如果触犯了建构性规则，我们就根本不是在玩原来的游戏了。游戏中可能还有第三类规则，它看起来与上述两者都不一样，这种规则规定某种惩罚。触犯这种规则不会破坏游戏，也不一定导致游戏玩得不好，在有些游戏中为获得某种优势，触犯那种惩罚性规则在战术上可能是正确的，如篮球、曲棍球等。这些规则和触犯这些规则而导致的游戏结果通常也通过规范性规则予以确定，它们可以看作是对规范性规则的扩展。

休茨认为，在游戏中对建构性规则和技巧性规则作出区分是必要的，因为技巧性规则是次要的，对游戏本身来说往往可以忽略。其原因在于，我们讨论游戏，首先不在于游戏玩得有多好，而是游戏能不能完成。游戏能否被完成取决于我们说的建构性规则，因为它确定了那些被允许的可以实现前游戏目的的游戏方法的种类和范围。这样，我们就可以简单概括出什么是建构性规则了，所谓建构性规则就是在实现前游戏目的时禁止使用最有效方法的规则。

那么，建构性规则对实现前游戏目的的方法予以限制的性质是什么呢？建构性规则就是要在通向前游戏目的的道路上设置障碍。值得注意的是，前游戏目的是一种简单而具体的可以实现的某种事物的状态。在游戏规则的设置中，我们在实现这种前游戏目的时，那些最简单、最容易、最直接的方法总是被规则予以排除，而采用更复杂、更困难、更间接的方法来进行。因此，对一些新的、困难游戏的参与者来说他们想降低规则要求的现象并不少见，他们想要自己拥有比正式规则规定的更大的自由权，这就意味着要解除游戏中设置的障碍。换言之，就是可以采用某种规则本不许可的方法。但是如果对什么方法都不予以排除的话，游戏本身将不复存在。因此，我们可以想象游戏的创制者在创设一个游戏时，在许可和禁止的方法上要划出界限其实不是一件容易的事。如果界限太松，游戏会太容易；如果界限极端松弛，游戏直接崩溃。另一方面，界限又不能太紧，如果太紧，游戏也存在不下去。例如，我们可以想象这样一个游戏，前游戏目的是冲过终点线，同时规定，游戏参与者冲过终点线时不得离开跑道；另一条规则又规定终点线不设在跑道上，而离跑道有一定距离。这种游戏永远都不可能完成。

游戏态度对游戏来说是最为关键的要素，因为游戏目的和游戏方法可以通过规则客观地呈现出来，只要创设游戏的人能科学地予以设定，游戏目的和方法就可以客观地产生。让人在理解上颇为费劲的是游戏态度：在游戏中，要实现游戏那种事物状态(前游戏目的)时我们不采用更为有效或最为有效的方法而采用比较麻烦的方法来进行，人们能否舍弃简洁便利的方法而愿意遵从复杂麻烦的方法需要游戏者的正确态度。这与我们的日常活动是不一样的。在日常生活与工作中，人们通常都采用最为有效的方法来完成某件事情或某项活动，那样可以节约成本与精力。一般说来，人们舍弃简洁便利的方法而去采用麻烦复杂的方法是因为前者会产生我们更加不能接受的结果。例如，在战争中想要获胜使用核武器比使用常规武器要有效得多，但是国家之间考虑到核武器额外的危害，还是要坚持在战争中禁止使用核武器。在游戏中，尽管有效的方法往往必须被排除，这样做的理由与避免在战争中使用核武器却是不一样的。赛跑者禁止从内场抄近路不是因为内场埋有地雷，抄近路会有严重后果，游戏中不得抄近路仅仅是因为规则规定不准抄近路，但是在日常生活中这样规定往往被认为是难以理解的，仅仅用一种规则来确定禁止便利性的行为至少会被认为是官僚主义。因此，在游戏外的任何事物中，在实现一个目的的过程中无厘头地设置不必要的障碍被认为是在做一件毫无理性的事情。游戏的这些事情让一些观察者得出这样的结论：游戏天生有些怪诞的东西，或者游戏里有着某种基础性的悖论。但是，这样做在游戏中却显得绝对必要。休茨认为，说游戏存在悖论的观点是错误的，这种错误存在的原因是把适用于不是游戏的手段——目的性活动的那些标准应用到游戏里。如果我们不认为玩游戏与去办公室或签发支票有着根本性的不同，那么玩游戏当然就是一种怪诞、充满悖论甚至愚蠢的事。因此休茨认为，玩游戏与我们日常生活活动有着根本区别，与日常生活相比，游戏有着一种“逆常逻辑”。这种“逆常逻辑”是通过承认建构性规则规定的“不必要的障碍”的游戏态度来实现的。这样，我们就可以清楚什么是游戏态度了，所谓游戏态度就是明确接受游戏建构性规则的态度。只有持有游戏需要的正确的态度，建构性规则确定的活动才能得以实现。

整合以上各要素，我们可以推导出以下定义：玩游戏就是实现事物某种具体状态(前游戏目的)的尝试；在实现这一状态的过程中仅允许使用规则规定的方法(游戏方法)；规则规定禁止使用更有效的方法而使用效率低的方法(建构性规则)；这些规则必须予以接受，因为只有接受这些规则，游戏才能得以进行(游戏态度)。这一定义可以简洁地表述为：玩游戏是自愿克服不必要障碍的尝试(attempt)。

第二，游戏与体育。休茨对体育与游戏的关系的论述有一个逐步完善的过程，在早前的《微妙的三元组：玩耍、游戏与体育》中，他认为体育与游戏不是子集与全集、被包含与包含关系。玩耍、游戏与体育的关系相互重叠，但各有区别。

在《体育的要素》中，休茨明确表示，体育本质上是游戏(I believe that sports are essentially games.)。接着，他以人和脊椎动物的关系做比较来进一步阐述体育与游戏的关系。他认为，体育与游戏的关系就像人与脊椎动物的关系一样，但体育与其他游戏之间的区别比人与其他脊椎动物之间的区别要小得多。根据英国著名体育哲学学者艾米莉·赖亚尔教授的理解，休茨的意思是：体育可以定义为游戏的子集(subset)，但它有着其他的附加条件。①

那么，相对于游戏，体育应当增加哪些条件呢？休茨提议从四个方面来予以考察，任何游戏只要它们具有这四个条件就足以称之为体育。这些条件为：①是技能性游戏；②技能是身体性的；③游戏有广泛的追随者；④追随者达到某种程度的稳定性。休茨说："如果我能说服你这些特点或与之极其类似的东西是我们寻找的最起码的区分标准，我就心满意足了。除了多少有些武断的特点的理论外，我再也没有别的理论来支持上述说法了。"休茨的这些解释不仅对理解体育与游戏的关系有着重要意义，并且对体育哲学基础理论的构建也具有重要意义。

休茨在对游戏进行要素分析的基础上进一步论述了人们为什么要参加游戏(比赛)的问题。休茨认为，人们参加比赛是因为他们可以发现自己在日常活动中不能发现(或者不容易发现)的某些能力。如人们喜欢跑步比赛，但这种机会在日常活动中受到了极大的限制。在日常生活中，一个人可能跑着去追公共汽车，但即使这种小范围的举动事实上也受到很多制约，因为他不是每次都有那么好的运气延迟赶往汽车站。当然他可以有意识地控制少于平时准时赶到汽车站的时间，这样使他与时间赛跑成为必要。但是这一举动准确说来也是创造了以前没有过的一种比赛，它构建了一种规则来确定推迟离开家或办公室。这种比赛与体育中的比赛行为有着

① 在《体育的要素》文末，休茨有一段说明性文字："命名为《体育的要素》的这篇文章是对早先发表过的《什么是游戏》一文的重述，但是这里使用的语言与原文有所不同，我提出的玩游戏的定义有了某种程度的修改。"

明显的类同。但是绝大多数体育活动在日常活动中找不到如此清晰的相似性，如精心设计的球类运动与日常活动的相似微乎其微。在日常活动中人们同样也扔东西和敲击某个物体，但日常事务没有哪件与棒球、足球或高尔夫等极其相似。棋类比赛为作为整体的体育和生活之余的那种结构性活动之间的差异提供了类似的范例。因此，体育的发明远远离开了生活中的那些追求，许多新的能力出现了，很多未被人知晓的技能被培养出来了。尽管文学神话中也经常把优秀的军事或政治谋略家塑造成下棋高手，但是它们之间的两种技能的相似性就像玩高尔夫的技能与劈柴的技能一样，差别实在是有些过大。

纯粹从拓扑学来看的话，游戏与日常生活所涉问题的不同就像它与军事或政治问题的不同那样大得无边。所以，人们玩游戏不仅可能是因为日常生活不能提供足够的机会来做此类事情，而且更可能因为日常生活根本没有提供任何机会来做此类事情。游戏是从事新的事物，因为它需要克服不必要的障碍（与日常标准相比），在日常生活中不必要的障碍与生活本身是自相矛盾的东西。

正如我们在前面所说的那样，尽管我们认为人们从事游戏是为了获得难以发现的能力，尽管在绝大多数游戏中这些能力都涉及某些具体技能，但是对游戏而言，不是所有的游戏都需要技能，肯定还有某些符合我们的定义却不含有技能的活动也被称作游戏，这种活动比如射幸游戏，也就是纯粹靠运气的游戏。暗扑克不是此类游戏，标准轮盘赌也不是，肖德恩（show-down）是这种游戏，俄式转轮也是这种游戏。这些游戏不需要训练某种技能，因为玩起来根本不要技能。那么不玩技能，这类游戏又玩什么呢？休茨认为，这种游戏玩的是“希望与恐惧”。无聊的人缺乏这种感觉，如果他们不缺乏就不会无聊。希望与恐惧可以用射幸游戏诱导出来。射幸游戏给游戏者提供的东西正如简·纳维松描述偏执狂的词语：虚假的不安全感。这里射幸游戏中的虚假（false）一词可以用另一个词来代替，那就是创造（invented），因为游戏产生的能力中没有什么虚假的东西，而是一些新东西。

休茨还认为，所有的体育活动都表现为技能游戏而不是射幸游戏。此外，体育还有一个重要要求是：对参与者和观众一样，参与者在某个方面的技能是令人崇敬的。事实上有技能的活动，哪怕是金鱼吞食食物或人坐在旗杆上，都会引发出某种程度的崇敬。但是技能性游戏的崇敬与射幸游戏的刺激是有区别的。在希望与恐惧游戏中，某人在手枪枪膛慢慢转动而汗流浃背时激发出的不是崇敬而是病态的幻想。

休茨说，在需要身体技能的游戏和不需要身体技能的游戏之间画条线是不难的。也不必要一开始就探讨“高大上”的形而上学的问题，如精神与肉体的关系。例如，怎样移动棋子和身体的灵巧及其他身体技能没有什么联系，这是个简单的事实。人们只要通过口头讲述就可以下棋、玩牌以及从事很多游戏，就像下棋可以通过邮递方式来进行一样。“身体游戏”是指非常确定的一类事物，“体育”就属于这类事物(尽管没必要把它们等同起来)，这仅仅是个术语的问题。“体育为什么必须包含身体技能?”是个表述得不是很好的问题，这个问题应该这样表述：“在被称为体育的那类活动中我们可以看到哪些技能?”答案是“身体技能”。因此，除了不是身体游戏这一点外，棋、牌看起来符合体育所需的一切要求。它们确实含有技能、很强的秩序，它们有广泛的追随者，其流行程度也足以使其长期存在，因此它们不再仅仅是狂热的事物，而是制度化了的事物。它们有国际比赛、一大群专家、教师和教练(具有了发展最健全的体育运动的成员角色和制度特点)。但是，它们仅仅是不包含身体技能的游戏而已。从休茨的这段论述看来，棋类和牌类游戏是排除在他的体育概念之外的。

休茨说，体育需要广泛的追随者。他使用了一个非常幽默有趣的事例来论证他的观点。休茨说他已完善了由齐克果(Kierkegaad)原创的下列游戏：齐克果是大学里的一名高级行政官员，他有着至高无上的独特性，那就是只要他发怒，他的怒气就会由额头上的一颗颗的汗珠展示出来。那些汗珠沿着他的鼻子缓缓流下来，在鼻尖上挂一会，最终掉落下去。如果这位官员的愤怒持续或再次发作，同样的情形就会重复出现。休茨说只要和他协商好，我们可以把在十五分钟内有三颗独立的汗珠呈现出某种我们指定的状态确定为前游戏目的，并且把既不对像这位官员一样的人采用暴力威胁也不进行人格诽谤或职业荣誉污蔑等来实现前游戏目的确定为游戏规则，这就会成为一个游戏。尽管我们可以自诩其为一个好游戏，但我们还得承认它不是一项体育活动。因为相对于体育要求的那种状态，它太私人化和太个体化。可以想象这是怎样一幅幽默与尴尬情景：当他的体育系的同事问他在参加什么体育运动时，他回答说他在从事一项名叫“汗滴运动”的体育项目，并说他对“汗滴运动”情有独钟。毫无疑问，他会受到同事的嘲笑和否定。因此，缺乏较广泛的追随者的游戏不是体育运动。

当然，尽管“汗滴运动”不是一项体育运动，但是它可以被建构成一项体育运动，如果有一大群人都拥有那位官员那种至高无上的独特性的话，如果还有一群人为使这一游戏出现而拥有虐待狂的心理的话，如果相关的规则被制定并予以公布的话，而且有一群专家成长起来完善这个游戏和提高游戏者水平的话，“汗滴运动”就会成为一项体育运动。但如果缺乏上述这些能够完善该游戏的条件，我们只能承认它只是个高度特质化的游戏。

休茨强调，游戏具有某种身体技能和游戏很流行还不足以使其成为体育运动。呼啦圈在鼎盛时期，它满足这两个条件，但我们没有称其为体育而叫呼啦圈热。参加体育的群体必须有稳定性，那种稳定性要经得起时间的考验。尽管呼啦圈曾持续流行了五十来年，但还只是一种狂热。除了持久以外，体育还有赖于大量的服务人员和组织机构的诞生和繁荣，这些人员和组织要能起到使一项身体技能游戏足以流行的辅助功能。其中最重要的辅助功能有教育、训练、指导、研究、完善、批判（体育专家）、归档（个人成绩和统计数据的编排和保存）。当然，不是所有的体育都需要这些辅助功能才能承认其为体育，但是每项体育运动在一定程度上至少具有某些必要的辅助功能才值得称为体育。①

总而言之，休茨通过一系列的理论和实践活动论证了竞技体育是游戏

---

① Suits B. The Elements of Sport[C]. Philosophic Inquiry in Sport, Champaign: Human Kinetics, Inc, 1988: 39.

这一命题。这一命题和他在论证中提出的游戏目的、游戏方法、游戏规则和游戏态度等范畴对竞技体育中的公平竞赛、竞技体育中的秩序、竞技体育中的程序正义、矫正正义的阐释提供了坚实的理论依据，尤其是对体育建构性规则和规范性规则的创立对本书的展开具有重要的基础意义。

广大体育学者和哲学学者对体育的本质是游戏提供了丰富、极具洞见的论证，它们有着很强的说服力。尤其是赫伊津哈的大游戏理论，似乎人类一切有规则控制的活动都可以看成是某种游戏，如在政治活动的选举、经济活动有序的市场竞争中，我们经常听到"遵守游戏规则"的话语。与政治选举和市场竞争相比，体育竞技的游戏特点更加明显，其游戏本质也更容易理解。体育的本质是游戏的命题为我们把规则伦理和社会契约论等理论运用于竞技体育的研究提供了切入点。

第二章

竞技体育的本体论意义

体育是一种有趣的现象，一方面，一个很容易让人理解的事实是，几乎每个人对体育都有着一定的兴趣并对体育有不少的了解；另一方面，令人费解是，各种科学和科学方法都运用于体育，但是没有一种科学或方法能够充分阐释或解释体育。关于体育的常识性知识随处可见，例如我们经常听到“每个人都是足球专家”。其实当我们聆听各种体育赛场上观众的谈话时，这句话对每种体育活动都是适用的，如“每个人都是篮球专家”“每个人都是拳击专家”。为什么会出现这种情形？对体育的本质我们做何解释？不同的方法对体育有着不同的阐释和不同的评价，不同的方法对体育有着不同的理解，这是造成对体育解释莫衷一是的重要原因。

第一节　竞技体育价值概述

就像多面体的珠宝一样，竞技体育也有着各种价值，至少我们可以简单地从经济、政治和健康的角度去分析竞技体育的价值，当然它的价值远远不止这些。人们可以根据不同的标准从正面、反面或中性的态度评价竞技体育。商人认为体育有价值，因为他们觉得体育是能够获利的活动；运动参与者认为体育有价值，因为体育符合某些健康的标准，使身体充满活力和保持康乐；政治家认为体育有价值，是因为体育可以对某些积极的公共秩序有帮助。总之，仁者见仁，智者见智，不一而足。那么，到底如何来认识体育的价值呢？

价值讨论是个复杂的问题，要对价值进行探讨我们有必要做出某种区分和增设某些概念，否则我们对价值的理解难以深入。对于价值的分类，哲学理论中久已有之且广为人知的划分是柏拉图和亚里士多德的，他们把价值分为内在价值和外在价值。所谓内在价值就是因自身而存在的价值，哲学家们通常用“由于自身的原因(for its own sake)”“自身(in itself)”“如其所是（in its own right)”“本身(as such)”等词组来描述内在价值，内在价值是目的性的价值。外在价值是因为其他事物或目的而具有的价值。这种分法在麦金泰尔的伦理学中表现为内在善与外在善。内在善与某种实践相关联，并且只能通过该种实践的第一手经验才能获得；外在善与获得金钱与物质的机制相关联。

在对体育的讨论中，核心的问题是体育实践是否有着公认的内在善。按照柏拉图和亚里士多德的理论分类，我们可以把竞技体育价值分成两大类，即竞技体育的外在价值和内在价值。顾名思义，竞技体育的外在价值是指存在于体育之外的价值。具言之，竞技体育的外在价值是竞技体育对推进或增加其他价值的价值，如健康、道德行为、人的社会化等。竞技体育的外在价值相对于体育来说是“外在”的，外在价值与体育之间没有逻辑上的必然或必须关系，外在价值的“价值”和竞技体育之间的联系是“偶然”的。当我们从这一角度去理解时，体育的价值是一个纯粹的相对主义的术语，因为，只有当竞技体育推进了竞技体育以外的其他社会价值时，人们才认为竞技体育是有价值的。当然，我们可以通过体育获得各种不同的外在价值。有些是个人的，如个人财富与成功；有些是社会的，如赌博、道德行为和社会化等。外在价值会随着体育的具体情境不同而不同，人们不仅可以从不同的社会中获得体育不同的外在价值，还可以从同一社会对体育参与的不同程度获得不同的外在价值。例如，精英体育有着许多源自精英体育自身的价值(如奖赏)，但这些价值有别于全民体育带来的价值

(如社会化)。当然，不同的体育也可能带来相同的外在价值，换言之，不同体育的外在价值可能会重叠，如由获胜而获得的成就感在不同水平的体育竞技中都会具有。

尽管我们难以穷尽体育的每种具体价值，但总体而言，对以下的外在价值人们基本已经达成共识。

成功：成功往往是一个长期目标，它建立在他人的认可上。体育场是一个可以让人们获得成功感的场所。因为体育竞技会产生胜者和败者。在体育竞技中获胜总会带来某种程度的社会地位或荣誉，所以有些运动员会利用体育竞技来努力改变自己的社会地位。体育竞技可以使人在一个社会群体中脱颖而出而显得与众不同甚至有很大的社会地位的提升，如有些原来位于社会底层却在全国性比赛、世界锦标赛和奥运会中夺冠的运动员，后来很快成为著名的商人、国家级教练员和高级官员等。

成功(成就感)并不只在精英体育中才会出现，它在各种层次的体育竞技中都存在，小到学校运动会，大到奥林匹克运动会，人们都会获得成就感。只是不同程度的成功在他人的认可方面是不一样的。小范围的体育竞技可以使人在小范围中获得认可，大范围的体育竞技可以使人在大群体中获得他人的认可。竞技体育这种“胜—负”特点可以以立竿见影的方式让人获得成就感，这种成功往往还附带着荣誉和财富，并在社会上形成名流、明星与传奇文化。

竞技体育中的成功与成就感有着广义和狭义之分。在体育竞技中通过角逐而成为优胜者获得的成功是狭义上的。从广义上说，竞技体育中其他客体也可以获得成就感，这些客体可以是其他运动员、教练员、体育迷、某个组织、国家或某个普通人，如普通人因为自己在体育赛事中见到某位体育明星而获得的成就感，抑或在国际赛场上与自己喜欢的体育英雄合影留念，甚或体育迷因为能够在某个大型体育赛事中现场观看一场比赛(如世界杯、NBA 篮球赛)而获得的无与伦比的自豪感。

金钱或其他奖赏：在体育尤其是竞技体育中，那种建立在优胜基础上成功的物质诉求通常表现为金钱或其他有价值的奖励，如车、房、贵重金属等。这些奖励越来越成为竞技体育的组成部分，金钱因为其购买力一直被人们广泛追求，不仅运动员如此，而且与参赛运动员相关联的教练员、裁判员、体育官员、体育管理者、体育组织等依然如此。因此，不仅运动员可以从竞技体育巨额财富中受益，就连受聘的医生、治疗师，改善体育科技的科学家甚至与体育相关的艺术家都会被惠及。由此看来，考虑到竞技体育的方方面面，可以说它已然是市场的一部分，更确切地说，它已经是一个受到市场供求关系法则控制的商品行业，甚至是一种商品。有时竞技体育可能成为商业公司进行全球化扩张的工具，因为竞技体育可以带给那些商业公司需要的成功、荣誉与卓越的象征，而竞技体育又需要得到那些公司的赞助。现代社会中竞技体育的商业化带给了体育参与者巨大的经济利益，使得竞技体育的工具性功能过度膨胀，将竞技体育引向一条背离初衷的偏道。

娱乐：娱乐在一定程度上是竞技体育的一个构成元素，但是这个元素只有在竞技体育的商业化和媒介化的状况下才能表现极致。在当代社会，人们追随和观看体育活动，其中一个不可忽视的原因是竞技体育的娱乐性。体育与娱乐的联姻，在媒体的炒作下，一个新的词语——体育娱乐（sportsentertainment）已流行开来，成为新的文化形式。时下人们要求体育更加愉悦化和更加吸引人的呼吁就是对体育这一外在工具化的进一步开发与挖掘。

体育的娱乐性主要是对观众的关切，竞技体育的娱乐化使得它与戏剧越来越亲近，对观众来说，竞技场越来越像剧场，运动员越来越像演员。尽管我们平时很少直接说运动员是演员，但是在体育娱乐的语境中，运动员的演员角色不能不引起我们的反思。

自我肯定：人生活在社会中，无时不与他人处于一种交互影响的状态中，人的存在意义需要某种“肯定”来支撑。一种是他人对自己的肯定，另一种是自己对自己的肯定。每个人每天在社会中的生活工作都接受着各种评价。自我肯定就是个人在一定的社会背景中从他人的认可中获得的自我价值感。这种自我肯定往往来自个人的某种或某些良好表现，自我肯定尤其与自己的某种成功或奖励联系在一起。竞技体育是一个容易产生自我肯定的场所，那种自我认可和自我肯定主要来自竞赛的获胜，来自他人对自我能力的认可。

自我肯定有不同形式，对个人而言，它更多的是在存在状态下，在明确我是谁的语境中肯定自我的存在。当人在自己以往的能力、状态、成绩等方面得以超越时，这种自我存在感愈加强烈。竞技体育与对手的角逐，表面看来是战胜对手，其实，该过程更是一个战胜自我、超越自我的过程。在冒险体育中，那种超越自我极限和超越人类极限的拼搏是肯定“我是谁”和突破自我界限“我是什么”的宣言。

通过代理的成就：“通过代理的成就”最明显的例子就是青少年体育。它常出现在运动员为其他人去实施某个理想和宏大目标的“工具”，他们可能需要青少年的努力来实现其梦想。这种情境中的成就，不是自身奋斗的结果，而是他人(青少年运动员)奋斗的结果。但是具体情况是比较复杂的，有时父母、教练等认为他们在某种程度上也做出了巨大的努力，如为青少年运动做出的让步、鼓励、提供物质帮助和情感支持，成为青少年运动员成功的必要条件。关键点是，这里的体育拼搏是青少年做出的，代理人的成就仅仅是对这些体育拼搏的利用而已。

在现实中，这种代理的成就不仅仅限于那些与青少年运动有着家庭关系或监护关系的人(如父母与教练员等)，体育竞技还可能吸引一批人成为获得成就的代理人，如体育迷、政治家等。在代理人成就中最容易出现的问题是，代理人的行为主要是开发利用性的，他们可能忽略了对运动员自身的尊重。在竞技体育中，运动员在任何手段和资源中都是应当独立于其他人的，他们为自己的目的在角逐。否则，他们就会成为其他人追求自己目标的工具，使得运动员失去了自己的目的和未来。

道德教育：竞技体育能够培养人们希望获得的某些性格特征。这种道德信念早在古希腊有关美与善的教育中就已存在，在崇尚体育教育的英国公立学校中也不乏其影。前国际体育哲学协会主席麦克·迈克奈米教授认为竞技体育对道德教育有着促进作用。[①] 竞技体育促进道德教化的重要依据是：遵守规则是竞技体育的第一要务，违背规则、破坏规则就没有竞技体育。人们认为，严格执行不失偏颇的权威组织制定明了并达成共识的规则给青少年提供了一种正确的社会行为的清晰模板，这种模板能够鼓励他们自愿遵守社会的合理秩序。

除了简单遵守规则之外，竞技体育对道德的强化还源自对执法者（裁判员、裁判委员会、体育仲裁委等）的服从。在体育竞技中，个体的行为是遵循体育规则而展开的，他们对自己的行为负有责任，那些责任不仅来自体育规则，还来自竞技体育的内在特质。体育竞技的道德困境恰恰就在运动员一方面彼此要进行激烈的竞争，另一方面又要严格遵守体育规则。一场公正的体育比赛是一种“野蛮”的“搏斗”服从文明规则的理性活动。

体育参与能培养良好的性格还因为竞技体育是一种教育，如学校体育中的比赛项目、青年体育、奥林匹克教育等。这些都要求在某种既定的教育体系中推进一定的体育价值。教育理念“加”在体育中的某些价值虽然不是由体育的内在价值组成，但是能够强化体育的内在价值，如更广泛的人文主义价值：竞争秩序、和平等。

社会化：社会化是指人从自然状态转变为社会状态的过程，或者说是由自然人转化为社会人的过程。个体在社会化之前，各种社会行为规则、行为规范、行为准则对其是外在的甚至是陌生的，社会化这一过程使那些外在于自己的社会行为规则、行为规范、行为准则变成其内心观念，并内化为自己的行为标准。社会化一方面是社会对个体进行教化的过程，另一方面是个体与其他社会成员之间进行互动，最终使个体成为合格的社会成员的过程。竞技体育是不同社会人群社会化的重要场所，尤其是儿童、青年人、残疾人、外地移民、少数民族等。体育竞技对促进人的社会化，促进不同文化、种族、信仰的人的共处有着不可忽视的作用，这在美国、欧

① McNamee M. Sports, Virtues and Vices: Morality plays[M]. London and New York: Routledge, 2008.

洲、斯堪的纳维亚地区非常明显，有些国家的政府还专门将体育定为一项促进民众友好共处的国家政策。

体育竞技能够使不同的人群在社会生活中互相面对，因为它需要两个以上的参与者才能进行，参与方往往来自不同组织或不同地区或不同群体，他们需要坦诚面对并公平竞争。社会是充满竞争的，人天生也是有竞争意识的。一个社会的人群如何竞争是该社会的人群的生存状态和幸福程度的决定因素。毋庸置疑，只有遵守各项社会规则竞争才能实现人们渴望的社会秩序。竞技体育是人类社会的一个缩影，更是一个人类社会的样板。因为它既承载了社会竞争，又呈现了良好的竞争秩序。儿童在体育竞争中学会和实践着这种品质，这有利于他们将来习惯各种社会规则、遵守社会规则，推动着社会的良善发展。

预防社会犯罪，促进社会稳定：竞技体育是一种重要的社会“泄力阀”，它给人们提供了一种打发时间、排泄冲动的场域。因此，有时竞技体育也是一种预防社会犯罪、维护社会稳定的有益方式。一方面，体育竞技消耗了人们的空闲时间，使人们不在“无聊时光”中胡思乱想；另一方面，体育竞技消耗了人们的体力，发泄了攻击的欲望，从而减少了人们的社会攻击性，如拳击、足球、橄榄球等运动。这使得人们复归平静，不在日常社会生活中胡作非为。在一个竞技体育发达、制度完善的社会中，体育能够很好地减少社会负面现象，如吸烟、酗酒、逃学、使用毒品、街头犯罪等。

维护健康：健康是人类的重要且重大价值之一。营养与运动是维护人体健康的关键因素。体育可以促进新陈代谢，促进血液循环，培养耐力，锻炼肌肉。体育对人体的意义可以说是全面的、复杂的，它的功能不胜枚举。人们对温和而有规律的体育运动有助于维持健康有着广泛共识，其实充满活力、剧烈的竞技体育同样有助于人体健康。① 体育是人类的创造物，

① Masurier G L, Corbin C B. Health-Based Physical Education[J]. International Journal of Physical Education, 2002,39(2): 4-13.

体育同样可以是人类的改造物。人们可以根据自身的需要来控制体育运动的强度。单位职工篮球赛、羽毛球赛、气排球赛等都是竞技体育项目，几乎没有人否定它们对职业人员的健康维持的功能。在互联网和物联网高度发达的今天，“宅男”和“电视土豆”层出不穷，足不出户就可以生活无虞或神游天下。久坐和宅在户内是人类健康的犀利杀手，而体育尤其是竞技体育是这些杀手的克星。

研究表明，当前对人体危害最大、最多是心脑血管病，心血管疾病是导致死亡的最大因素。体育运动对“心脏”的健康有着良好的正面影响。[①]不仅如此，体育运动对癌症、抑郁症等各种疑难杂症有着减缓症状和减少风险的功能。[②]

体育的外在价值如此庞杂，初看之下，似乎除了竞技体育的上述价值，我们很难找到竞技体育的其他价值了。事实上，我们对竞技体育上述价值的考察有个共同特点，就是把竞技体育当成实现人与社会的其他价值的工具来进行分析，我们还没有把体育的价值与竞技体育自身行为联系起来。当我们将价值与体育自身行为进行关联加以探究时，不难发现竞技体育的内在价值。

体育的内在价值是通过体育参与获得的以体育为目的的价值，我们可以称之为“体育的非工具性价值”或“体育的终极价值”。这些价值是在体育参与中产生的，根植于体育实践，隐含在完成竞技体育的内部目标与内部目的之中。无论竞技体育的参与者是否知晓，或者是否愿意知晓，无论竞技参与者处于何种文化环境，这些价值都会因体育运动的过程而产生。

分析体育的内在价值需要我们对体育的目标与目的进行深入探究。帕

---

① Tinning R. Physical education and back health: negotiating instrumental aims and holistic bodywork practices[J]. European Physical Education Review, 2001, 7(2): 191-205.

② Tracey J, Elcomb T. A Lifetime of Healthy Meaningful Movement: Have We Forgotten the Athletes? [J]. Quest, 2004, 56: 241-26.

里(Parry)和伊蕾娜(Irena)勾勒出了竞技体育内在价值的结构特点：①

手段 ——→ 目的

目标+目的——→ 结果

例如：进球得分+得分超越对手 ——→ 3：1 在足球比赛中获胜

上述特点表明，竞技体育包含：①内部目标。竞技体育的内部目标即需要完成的给定任务，如足球比赛中的进球得分，赛跑中尽快跑完全程，跳水比赛中累计积分等。根据某一项目的规则，内在目标为该项目提供了可能性基础，设置得分方式使得在该项目所需的技能具有了可比性。②内部目的。竞技体育的内部目的指明了它的竞争性，这一目的使得运动员能够严肃参赛，积极发挥，彼此竞争，超越对手。内部目标和内部目的对竞技体育来说都是内在的，与竞技体育是不可分离的。

大部分竞技体育的内在价值都有着体验性的特点，因为这些价值源自体育参与是积极的这个简单事实。这些价值从“实干”“学习”和“成就某事”的实践中出来，消极观察无法获得这些价值。这些价值包括：兴奋、挑战、快乐、积极参与、拼搏、提高、技能训练、对成功行为的满足、玩耍与创造、积极地自我表达、群体感和节奏等②。

我们发现，竞技体育的有些内在价值来自它的“竞争”特点。竞争本身包含着努力、奋力胜出、精力集中、果断等品格。这些都存在于体育竞技的欢愉和结果的不确定性中。③

竞技体育的另一组内在价值有着“自我认知”的特点。比赛开展得越

① Irena P. Instrumentality and values in sport[M]. Charles University in Prague, Karolinum Press, 2013：28.

② Irena P. Instrumentality and values in sport[M]. Charles University in Prague, Karolinum Press, 2013：260. Loalnd S. Fair play：historical anachronism or topical ideal? In M. McNameeand J. Parry. Ethics & sport[M]. London and New York：Routledge, 1998：79-103. Kretchmar R S. Practical Philosophy of Sport[M]. Champaign, Il. Human Kinetics, 1994：153.

③ Kretchmar R S. Practical Philosophy of Sport and Physical Activity[M]. 2nd. Champaign, Il. Human Kinetics, 2005：171.

好，运动员获得的对相对能力的认知就越准确、越完整。自我认知的内容远远超出运动员参与某项具体运动项目对体能和技能的认知，体育竞技的过程有助于运动员对体能和技能以外的事物的认知，如如何在高压力下发挥自己的潜能，在具体的对抗环境中如何面对和应对对手等。竞技体育帮助我们去回答“我是谁”这一问题。[①] 竞技体育在此时不仅展示了某个人的个人身份，还展示了一般意义上的人的存在的内容。

竞技体育的内在价值还含有一种苦修的特点，它产生于在规则允许的范围内尽力提高运动技能以期在比赛中获胜的需要中。这些价值包括自我控制、自我约束、身心投入和坚忍不拔等。

由于体育竞技不是一个人的“战斗”，因此在体育竞技中还存在着“人际价值”。体育竞技不可能在一个人身上发生，竞技体育以两个以上的个体存在为基础，竞争的前提就是两个以上个体的“相遇”，那么对于竞技的主体而言，他们之间应当有一种基本的关系状态。运动员之间的这种“面对”产生尊重对手、友谊、友情、平等诸价值。同时，体育竞技是多个主体之间的互动性活动，既有运动员之间的对手关系，还有组织者和裁判的监视和评判的关系，这需要运动员的道德认知能力，譬如对行为对错的判断、对个人责任的明了以及对道德事件的辨识等。[②] 再有，体育竞技中不只有竞争，还有合作的内容，尤其是集体项目，合作更是至关重要，竞技体育可以培养合作价值。

体育竞技的参与者以体验的方式丰富了运动的生活，这种体验是独一无二的，因为它在别的活动中无法获得。竞技体育以一种增强对自己和世界的理解的方式来开发自身的潜能，这种理解与上述各种内在价值组合或结合在一起，促使人们更广泛、更深刻地理解人与世界，为人的存在意义提供了一种找寻方式。因此，竞技体育有着人的“意义价值”。

---

① Reid, H L. The Philosophical Athlete. Durham, North Carolina: Carolina Academic Press, 2002: 13.

② McFee G. Sport, Rules and Values: Philosophical Investigations into the Nature of Sport [M]. London: Routledge, 2004.

体育与身体的关系并不像我们一般日常中理解的那么简单。作为主体的人，无论他在哪个领域活动，都需要身体的参与。但在人类各种各样的活动中，只有体育与人的身体的关系最为密切。因为体育对人的身体的影响是多向度的，它不仅能影响人的“物质性”的身体——肉体，还能影响“精神性”的身体。

众所周知，对事物的研究深度和广度与研究方法密切相关。我们不可能听到颜色或看到声音，我们只能看到颜色和听到声音。其他领域也遵循相同的原则，在体育研究领域也不例外。我们研究体育首先必须面对的问题是：什么是体育和用什么方法来研究体育才是恰当的？直到今天关于体育研究方法的问题仍然处于模糊不清的状态。在其他科学领域，研究方法的问题远没有在体育领域的突出。因为其他事物的涵盖范围要窄得多，现象要简单得多。如置身于植物研究的生物学家主要采用对植物研究最有效的方法来开展工作，因为他们的研究对象多是物理性质的，他们就多采用物理方法来进行研究。同理，数学家采用数学方法来研究数学，那无疑是最恰当的方法。但是体育科学研究的对象是运动中的人，运动对象包含了人的方方面面的特征，这一运动绝对不能简化为物理运动。因此，对体育研究采用多种研究方法是必要的。自然科学和社会科学的方法的综合运用可以把测量和计算整合在一起，并用于体育研究，但是这种方法对研究体育是充分的吗？答案显然是否定的。赫斯塔(Hosta)认为，在研究体育前，“怎样思考体育”是一个极其重要的问题。① 体育研究的方法非常重要，不仅是因为方法论和“研究技术”是我们靠近研究对象的工具，而且在很大程度上，它是我们改变我们所研究的现实的力量。当前，研究技术不管是完善体育的工具，还是人们怎样定义体育和理解体育的力量，它与我们以前以物理方法来谈论体育是大相径庭的。用秒、千克、千米、卡路里和瓦特等来研究玩耍、游戏、挑战和美德等是远远不够的。因此，自然科学中的

① Hosta M. Poskus konceptualizaciješporta /Conceptualization of sport[J]. Anthropos, 2005(1-4): 183-190.

体育与社会科学中的体育及人文科学中的体育是大异其趣的。它们当中哪一个是正确的？这种问题正如走在森林中的画家和木匠面对一棵树的想法，画家关心的是树的形状与美感，木匠关心的是它适合做什么样的家具。在体育中，一些体育的概念或观念已经被人们所熟知，但有些概念和观念却仍然没有被人接受。因此，我们的研究不能停留在运用体育科学来明了我们可以在体育领域获得什么，还要思考体育科学能够“打造”什么样的体育。

亚里士多德根据目的与对象很早就把科学分为三大类：沉思的科学、实践的科学和生产的科学，随着科研的逐步发展，当前被学术界比较普遍接受的分法是：自然科学、社会科学和人文科学。横贯三大科学的研究对象首屈一指的就是体育。

对于什么是体育，三大学科都有着自己的概念与范畴。但值得注意的是，体育不像桌子、椅子、足球或人那样可以独立存在。体育总是和能够独立存在并“玩”体育或“从事”体育的“人”联系在一起。研究体育终极的目的是人。体育不是物理，所以不能完全使用实证测量的方法和数学方法来研究。我们也不能使用物理变量和数字，像评测物体一样来研究体育，也不能使用数学公式或物理定律来研究体育。这些方法充其量只能测量人体或运动的某些数据。但体育更是一种有关身体运动的概念或观念。当我们思考体育，我们是在思考有着某种特定目的的身体运动。那些目的是不可以用实证方法来测量的，它属于人文学科的研究范畴。如果自然科学与社会科学足以研究好体育，那么体育是一个物体，可以对其进行实证方式的评测且可以自身独立存在的假设就是成立的。事实上，体育不是物体，不能进行变量的运算和数字的测量，也不能像其他物体，如面包一样进行物理切割。体育是与人紧密相连的概念或观念，这表明，只用自然科学和社会科学的试验和实证的方法来研究是不充分的。① 体育关系到人，人从事体育，观看体育，评判体育，理解体育，解释体育，体育对人有意义，而

① McFee G. Sport, Rules and Values[M]. London: Routledge, 2004: 5.

不是体育对体育有意义。探索体育对人的意义，需要运用人文科学的研究方法来进行，否则无法实现研究的目的。

实证的研究方法的使用可以告知我们大量基于物理、化学、生物等有关体育的可测量的事实。实证与数学方法给我们提供许多物理变量的数据，如时间、距离、速度、肌肉力量、耐力、肌肉纤维类型、血液中的含氧量、肌肉对氧的消耗程度、一场球赛中的控球时间比、打靶的命中率以及传球的失误率等。自然科学的对象可以是能够测量的任何物体。以此方法来研究体育可以称为自然体育观。实证的社会科学研究方法可以让我们测算体育人口比、参加体育活动的频率、不同国家对体育重视的程度以及人们对体育价值所持的态度等。我们尽量对体育进行客观研究，努力“把我们人排除在外”。社会科学总是把体育削减到研究体育事实和分析体育的社会功能，探讨体育怎样为某一特定群体或个人“服务”。功能主义体育观往往在维持个人与社会的平衡的框架内解释体育，如个人表达的机会、国家或文化的偏好等。这些方法在一定程度包含对所使用概念的理解，然而，它们都是工具性的，它们总是被体育理解为某种工具并在因果关系中去分析体育的工具价值，但对体育的本质、体育的本体论意义、体育的道德价值一直鞭长莫及。

体育现象可能以各种不同的经验呈现在我们面前：定性的或定量的。自然科学和社会科学尽量理解不同事物怎样从外部产生作用，如人类社会中体育是如何运行的，在正常的体育活动中与竞赛等极端条件下身体功能的变化等。这些研究是定量和描述性的，是客观的。体育研究被简化成对体育中各种数据的测量与运算。人文科学探讨什么是体育，什么是好的体育运动，体育的意义是什么和体育为什么有那些意义等。体育运动离不开人，因此，体育研究不能不考虑活生生的人的现实。我们应当从内部来理解体育，这种研究是定性的和规范的。

研究方法的类型决定研究结果。正常状态下，如果我们把物理方法用到生活、道德、艺术和文化领域，得到的结果也将是一些物理事实。但生活、道德、艺术和文化不是物体。如果我们仅仅把实证方法适用于体育领域，其结果也将是实证事实。我们应该指出的是体育中的有些基础性的概念或观念不是来自实证的测量而是来自人类的反思或思辨，这表明实证的方法存在某种局限性，如训练、竞争、游戏、公平竞赛等概念。但是，什么是训练，什么是竞争，什么是游戏，什么是公平竞赛？如果我们想要对测量的数据获得正确的理解，我们首先必须分析、理解和对这些概念达成共识。① 以上概念没有一个是通过实证测量来进行定义的，它们都是作为理性主体的人商讨并达成共识的结果。在我们给定这些概念的意思之前，在体育科学中使用这些词语没有任何意义。

在很大程度上，我们的研究方法决定了我们认知的方式和认知的内容。生物力学只能分析和探讨体育中身体运动涉及的速度、力量、耐力、韧性、加速度、阻力等内容。但对普通人来说，他们觉得那些只是一个成功和漂亮的空中跳跃动作，如跳台滑雪中的滑跃。这表明，研究方法对认知有着重要的影响。因此，我们在探求真理或寻找真相的过程中不能排除其他方法的运用。除了试验和实证的方法外，我们不能忽视人文思辨方法的作用。当然在体育运动中确实存在许多诸如速度、加速度、力量、阻力等变量，但值得注意的是，对这些变量的分析是建立在我们对“什么是滑跃”这个问题的理解的基础上的。对于滑跃这个动作的意义是不能仅仅通过实证和数学运算的方法来获得的，我们必须理解这个动作。同样，人类生活的许多领域也不能仅仅通过数学和实证方法得以理解。如意义、伦理、道德、自由、尊严、艺术、文化、宗教、信仰、精神等。自然科学的方法和社会科学的方法可以获得很多真理，但不是所有真理。在寻找真理的过程中我们需要考虑我们的方法是否得当。譬如我们讨论死亡，死亡现象比生物学上器官的衰竭要复杂得多。我们在探讨现象的本质时，我们往往把它简化成突出某些方面，就像滑跃这个动作，我们喜欢把它简化成研究

① McNamee M. Positivism, Popper and Paradigms: an introductory essay in the philosophy of science [M]//McNamee M. Philosophy and the Sciences of Exercise, Health and Sport. London: Routledge, 2005: 1-19.

它的速度、角度、力量等。但是我们研究体育应当研究实践中的体育，研究“活”的体育。

由于体育与人的生活紧密相关，它产生了价值。它的“善”与“恶”是理性的人应当讨论的问题，这种讨论是无法通过数学运算和实证方法来进行的。在伦理学和公平竞争中我们往往使用“应当”这样的句式，而不是仅仅描述在体育比赛中对立的双方彼此如何相待。伦理学需要设定“合适”的行为或规范来讨论人们如何行动。“应当”不能通过实证来进行理解，它不是对有关体育的公众观点的测算，它可能与多数人的观点相悖，它是理性主体、道德感、良知和传统讨论的结果。

体育是对人产生重大情感影响的现象。但从数学运算和实证去研究它会使体育失去整体观。运动员和观众是体育现象中“局内人”，我们不可能把它当成外在于我们或者我们的眼前物来进行研究而获得充分的认识。我们内在于体育之流中就像我们内在于生活之流中。我们不可能跳出生活，停止生活来对其进行客观研究和理解。体育是内在于生活的，是正在发生的人的动作，因此对它的研究必须使用整体的方法，这样才能对其获得全面的认知。

体育是社会的一部分，体育与社会之间因各种价值在彼此之间流出与流进而使其以多种方式交互影响。社会是由个体组成集合体，体育对社会的影响一方面包含体育对社会成员——个体的影响，另一方面也包含了对整个社会的影响，如对社会结构的影响、对社会观念的影响等。

体育是一种相互影响，变动不居的社会互动过程，从价值上来说，体育的价值也是多元的。第一，体育不是一个完全自我封闭的场域，它的内在价值和外在价值可以从体育流向社会和人们的生活，同样社会和人们生活中的内在价值和外在价值也会流向体育。第二，体育的外在价值一方面对单个运动员来说，可以是一种外在目的，如通过体育运动来达到减肥的目的。另一方面，可能被国家、媒体或市场当成外在价值，如健康、娱乐、权力与金钱。这两种外在价值的影响其实是很难区分的。第三，内在价值与某种具体的体育或体育实践相联系。这意味着我们所说的内在价值以某种方式隐含在具体的体育运动当中。如从足球中获得的快乐与网球中获得的快乐是不一样的，它们有着不同的格式塔。这表明，就内在价值而言，不仅技能及对技能的掌握对每项运动来说都是独特的，对快乐的体验与具体的体育运动项目涉及的技能有关。第四，除了具体的格式塔，体育作为竞技项目应当有着某种共性的内在价值，如公正、求胜和尽力而为等。

要深入探讨体育的价值，我们必须很好地理解体育与社会、体育与个体以及体育、社会与个体之间的关系。为了表达的方便和便于理解，我们权且把体育之中的价值称为体育的内部价值(internal values)，从上文论述的特点上来说，这种价值可能是内在的价值，也可能是外在的价值。无论是网球带给人的快乐(内在价值)还是通过网球运动获得的健康(外在价值)都是内部价值。与体育相关却在社会环境中发展起来的在体育之外的价值我们称为外部价值。例如，在人的制度设计中，与体育相比，健康是重点。众所周知，健康的概念可以通过体育运动获得完善和发展。现代的健康观念包含活动与健身这个维度。从这一意义上来看，我们认为，内部价值和外部价值是相互影响的，我们可以在两个过程中来加以理解。一方面，社会与社会价值以好的和不好的方式影响体育，即体育受到外部价值的影响；另一方面，体育与体育价值也以好的或不好的方式影响社会，如体育竞技对社会其他领域的竞争有着重要影响。

由此可见，体育与社会呈现出了第一层辩证关系，如果我们继续深入探索，我们不难发现更加强大的第二层辩证关系，即个体与具体的体育环境的辩证关系。我们也可从两个过程加以理解：一方面，个体从自己喜欢的价值中选择体育运动，人们根据自己的个性选择适合个性爱好的体育环境，如有人喜欢强劲的快乐，因此他们选择足球或羽毛球运动；有人喜欢舒缓的快乐，他们选择太极或瑜伽。我们把这种人与环境的匹配称为积极匹配。另一方面，体育运动与具体的价值影响参与体育运动的人，人会受到他们所处的环境的形塑。我们把人与环境的这种状况称为消极匹配。结合上述两层辩证关系和人与环境的两种匹配形成了一种人与体育的一种动态关系，并表现出三个特点。一是体育总是与某种实践与价值联系在一起并整合在一定历史的社会中；二是不同的体育吸引和形成不同的人群，并在社会中构建了不同的亚文化；三是不同的体育运动有着不同的体育特性但有着某些共同的元素。

对体育与社会的互动关系的探索与论证，有着许多理论。英格哈特(Inglehart)的后唯物主义(postmaterialistic)社会发展理论能够解释体育(尤其是群众体育)中的诸如自我实现、平等和宽容等后唯物主义价值；埃利亚斯和邓宁的理论可以解释不仅是青年体育还有大众体育中人们对有着冒险、刺激和攻击内容的体育的兴趣与日俱增的现象；拉什(Lasch)的理论预言了相对于更加防守、避免对抗的运动，剧烈的以获胜为目的的精英体育有衰微之势，就群众体育来说，快乐主义、自恋主义和身体文化等内容正在增加。福柯的理论可以解释这门学科的某些方面和高水平运动和极限体育的惩戒性；吉登斯的理论可以解释在强烈的个人主义和全球主义背景下群众体育的组织性发展；马克思主义的一些理论对解释体育商业化和体育中的政治斗争十分有益。

根据邓宁、马奎尔和佩尔顿的理论，我们可以对现代体育的特征达成一致意见，正如古特曼指出的，与早期体育不同，现代体育趋于理性化、标准化、圣神化、专业化、定量化和记录化。当我们试图解释体育在发展时可能出现各种各样的观点。古特曼认为，体育发展中的核心影响因素是科学的发展，但是经济、阶级冲突、霸权和占统治地位的阶级也是不可忽视的原因。竞技体育与阶级、竞技、权力、经济有着复杂的关联，那么对社会而言，对人类而言，竞技体育到底有什么本体性的意义呢？

第二节　竞技体育的本体性价值

本体性问题与人类如何思考世界和发展自身的方式紧密相关，它意味着事物的普遍性和前提性，本体性问题涉及哲学中的本体论知识。而本体论，在学者沃尔弗那里，是“关于一般性‘在’(entis)就其作为‘在’而言的科学”。因此，本体性问题需要使用演绎和理性的方法去研究“在者”本身的最一般的特性。[①] 竞技体育作为“在者”，它的典型特征是竞技而不是体育。所谓竞技，其字面意义就是“比赛技艺”，俗言之就是身体性的竞争。要探讨竞技体育的本体性意义，需要我们跳出具体的竞技活动，把竞技体育放到整个人类社会的场域，观察和思考它对整个社会和人自身发展的价值与意义，具言之，要探讨竞技体育的本体性价值，就要探讨体育竞技对作为社会个体的人之间的竞争和对以个体人集合而成的社会的秩序和发展的价值。

一、体育竞技是社会竞争的典范

竞争在英文中的单词为“competition”，它有着“与他者相争以获得某种利益”和“能力、力量和技术等的检测”之意。在日常生活中，我们往往取其第一种意义，即“与他者相争”。在达尔文的进化论理论中，“竞争”一词用于生物因配偶、食物和地盘等而发生的争斗。这种争斗产生的根本原因是生物的需要和资源总是相对处于稀缺状态。竞争是整个生物界和人类社会普遍存在的现象，生物学研究表明，竞争几乎存在于每一类生物之中，因为生物生存的唯一目的就是让自身的基因得到保存和繁衍，这一目的决定了生物行为的自私性，生物行为都是利己主义和自我中心主义的，正是这种自我中心主义和利己主义决定了生物在面临资源稀缺时必然竞争的行为特性，从这一意义上说，竞争是一切生物的本性，是生物乃至人类的一种普遍行为，竞争状态是一切生物的基本存在样态。[②]

人类历史是一部竞争的历史，竞争贯穿着人类产生、发展的全过程，可以说，只要有两个人的存在，就可能存在竞争。从人的社会关系来看，

---

① Wolff C. Philosophia primamethodo siv e ontologia scientifica per tractata, qua omnes cognitionis humanae principia continentur. 转引自：高建平. 关于“本体论”的本体性说明——兼与朱立元先生商榷[J]. 文学评论. 1998(1)：141.

② 杨其虎. 追寻竞技正义：竞技体育伦理批判[M]. 长沙：中南大学出版社，2015：2.

人与人之间的关系丰富多彩，千丝万缕，当我们抽象掉各种具体关系，从哲学视角来审视时，我们发现人与人之间的关系主要是“竞争”与“合作”的关系。在这两种关系中，由于资源稀缺这一根本性原因，竞争成为人与人的本位性关系，即两种关系中竞争关系是第一位的，合作关系是第二位的。

由于竞争总是伴随着某种残酷性或残忍性，在人们的意识中，竞争是一种“恶”。事实上，竞争对社会的发展、对人类文明有着重要的推进作用。

竞争是生物进化的驱动力。离开竞争，生物体的功能难以维持，生物种属能力难以得到优化和提高。生物由低级向高级、由简单到复杂不断进化，就是不断竞争的结果。人类具有动物属性和社会属性，无论人类文明如何发展，无论人类的社会属性如何增强，都无法彻底涤除动物的本质倾向。因此，人的生物功能的维持与巩固，思维能力和实践能力的优化与提高，必然依赖竞争机制并服从竞争规律。通过社会领域的竞争和角逐，人的大脑变得越来越智慧、手脚变得越来越灵巧，生理素质和种属能力不断得到优化和提高。竞争刺激人的思维，把自然历史进程赋予人的潜能素质不断挖掘出来，使人自身潜在的力量展现出来，为人更好地认识自然和利用自然及认识社会和适应社会奠定心理和生理基础。

竞争具有激励作用。竞争是一种资源配置手段，它通过优胜劣汰，使资源配置给强者。竞争一旦展开，与之有关的个体和群体就会受到刺激和振荡，因为谁安于现状，谁就会在竞争中处于不利地位，可能失去生存和发展的物质、精神条件。在这种情况下，每个个体和群体都会滋生或诱发强烈的内在冲动而投入竞争。竞争能把与竞争活动有关的人和物的要素激活起来，变为改造现存事物的强大力量。参与竞争的每个个体和群体都会自觉地发挥最大能动性，从而使由个体和群体组成的整个社会充满生机和活力。艾哈德指出，凡没有竞争的地方就没有进步，久而久之就会陷入呆滞状态①。竞争促使竞争参与者不断改革、不断创新，从而推动社会的发

① 艾哈德. 来自竞争的繁荣[M]. 祝世康，等译，北京：商务印书馆，1983：153.

展。因此，竞争是人类发展和社会演进的元初动力。①

既然，竞争是人类难以挣脱的“历史宿命”，面对竞争，人们可以有两种选择，一是任由人们随心所欲地争斗，最终陷入“所有人对所有人的战斗”之中，弱肉强食，自生自灭。二是在人的理性的指引下，尊重各个个体的存在和自尊，在一定的规则和制度之下展开有序的竞争。克服竞争的“恶”的成分，发挥竞争对人的进化和社会发展的良性功能。人类发展的历史表明，作为理性的人正是按照第二种方式来进行竞争的。人类社会的竞争以尊重生命为基础，在很大程度上，人类社会的竞争是竞赛，而不是原始意义上的竞争。竞赛式竞争是种高级竞争形式，它从原始血性的“优胜劣汰”上升为“好中争优”和“优中取最”；竞赛式竞争显现了人类特有的道德品质，在社会演进中，道德能力被一般地和公正地认为比智力更有价值。竞赛式竞争以遵守规则为前提，竞争公平且规则神圣，不守规则者在竞争中提前出局或者受到道德的非难与法律的惩罚，如经济领域的反不正当竞争法就是为遵守规则而设立的。一个公正的人类社会应该是承认人人都有生存价值、个个都可公平竞争的社会，人类社会因为人的社会性和文明化，已经演变成一个优胜但劣不汰的社会。在这样的社会中，优秀者可以通过公平竞争而胜出，弱势个体也能得到相应的保护。这种竞赛式竞争的典型代表就是体育竞技。

竞争是竞技体育的本质属性，又是它的最大特点。竞技的竞争性首先体现在资源的稀缺性上。对竞技体育来说，整个竞争也是围绕稀缺性而展开的，这与社会资源的稀缺没有本质区别。如在排球、篮球、足球比赛中，运动员们竭尽全力去拼搏，目的是获得冠军、亚军、季军的荣誉或其他某个名次，或是为了获得某种奖励。通常说来，各种体育竞技都只为前三名颁奖，即只设置冠军、亚军、季军的奖项。无论有多少参赛方，也只有三个名次可以获奖。因此，对体育竞技的参与者来说，“资源”是极其匮乏的。但对体育竞技来说，它不是无规则的“丛林之争”。“丛林之争”是以

① 杨其虎. 追寻竞技正义：竞技体育伦理批判[M]. 长沙：中南大学出版社，2015：3.

丧失利益、尊严甚至生命为代价的竞争，它毫无规则可言，完全是强者独占一切、弱者生命难保的殊死搏斗。体育竞技是在规则的制控下进行的文明之争，胜利者光荣，失败者也不可耻。体育规则不仅保护了参赛者的人格尊严和生命安全，还有效实现了公平公开地竞争。这种状态是人类在整个社会领域中对竞争梦寐以求的状态，是人类一切竞争最理想的结果。无论是政治竞争，还是经济竞争，在社会实践上都无法达到体育竞技这样的良善状态。

我们常说，竞技体育是人类社会的缩影。这一判断隐含着：竞技体育遵循了社会运行的逻辑。体育竞技的激烈甚至残忍是对社会竞争剧烈和残忍的特型化的展示，它通过身体运动的竞争方式展示出无比复杂的社会竞争的基本状态，用一种特殊的方式反映出人类社会的竞争性本质。体育竞技与社会竞争在内容上有着深刻的关联性和影像性互联，人们可以通过体育竞技来认识人类社会的本质。体育竞技把人的动物性竞争和社会性竞争完好地结合起来。动物间的竞争是身体性的，通过身体接触和对抗进行力量大小的较量，并以此来决定胜负，这是种野蛮的暴力行为。体育竞技也是通过身体的较量来进行，有些运动也有着身体的接触与对抗，如摔跤、散打与拳击，这些竞技在形式上与动物的格斗没有区别，但与动物搏斗不同的是，体育竞技是在规则的指引和调控下进行的，它不会出现动物搏斗那样的残忍后果。规则是文明的产物，是人类理性的直接体现。规则是人的社会性产物，在体育竞技中，人们已经从群体本位和类本位的视角来考察共生共存的问题，这是人的社会竞争与动物竞争最大的区别。

体育竞技除了与社会竞争具有一定的共性外，还有着它的独特之处。体育竞技不是自然生产物的，它是人为设计、构建出来的，这种设计与构建隐含着人们对理想的社会竞争范式的追求。相对社会竞争的尔虞我诈、不择手段，体育竞技是单纯的、规则的、公开的、透明的。因此，相对于社会领域中的其他竞争，竞技体育给社会创造了一个良善的竞争空间，在这个空间中，人与人的竞争是由文明规则来支配的，人们的竞争被规则框定在一定范围和一定程度之中，人们可以在保全生命的前提下通过公平公正的方式自由、平等地展开竞争。这避免了人们为达目的不择手段的不良竞争。同时，体育竞技为其他社会竞争树立了一种可资借鉴的范式，要提升人们在经济、社会等其他领域竞争的文明程度，可以以体育竞技为参照物，体育竞技对推动社会的良善竞争有着示范和指引作用，这种作用会逐步把人类引向一个更为良善的生活空间。

人们喜爱竞技体育，在一定意义上，是人们内心对公平竞争诉求的外在行为表现。心理学研究表明，人们热衷某种行为不仅仅在于某种行为能给自己带来物质利益，也在于该行为能够满足内心的某种渴望。如人们可以通过观看战争片和惩恶扬善的暴力片来宣泄自己对社会中的某些不满的情绪。参与体育竞技和观看体育竞技可以使人们找到在日常生活中难以找到的公平感。由此出发，我们就不难理解拳击运动为什么受人追捧了。拳击运动为人喜爱，不仅在于它可能给人们带来金钱或物质利益(体育赌博)，在于它充满了力量，充满着暴力美学，也在于它给人们展示了一幅社会公平公正的画面，给人们演绎了一场公平公正的社会剧。人们能够接受拳击、散打等暴力运动是因为一种善在与一种恶的共存中占着上风。拳击比赛是对身体的打击，是对肉体的人为性“破坏”，有时甚至出现流血和皮肉撕裂情况，这些情形都是人为制造的“恶”。然而人们面对这些“恶”，不仅不加以制止和排斥，反而觉得“好玩”“过瘾”“开心”。这与人们崇尚真善美，抵制假丑恶的心理是不一致的。导致这种情形的真正原因是人们从拳击运动中获得的那种公平感带来的快乐大大超过了拳击运动本身的野蛮。正像许多电影中展现的情景，当我们知晓一个人被无端地杀死时，我们对杀人者有着怨恨或仇恨情绪，“心中总有着某种愤愤然”。但当我们知晓一个人因为复仇将另一人杀死时，我们对杀人者没有半点怨恨，我们心中有着某种“释然”。原因在于：伤害与复仇是另一种形式的公平竞争，“以眼还眼，以牙还牙”是“等价交换”的交换正义理念在人们日常行为中的具体表现。“复仇”带给我们一种公平公正的社会画面，“复仇”是对社会正义的实现，是一种社会善对某种社会恶的胜出。体育竞技允许对人的身体有着有限伤害正是人们对善恶比较的一种取舍。

二、竞技体育的社会仪式功能

体育对社会的影响很久以前就引起了人们的广泛注意，尤其是社会学家们，更是从各个角度对体育对社会的作用进行了解析。尽管各自的主张有冲突，但是值得关注的是，人们基本认同体育是一种社会化的行为，是一种社会控制行为，是一种社会融合行为。即使是少数民族体育也是民族的身体认同和区域性融合行为。

竞技体育是一种有着重要意义的社会活动，它对良善社会的构建有着很大影响。竞技体育首先是作为一种仪式进入社会的，早期的社会仪式是重要甚至重大的社会事件，如中国古代天子的祭天仪式、祭祖仪式，古希腊的敬祭宙斯的仪式。竞技体育最早就是敬祭宙斯仪式的组成部分。仪式具有丰富的心理内涵、伦理内涵和文化内涵。竞技体育对社会的影响首先在于它的仪式性，而从体育史的角度观察，人们认为，一些现代的体育项目都源自某种古老的节日庆典或宗教仪式。直到今天，即使那些宗教意义不复存在，但是庆典的形式和仪式却保留下来了，有些获得了新的意义。从一定意义说来，体育是一种仪式的遗产，从仪式认识体育，把体育定义为仪式有助于在社会活动与对体育的意义建立某种历史联系。强调体育的仪式力量可以唤起人们对通过体育参与而获得的个体的喜悦和社群的社会需要的意识。人们更容易理解体育对于团结社会个体以及个体更易于做出有益于社群的行为的体育的内在力量。

仪式的本质和意义受到了诸多学者的论证，那些富有洞见的理论被保存在社会学、人类学和社会心理学的文献中，这些文献有助于人们理解体育活动。基于仪式的概念性定义和与其相关的象征体系的定义，对体育的讨论可以借鉴迪尔凯姆的宗教生活基本形式理论。迪尔凯姆觉得宗教与其说是一种心理体验不如说是一种社会体验。迪尔凯姆的观点可能是最综合的和最完善的，因此也是最著名的，但他并不是同时代中唯一持这种观点的人，迪尔凯姆的老师法斯特尔在他的著作《古代的城市》中就以不太完善的形式表达了类似的观点。法斯特尔认为，如果不从市民的宗教表现来理解希腊和罗马文明中的社会组织，对现代学者来说几乎没有什么意义。以城邦为焦点，他阐述了社区与宗教内在关系的本质。

苏格兰人类学家罗伯特·史密斯在他对闪米特人社会的描述中也表达了类似的意见。兰德克里夫·布朗在对安德曼岛人的研究中说道："因此，仪式表现出特殊的社会功能，在某种程度上，仪式对规范、维持和传承社会依赖的制度有重要效果。"

迪尔凯姆的《宗教的基本仪式》出版后，上述理论得到了最大的完善。迪尔凯姆的意图是选择"实际为人所知的最原始最简单的宗教"作为基本形式研究宗教的本质。① 在进一步研究的基础上，迪尔凯姆得出结论，宗教程序包含两个方面：信仰和仪式。信仰是一种"观念状态，存在于表达当中"，仪式是一种"确定下来的行为模式"。

根据迪尔凯姆的论述，所有宗教信仰都是建立在对世俗和神圣事物的基本分类的基础之上的。世俗事物是日常存在的事物；神圣是特殊事物，与世俗事物不同的是，它们被保护、孤立、分离、禁止，不可接近，它们又被注入了一些特殊性质。

迪尔凯姆认为，尽管这两种分离先天性地存在，但是分类的内容却是随着文化内容而变化的。例如，在非基督教的社会里，十字架只是交叉成九十度角的两根木条，它是普通的。但在基督教社会里，十字架不仅仅是两根交叉成九十度角的木条，它所拥有的内涵超出了它的物理属性，被人们赋予了特殊的意义，成为了神圣事物。

神圣事物不仅仅是神圣观念本身，通常包含象征物和某个特殊事物的再现，这些事物被人们予以神圣对待。简单说来，象征物代表了其他抽象物，他们是被冠以某些意义的介质，成为仪式中意义的基本单元。

在迪尔凯姆看来，仪式是"要求人们在神圣事物面前有着适当行为的行为规则。"通过对象征物或特殊物的仪式性处理，人们和神圣物之间建立

---

① Emile D. The Elementary Forms of the Religious Life[M]. New York: Free Press, 1915: 13.

了一种敬畏关系。

仪式是一个基于象征物联合一个体系的动态过程。迪尔凯姆构建的象征体系有三大元素，该模型的第一大元素是部落或社群中的个体成员；第二大元素是社群中的道德秩序或神圣物，它是该社群中值得敬畏或排斥的特殊价值，在别的社群中，它可能被看成是某种意识形态；第三大元素是象征物，它是调整个体与社群道德秩序关系的神圣物的再现。由于很难让个体把敬意献给构成神圣的抽象原则，所以体系中的象征物至关重要。通过对象征物的对待，个体表达了对象征物代表的神圣价值的确认。象征物是一种"集体再现"，因为它是社群中所有成员都必须遵守的神圣价值的具象物。通过这一具象物，这个群体的身份得以维持。

从表象看来，迪尔凯姆似乎致力于宗教仪式的研究，但是他充分认识到他提炼的原则绝不仅仅适用于解释被标签为宗教的现象。他认为，宗教是"突出的集体事物"，他给宗教的定义是"宗教是种信仰和与神圣事物相关的实践耦合的体系"，换言之，是被分离和禁止的事物，是被整合进被称为教堂的一个单一的道德社区，其他的一切都由其衍生而来。迪尔凯姆对社会学的最大贡献之一就是：他认为，宗教不应该被理解成神学的、哲学的和心理学的现象，在本质上，它应是一种显著的社会现象。在仪式过程中将个体团结进入道德秩序的社群这一事实前，象征体系的内容、被崇拜的象征物和其再现的信仰和价值都已然不再重要了。从社会意义来说，虽然内容不再那么重要，但是仪式过程和仪式产生的效果却意义深远。

后来许多学者都在迪尔凯姆的理论基础上向前推进对仪式的研究，他们都接受他的"世俗仪式的卓越性"的观点。劳艾德·华纳(Lloyd Warner)通过对美国城市的研究认为，美国纪念日的庆贺是"一个美国人的世俗庆典"，纪念日是一种神圣和世俗的仪式。[①] 希尔斯(Shils)和杨(Young)在《加冕礼的意义》一文中指出，"加冕礼是人们对其所生活的社会中的道德

① Warner W, Lloyd. "An American Sacred Ceremony." In American Life: Dream and Reality[M]. Chicago: University of Chicago Press.

价值予以确认的仪式场景……确切说来，是一种整个社会重识促成他们建构该社会的道德价值的仪式，该仪式使得人们通过团体行为对那些道德价值予以重续"①。

尽管华纳、希尔斯和杨都把迪尔凯姆的理论延伸到了仪式的世俗层面，但是把迪尔凯姆的理论扩展到日常生活层面，认为日常生活中的互动也是仪式并且具有重要道德意义的学者是考夫曼。

考夫曼做出的最为重要和最令人瞩目的理论贡献是把迪尔凯姆的理论扩展到理解社会秩序的线索。在考夫曼的著作中，他不止一次提到迪尔凯姆对他的影响和他把迪尔凯姆的思想运用到日常生活当中。

以迪尔凯姆的方式，考夫曼把仪式定义为一种活动，这种活动"再现了一种方式，在这种方式中，在某种有着特殊价值的物体出现时，人们对他们的行为必须捍卫和设计象征性的内容"。但是，与迪尔凯姆不同的是，考夫曼并不认为仪式一定是宏大的、令人激动的和壮观的，而是存在于每分钟都出现的包含着重要的社会经验内容的人们的日常生活的互动中。对考夫曼来说，"那些有着特殊价值的事物"不局限于十字架和旗帜，还有日常互动中的自己和他人。考夫曼把在日常交流中对自己和他人的尊重分别称为风度和顺从的仪式。这些在仪式上是重要的，因为互动的个体不断地承担了对一定社会角色的责任。他们试图表现出该社会角色的理想的素质，如忠实的朋友、忠贞的爱人、受人敬重的父母、高效的秘书、专注的学者和坚韧的运动员等。考夫曼认为，通过行为的理想化，个体不想以一种虚幻的方式来强调事实上他们并不具有自身的价值；他们试图通过自己来展示被社会认为有价值的角色特征。通过他们的行为，他们重新确认社会道德秩序的重要价值。

这种价值的再肯定发生在考夫曼描绘的沿袭迪尔凯姆传统的几种特殊形式的仪式形式中，通过举止仪式，在交流中对自己的尊重包括显示自我

① Edward S, Michael Young. The Meaning of the Coronation[J]. Sociological Review, 1953, 1: 63-81.

尊重，保持镇定，展现印象处理技巧或面子工作。通过顺从的仪式，在交流中对他人的尊重展示可察觉到的同情，表象性的顺从，体贴的规则，在他人有损颜面时为他人挽救面子。还有，举止和顺从的仪式包含积极的仪式，这是考夫曼从迪尔凯姆那里沿用的术语，它表明仪式肯定了物体的神圣品性。

考夫曼把仪式分为积极仪式和消极仪式，积极仪式和消极仪式形成互补，消极仪式要求行为应避免玷污神圣物。这些禁止行为和避免行为发生在对举止或顺从产生危害的时候。在考夫曼的话语中，这些消极仪式是一种保护性的实践，它的发生是为了使危害不成为现实或者对原来的损害进行修复，或者当玷污在不曾故意间发生后用来恢复秩序。保护性实践包括解释性沟通、忽视的表情，细心的表情，有意的回避以及不愿冲突的手势等。

竞技体育包含着上述有关仪式理论中全部内容，迪尔凯姆的信仰与仪式、观念状态与行为模式，考夫曼有角色的社会活动、积极仪式、象征意义等内容都溶在竞技体育当中。

竞技体育的信仰在古希腊时期表现得相当明显，人们在对神的祭祀仪式上举办奥林匹克竞技会是认为人们相信通过体育锻炼，可以被训练成像神一样拥有健硕的体型，强大的力量的人。在古希腊，神与人本来就是同源同性的，神以人的方式过着世俗生活，神与人最大的不同就是各自的力量差异。在祭祀中举办竞技会，一是向神表达敬意，二是与神进行对话。人的观念通过竞技方式得以表达，仪式充当了良好的介体角色。体育竞技包含着诸多积极仪式，在古希腊，体育竞技就是祭祀仪式的重要组成部分，古希腊竞技运动会中包含多个仪式，包含着宗教性的宣誓仪式、净化仪式、授冠仪式、献祭仪式和体育化的单程赛跑仪式、火炬接力仪式等。单程赛跑仪式是点燃圣火仪式的一部分，由第一个跑到宙斯祭坛的人点燃圣火。人的力量、速度等身体因素成为仪式的组成元素。体育竞技元素在仪式中获得神圣性。在这种仪式中，它宣示了一种人与神之间的秩序和人与人之间的秩序。在公开公平的竞技中，人不仅向神展示人们之间力量的大小，也展示了人与人之间平等的道德价值追求和合理的社会制度理想。

竞技体育中不乏意义深刻的象征物，这些象征物中最突出的是“奥运五环”和“奥运圣火”。奥林匹克五环标志由蓝、黑、红、黄、绿五种颜色的环套接组成。环与环互相套接，下面是黄环、绿环，上面是蓝环、黑环和红环，整个环的总体轮廓为一个上部大、底部小的规则梯形。奥运五环标志由现代奥林匹克之父顾拜旦先生亲自设计。这五种不同颜色的圆环分别代表参加现代奥林匹克运动会的五大洲（亚洲、美洲、欧洲、非洲、大洋洲），奥林匹克运动会的五环标志象征着“五大洲的团结以及全世界的运动员以公正、坦率的比赛和友好的精神在奥林匹克运动会上相见”。① 迄今为止，在世界范围内，奥运五环是最为人们广泛认知的奥林匹克运动的象征物。奥运圣火是从古希腊流传下来的奥林匹克运动会的古老而庄重的象征物。奥运圣火是从希腊宙斯祭坛上点燃采自阳光的火焰，每届奥运会开幕前，圣火通过一个漫长的传递才到达举办点，并在举办点举行盛大的点燃赛场火炬的仪式。奥运圣火象征着勇敢、光明、和平与正义，寓意和平之光永远照耀人类并激励人类公平竞赛，友好相处。②

体育竞技的仪式功能还有另一层含义，相对于政治、经济、社会、文化、生态等领域不甚公平的现状，体育竞技在观众的内心深处就是一种展示正义的仪式。某个行为或事件要成为“仪式”通常要具备以下特征：就文化形态来说，它要超越日常生活，成为超常的行为文化。这意味着：在形式上，仪式文化不是物质文化或观念文化；在频率上，它不是每天都发生的行为，而是定期或偶然发生的行为；在行为目的上，它不是为了满足日常生活的需要，而是为了追求某种精神价值；在行为情态上，仪式是由某些日常行为情态集合形成并且固定化了的情态模式；在参与者的心态上，仪式参与者往往超越了日常态，进入一种“神圣”的状态。体育竞技行为不是每天都发生或者经常发生的日常行为，运动员和观众都有着一定的精神追求，对体育竞技怀着某种神圣的心态。人们对竞技体育的强烈兴趣不只

① 奥林匹克宪章。

② 杨其虎．论奥运圣火的伦理符号价值[J]．体育与科学，2010(6)：61.

是体育竞技带个人们的愉悦感，诚然，人们对竞技体育的审美需求是它重要的魅力源泉。但是，不可否定的是，人们在欣赏体育竞技带给人们的美感时，人们更加期盼看到体育竞技中的公正，体育竞技展示的公平竞争是它的另一个重要的魅力源泉。客观说来，任何一场体育竞技，不管它如何激烈、精彩，一旦失去比赛的公平性，观众心中的愉悦感立即会荡然无存。体育赛场的各种骚动、混乱多数都是源于比赛中的不公正现象的出现。因此，从这一意义来说，人们(观众)守护公平竞赛的心态是神圣的，完全超出了日常生活中说体育比赛是游戏(不严肃)的平常心态。观众对体育竞技的观赏是一种仪式参与行为，这种行为赋予体育竞技一种“公正和正义”的符号意义，它引领和范导参与的社会个体的动机与情绪，从而有助于铸造良好的社会秩序和社会结构。体育比赛的公平公正不仅满足了观众对社会公平的心理诉求，而且影响着他们日后的行为，体育竞技对参与者而言潜移默化地起到了仪式的渲染和感化作用。

第三节　竞技的正义内涵

契约是一种人为建构社会关系的协议，竞技体育的竞技者之间存在社会契约关系，在契约主义语境中，体育竞技也是一种社会契约行为，竞技体育是一种契约性活动。

竞技体育是一种契约性活动与体育建构主义有着内在的关联。建构主义是与原生状况相对而言的，对建构主义原生状态的基本区别可以追溯到康德甚至更前，具体而言，建构主义与原生状态的区别关键在于事物是天然生成的还是构建出来的，是自然的还是人为的，是原生状态的还是约定生成的。[①] 一般说来，人们生活在自然世界当中，人们面对这个世界，了解

① Searle J. Speech Acts: An Essay in the Philosophy of Language [M]. Cambridge: Cambridge University, 1969.

这个世界，用生活经验和知识直接去适应环境和处理我们遇到的问题。我们通过与生活的“碰碰磕磕”逐渐认识生活，慢慢学会探讨生活世界中各种事物后面的条件。在这个过程中，我们观察、试错、听从长辈的话语、成为学徒或学生、学习经验法则、反思、从平常的各种教育或教训中受益。例如，我们在我们前进的路上遇到一个巨大且沉重的障碍物，在早初时，我们并不知道如何去搬开它，我们是通过观察和模仿他人去学会怎样把挡住道路的大石头挪开的。在观察和模仿的过程中，我们知晓了什么方法起作用，什么方法不起作用。这种事物的存在与改变只是一种生活世界的原生状态。在原生状态中，人们的行为更多的是受到了生物力学、体能、新陈代谢等各种规则的制约。

原生状态当然也包括“规范世界”。如果我们想要了解良善生活与不良善生活的区别，我们反复通过各种方法来实现自己的目的，如观察一些明智的长者的选择，阅读一些好的书籍，仔细反思我们自己的生活经验等。通过各种观察、比较和反思后，我们可能认为，充满爱、友谊和意义的生活比缺乏信任、疏远和无聊的生活更值得过。从而，我们会获得这样的认知，我们要过上充满爱、友谊和有意义的生活，我们就得知晓我们的邻居有哪些权利，我们对我们的邻居负有哪些义务。这样我们对自身的行为就会有所选择，我们会自觉的停止影响我们生活中爱、友谊和意义的行为，这样我们对行为有了约束。当每个人都这样想和做时，人们的行为就处于规范状态。

相对于物理世界的观察与测量，规范世界的发现可能都是通过一些暂时性的方法来进行。文化标准和历史传统对人们的基本活动有着不同程度的影响。上述情况没有通过某种“规定”来进行构建，我们并没有通过规定“什么是好的，什么是不好的”等这样预定的协议来建立好生活的原则或伦理规则。我们通常通过哈贝马斯所说的“实践理性”或别的方法来明了哪些事物或哪些行为值得被认定为好的或坏的。

与之不同的是，制度是通过联想建构出来的第二秩序的现实。制度是人们同意通过规定来确立某种关系“生产”出来的。规则和同意是制度的两个基本要素。没有规则，就不会有第二秩序的现实，也就没有制度。没有“同意”，制度就无法起作用。这些我们可以通过人们语言是如何起作用就能得到很好的理解。我们确定(规定)“牛”这个符号意为“四条腿，以吃草为生，可以耕地的大型动物”。我们就创造了一个语言制度。但是没有他人对这种安排的同意，这种语言就无法起作用，就无法用其进行成功的交流。

赛尔(Searle)认为，在调整人的行为的过程中存在两种规则，一种是规范性规则，一种是建构性规则。它们与人的自然行为和约定行为有关。用来解决原生现实(如需要把挡住自己道路的大石头移开和试图理解好的生活与伦理责任)的规则是规范性规则。这种规则对行为或行为的意义不添加任何新的东西。它们仅仅是描述大多数人已经经历到的事物和形成的认识。① 赛尔在解释这一规则时，使用了钓鱼为例子来帮助人们进行理解。我们可以用下列方法表述一个成功的钓鱼动作。“这个小男孩今天下午用带倒刺的钢钩钓到了鱼。”相应的规范性规则可能是这样的，“如果一个人想要钓到鱼，最好使用钢做的钩子而不是黄油做的钩子”。这条规范性规则对人们普遍理解钢的特性和黄油的特性以及如何有效地钓到鱼来说，没有增加任何新的内容。赛尔说：在钓鱼的案例中，目的——手段关系是自然物理事件，这种事件具体如钢做的钩子可以钓到鱼，黄油做的钩子钓不到鱼。能够钓到鱼的这些条件不是约定的事件，也不是类似契约的东西。②

对人们的生活来说，这种规范性规则是首要的，它在人们的日常生活中占据了较大比例。它为人的行为甚至动物行为提供了基础。规范性规则涵盖了人们生活的方方面面，从物理规律、化学特性、生物营养原则，安全指导到人物文明行为的各种解释性规范，如礼仪规则。这些规则、原则、指南、经验法则以及标准的存在都在有效地影响着我们的行为。无论

① Searle J. Speech Acts: An Essay in the Philosophy of Language [M]. Cambridge: Cambridge University, 1969.

② Searle J. Speech Acts: An Essay in the Philosophy of Language [M]. Cambridge: Cambridge University, 1969: 37.

我们对它们的存在是否解释过，在意过，反思过。事实上，这些规则在人们由小长大的过程中内化在心了。人们凭着自己所掌握的这些规则经验与知识可以判断什么事物有用，需要发展何种能力，养成何种习惯，有些已经根据不同的生活情境融入了我们的情感反应中。

由于我们身边拥有太多的规范性规则，我们对之熟视无睹了，因此很少深入去探析它们。即使偶尔觉得规范性规则对人有益，我们也只是认为，规范性规则仅仅是对置身其中的原生状态和人们行为的描述。那些规则没有在状态与行为中添加任何新的内容。规范性规则没有构建任何新的事物，它不会创建任何类似说英语、花钱和夺取冠军这样的行为。说英语、花钱和夺取冠军等行为要求人们之间的某种约定性的协议，那些协议需要建构性规则。建构性规则在其自身规则的背景下使得约定和制度以字面的形式得以存在，换言之，没有建构性规则的存在，就没有约定的存在，更没有制度的存在。我们生活中许多常见的规制如语言、篮球、金钱、冠军等就不会存在。只有建构性规则充实了人们的约定时，上述事物才能获得生命。

建构性规则的诞生须有早先的基础性机制，那些机制为建构性规则提供了充分的条件。例如与有效沟通相关的功能在没有约定的情况下也是具有效力的。像动物即使没有约定与协议，他们也可以通过“原始语言”——身体语言和叫声来进行交流。原始的自然交流早于后来的具有复杂约定形式的交流。但是，仅凭着约定前的沟通方法，人们的交流是极其有限的，人们的交流程度恐怕比动物强不了多少。人类之所以能够畅所欲言，深入交流，是因为建构性规则在语言中起了重大作用。

赛尔认为，大多数建构性规则可以转换成下面的格式：“在情境 C 中，X 可以解释成 Y。”如在英语语言中(C)中，单词“dog”（X)可以解释为某种有毛的四条腿的动物(Y)。通过大量的这种约定的共识，人们最终可以分享词汇、语法结构、句法等。这样，比起只使用规范性规则和前约定性交流方式，我们能更多更充分地打开人们的思想。这种约定，大大拓宽了人类的活动范围，极大地丰富了人们的生活。同时，约定与制度的规范作用创造了一种良善的社会秩序。

人类需要一种通过约定机制创建的体育活动，它可以使人们的闲暇时光变得更加快乐。正如语言一样，这种活动也是通过建构性规则构建出来的，因为在使用建构性规则之前，单纯的规范性规则调控的时期，人类的体育活动并不存在。在赛尔提供的公式中，我们可以这样分析乒乓球：在乒乓球的活动中(C)，球弹过球网，落到桌上后不再弹回球网的另一边(X)，另一边的运动员可以获得一分(Y)。通过大量的这种约定与协议，人们的闲暇时光比起原来只通过规范性规则来进行娱乐要丰富得多。因此，正如使用建构性规则使得语言大大丰富了人们的交流一样，建构性规则创建出来的体育活动比原来偶尔的身体娱乐活动或自然的玩耍更具有娱乐性和挑战性。

以上的推理为体育建构主义的产生在逻辑和功效上提供了核心保障。乒乓球和其他游戏机制构成了建构性规则的总和，这些建构性规则形成整体影响活动的结果以满足人们的某种需要或某种利益。在体育活动中，人们的那些需要或利益必须面对和解决有效性的问题。只有当建构性规则构成的某个机制(制度)比较完整，这个机制功能才能得到很好的发挥，人们想要获得的那些目的才会实现。所以，构建一项竞技体育活动不是随意性的活动，通过建构性规则形成的约定协议不是一种任意的安排。在竞技体育中，建构性规则起着重要的作用，它们必须得到有效的运行。当然，在所有的建构性规则中，有些规则是基础性的，有些是文化性的，它们的功能并不是平摊的，但是它们在高品质的体育竞技中都是必不可少的。柯瑞契玛(Kretchmar)认为，体育的建构性规则应当满足下列条件：①

手段—目的式的体育建构性规则对体育的调控须有一个很好的度，这样的体育活动才会既不是很难，又不是很容易；规则构建的体育活动还要有持久性，不能让人们参加几次后就对其失去了兴趣。同时，还有广适

① Kretchmar S. Formalism and Sport[C]//McNamee, Morgan. Routledge Handbook of the Philosophy of Sport. London: Routledge Taylor and Francis Group, 2015.

性，即该体育活动适合各个年龄阶段的人和拥有不同技术水平的人参加。

当体育规则被破坏时，体育活动要能够得到恢复。体育规则对什么是犯规要有规定。对犯规者要予以一定的处罚，那些处罚要与他们通过不当行为取得的优势相当。规则还应规定，在恢复程序中如何模仿和尊重建构性规则规定的各种体育技能；怎样提高恢复程序的效率，以便使参与者不要在恢复比赛中耗费过多的时间，让比赛时间减少。

构建有效的计分方法，以确保准确、公平地记录比赛成绩。对于主观评分的体育项目（如跳水、花样滑冰等）的成绩的可靠性和有效性要达到为人们接受的程度。

确定比赛怎样开始，怎样继续，怎样结束，什么样的情况算作超时？怎样保证在限定的时间内不影响技术动作的质量？怎样做到比赛的开始和结束不让竞赛方获得不公平的优势？

在竞争状态下比赛条件如何被参赛者分享的规定。参赛顺序的确定（高山滑雪的成绩会受到比赛顺序的影响），平行比赛时参赛空间的规定（如径赛中的100米跑、200米跑等），对抗性比赛时进攻与防守的限定（如篮球比赛、足球比赛等），都需要建构性规则做出明确的规定，并得到所有参赛者的认可。

建构性规则是被竞技体育活动创立者们用来实现各种功能的工具。使用建构性规则来创立一项体育活动不是一蹴而就之事，要有效地实现每项活动的全部功能是一件费神费事的事情。在每项活动开展的早期是一个对建构性规则进行审查和完善的时期。规则制定者会静心观察和不断反思他们使用的建构性规则，对其进行挑刺、修改，有时是重大修改。

当然，建构性规则设立出了体育活动，这并不表明每项体育活动的方方面面都只受到建构性规则的调控，竞技体育还会受到普遍的社会制度、伦理规范、运动习惯的影响和制约。但建构性规则为体育竞技预设了一种秩序，这种秩序是体育竞技得以顺利进行，并取得公平结果的保障，是实现竞技正义的基础。一项完整的活动需要一系列的建构性规则，当这一系列的建构性规则按照某种内在逻辑连着一起时，就构成了一项制度，制度是有序列的规则集合体。

正义是社会制度的首要德性，社会正义关涉到社会中所有人的权利保护，尤其是社会中的弱势群体，他们缺乏力量和权力来主张哪些物品或利益是他们应当拥有或获得的。每当我们提到正义，我们很容易想到法律制度，想到法庭的审判，法官的判决，律师的辩护和建设性意见等。我们很容易联想到法律中的“适当”决定和“好的”的处理。事实上，正义概念的边界比起法律体系要宽泛得多。正义包含着比法律体系要广得多的社会互动的参量。我们用来对法律体系中进行“适当”和“好的”决定的评价的词汇与竞技体育中一个众所周知的词汇“公平竞赛”紧密相连。尽管在当前的竞技体育中有着某些不规范，不公平，不正义的现象存在，但这并不影响体育竞技作为一种人类竞争的良善方式的价值。正义和真实是社会制度的首要价值，公平竞赛是竞技体育的核心美德。

尽管在所有人的意识中，人们无法对什么是正义和什么是公平形成一致的概念与标准，但是在每个人的心里对什么是公平和什么是不公平都有着一种直觉的判断。有些时候人们心中的“公平”观念遭到了现实的破坏，这在体育竞技中也时而有之。人们内心中的那份“公平”成为美国著名伦理学家罗尔斯正义理论的出发点，并且他把自己的正义理论被称作“作为公平的正义”。他从合理限制以满足公平条件的原初状态中提出他的正义原则，这种正义理论比起关注个体，它更关注社会制度，因为政治制度、法律制度、经济制度、教育制度和体育制度等各种社会制度都是为“公共善”而存在。制度构建确立了人们意欲实现的各个目的方法和程序。具言之，制度为每个适当、公平、正义的社会行为设置了规范性标准。那些规范性标准一方面对人们的行为有着重要的指导和引导意义，另一方面也对人们的行为有着评判意义。

正像霍布斯所说的那样，社会契约是必须的。因为没有社会契约，正义感缺失，人们的生活就会陷入恐惧之中。人们的期待源自文化制度培育并确立的社会价值，那些社会价值是人们生活规划和生活方式的组成部分。制度变化推动着社会期待和人们生活规划的变化，如果制度出现了偏差或较严重的不公，那么人们的生活方式从总体上也会折射出这些问题。

正义的必要性和可能性来自这样一种假设状态，即个人都独立地追求个人利益和欲望的实现。罗尔斯把这种状况称为原初状态。在这种状态中，人们需要一种合作来避免或救济因人们持续的、无限制地以自我的方式来追求个人的最大利益而造成的社会混乱。他的正义理论极大地关涉到社会的分配正义问题，探讨了社会制度应当怎样去设计与安排才能满足社会财富分配中人们相互冲突的诉求。罗尔斯通过一个基本原则和两条具体原则来表达他的思想。他提出的基本原则是：自由与机会、收入与财富和自我尊重等一切社会价值基础都应当平等分配，除非这些价值中任何一种或全部的不平等分配对所有人都有利。另外两条以词典次序排列的具体原则如下。

第一原则：每一个人对于一种平等的基本自由之完全适当体制都拥有相同的不可剥夺的权利，而这种体制与适于所有人的同样自由体制是相容的(平等自由原则)。

第二原则：社会和经济的不平等应该满足两个条件。其一，它们所从属的公职和职位应该在公平的机会平等条件下对所有人开放(机会的公平平等原则)；其二，它们应该有利于社会之最不利成员的最大利益(差别原则)。

罗尔斯的正义理论是对“最大多数人谋取最大利益”的功利主义理论的理性的替代。他的理论进一步深化了洛克、卢梭和康德等人的社会契约思想。是当代西方社会契约集大成的自由主义的正义理论，它为民主社会的道德基础提供了新的论证。

体育竞技是一种典型的社会契约行为，它展示了至少四种以上的合理的欲求目的。一是确定某一具体的社会活动性质及依照目的规则去行动。如在足球比赛中，就是按照足球比赛的规则把球踢进对方的球门里。二是在既定的具体社会的目的下，作为运动员的合理期待，使其动机得以实现。运动员会奋力去赢得比赛，这个目标被看成是整个比赛的最高追求。三是对社会来说这种具体活动有着多元目的，并且是开放的。如有些人参加体育竞技是为娱乐，有些是为奖品，有些是为社会价值，有些是为自我理解，有些为自律，有些为自我实现。四是所有运动员有着共识的愿望——展示一场好的比赛，在比赛中每个人都发挥得最好。

优秀行为，比赛技能，能够发挥全部潜在的能力都是体育竞技中能够得到普通认可的目的。对于竞技体育来说，仅仅是发挥得好，甚至是获胜是不够的，整个比赛必须是公平的。只有这样，比赛的结果才是正义的。规避规则表现好并赢得比赛与遵守规则比赛的第一目的是背道而驰的。事实上，体育竞技根本就不是在某个具体的项目中去"愚弄"。如果体育竞技要排除或者至少要减少它的结果令人反感，对该项体育活动有作用意义的规则或条件就必须是正义和公平的。可以设想，根据罗尔斯的理论，有着三种可以替代的程序来保障公平结果的出现。这里，获胜只是与比赛程序与比赛目的相关联的一个目的论的概念。从哲学上来说，它与价值论内容有关，是体育竞技诸多目的中的一个而已。

构建和维系体育制度的正义性的规则体系的完善、规范，管理和执行是实现竞技体育结果公平的基础。没有人能够保证最好的球队就能拿到第一名，在任何场合，人们能做到的就是结果不是不公正的。在竞技体育中，那些能够充分保证结果公正的原则是值得关注的。只有当体育规则以确定的、公正的社会目的被确立后，竞技参与者才能在这些规则的限定中自由地去追求他们的利益。

从体育竞技的内部事务来说，如果水平最好的比赛者想要胜出的话，竞技者之间应当有一定程度的合作，那样每个竞技者才能以最好的状态公平地比赛。任何形式的篡改规则以期获得某些不公平的优势的行为都会毁掉体育竞技的内核——最基本的公平感。如果出现此类行为，就是对公平竞赛精神的减损和体育诚信的缺失。无论是运动员还是观众都会有受侮辱和贬抑感，因为行为者已经不再是在从事比赛，他的行为已经践踏了体育规则、比赛目的和公平竞赛精神。例如，企图以伤害或致残对手的方式意图使其退出比赛来增加自己胜出概率的行为不仅破坏了体育规则，而且侵害了对方参与体育并在体育中追求个人目的的权利，是对正义的自由原则的蹂躏，也是对个人自尊的伤害，竞技体育被贬损，公平正义感被羞辱。如果竞技体育是一种通过投身于坚忍不拔的活动来培养人的品格的话，不公平的行为就不能被允许。更为重要的是，当“阴谋”行为不被察觉的话，他阻碍了他人在该项活动中天赋和能力的展示和实现。

从竞技体育的外部事务来说，竞技双方都可能通过某些“把戏”来破坏外部规则而不是内部规则。如有些教练抱怨说他们有必要无视某些监察规则和招聘规则(如球员的招聘)，因为其他人都在那样做，他们也应获得同等的对待。这种行为不仅是剥夺了其他对手，而且还剥夺了整个公众的公平权。它同样侮辱和贬损了我们曾经确认的人的高贵行为——竞技体育中的公平竞赛。这些行为是不正义的不仅是因为它们违背了体育规则，更在于它们违背了接受利益的分析原则，它漠视了体育功能，是公平的等式失去了平衡。规则的需求需要与规则的目的(实现公平)相一致。那些破坏内部规则或外部规则的人作为运动员、教练员可能是成功的，但是作为人，他们是失败的！因为他们破坏了自由人之间最神圣的信任，这种信任是缔结社会契约的基础，是人类缔结社会契约的基本义务。

正义的社会需要正义的制度。体育正义需要各方都同意的且能产生正义结果的规制。热情的竞技者不能离开规制而让自己的激情服从于理性和正义。规制培育的是社会存在所必需的公平的基本德性。通过内部规则或外部规则来制止不公平的实践，允许公平的行为出现，是人们推进社会契约的第一动力。“游戏方”任何形式的欺诈都会使人丧失公平竞争精神和正义的德性。社会契约中正义理论的关键就是对人在各种社会活动中的不公平行为进行有效约束从而保证实现公正的结果。

当然，社会契约只是个抽象概念，但是它为在所有理性行为者可接受的原则下抚育了一种最为恰当的优势分工方案。人们在附带着这样或那样规则与条件的情况去从事某项“游戏(活动)”足以证明社会契约的约束性。正如我们要开车，我们就得遵守交通规则；我们要上学，我们就要遵守教育法规，考试规则；我们要经商，我们就要遵守经济活动法规与行规；我们要在职务上得到提拔，就得遵守考核规则和选举规则。当某种契约被认为是不公正的或者遭到破坏时，契约的其他方往往是最坚强的抗议者。

在竞技体育中，人们并不需要根据契约正义理论签订一份正规的协议（契约）来成为当事方，这种契约在包含体育的许多制度中以某种形式存在着。竞技体育中的当众宣誓就是接受体育规则约束的明示形式。事实上，对体育竞技来说，只要我们意愿参加比赛就表明我们接受体育规则的约束，我们与其他参与者一道进入了一个接受契约规制的默示协议当中。当我们请求参加比赛时，我们不能以我认为遵守这些规则太难，规则不公平，或者规则被别人破坏了为由而不遵守该协议。这里，当意愿加入比赛时，我们推定参加者已经充分知晓或者被人告知协议中的各项规则义务，或者参加者已经成年可以理解协议中的各项内容从而接受默示协议的约束，履行协议规定的各项义务。所以，体育竞技是一种具有社会性的契约行为，是社会契约行为的身体竞技的表达方式。

与正义的需求一样，契约的破坏需要契约双方对彼此之间的分歧进行仲裁。公平的社会契约不应当被鬼鬼祟祟地破坏，或者以任何其他损害体育公平竞争的形式破坏，那样做伤害了正义的机会平等原则。欺诈者通常意欲否认被欺诈者的公平和平等机会，否认平等获得自尊的社会福利或者其他的来自竞技体育的社会福利。

当体育竞技按照规则得以公平开展时，自尊感和公共精神在其中会得到培育。当竞技双方势均力敌，又各自感觉发挥极佳时，各方都会从同一事物中获得愉悦感，因为良好的竞技是集体行为，它需要所有人的配合。当这种比赛在进行时，我们完全不需去对它的公平性产生任何不好的怀疑。

要想使每个人的热情与快乐不枯萎，一场良善和公平的体育比赛应当得到规则的有效约束。当公平和良善比赛的纯粹程序目的得以实现时，运动员群体的关系得到确立，它进一步给社会善和人的自尊夯定了基础，无论是胜者还是败者。从更广泛的意义上来说，这时的体育竞技给社会其他领域的各种竞争提供了一个可资借鉴的范本。没有自尊，人的生活就会变得贫乏与枯寂。因为自尊源自社会阶层、人种成员、收入群体以及个人关系与归属关系。在竞技体育中，当运动员知晓他的成功没得到公正对待时，即使是最高尚的体育运动也缺乏自尊的基本平等。有些人有时自欺欺人地想让不公平的行为合理化，如在高尔夫比赛中用手移动球或者故意漏算杆数。但是我们不能忘记的是，每个人都应对自己的行为负责，我们的竞争对手也是。自尊不仅仅包含社会中他人对自己的认可与评价，更包含自己对自己的评价，自尊有着自我和他者的双重结构。缺乏自律或者丧失自律的体育竞技行为实际上是缺乏自尊和丧失自尊的行为。因此，当每个人的成功得到公平对待时，参与者才能从其成就中获得欢乐，才能收获像自尊那样的社会善和福利。不妥协的尊重，来自个体的神圣不可侵犯性。真正的尊重是没有个人天赋、能力和社会地位的区别。作为公平的正义的基础是人的自然权利的平等与尊重。人所拥有的权利不是来自他的出生或他的能力的大小，而是他是人的现实和他有能力去构建良善生活。作为真正的人的群体，无论是在竞技体育中，还是在其他领域，在这一点上具有普适性。

第四节　竞技正义的含义

社会正义包含着分配正义、交换正义、矫正正义和程序正义等诸多内容，社会正义的实现实际上是分配正义、交换正义、矫正正义和程序正义等诸种正义协调实现的结果。在社会正义实现中，分配正义的实现是社会正义实现的落脚点。人们说的社会正义通常情况就是指分配正义，因此分配正义的实现是社会正义实现的标志。但是，单纯推行分配正义最终是很难实现分配正义的，分配正义的实现需要程序正义和矫正正义的配合才能获得预期效果。因此，分配正义、程序正义和矫正正义之间有着一定的内在关系。如果我们把社会正义视为母项，那么，程序正义和矫正正义就是其中重要的子项，这两个子项中的程序正义对分配正义有保障功能，矫正正义对分配正义有纠错功能。

分配正义是核心的实体正义，它涉及整个社会的一切利益和责任的分配，包含物质和精神的全部内容。个体和群体的关系在一定意义上就是一种分配关系，从人类结成社会后，个体首先要参与群体的劳动，然后从群体中获得物质利益，这是社会化状态下个体生存的基础。因此，分配正义是社会正义的基础。程序正义首先是一种手段正义，好的程序可以促进好的分配结果，分配程序对分配结果的公正程度有着重要影响。社会心理学者杜亦奇(M. Deutsch)认为，考察某项社会资源的分配过程，需要对其与正义相关联的问题做以下诸方面的考量：一是分配规则中应当强调的价值问题；二是对分配具有决定意义的“分配规则”本身的问题；三是分配规则规定的分配实施方式是否符合正义的问题；四是决定前三个问题中“价值”“规则”“实施方式”的“决策程序”的问题。[①] 在这四个问题中，“决策程序”是奠基性的问题，因为如果决策程序缺乏合法性与正当性，人们就会质疑分配规则中的价值追求、分配规则本身以及对分配规则的实施方式，从而导致不信任的心理。所以，分配正义若要得到很好的实现，选择合适的程序是十分必要的，程序正义是分配正义实现的保障方式之一。

分配正义是一种分配理想，通过单一的方式去实现分配正义是存在缺陷的，分配动机的合理并不能保障分配结果的合理。在经济分配中，个体在自利的本性中会利用地位、财富、社会影响、垄断等各种方式来获得不正义的利益。这种分配方式会引起社会的动荡和混乱，使社会陷入无序状态。为防止这种结果出现或消除这种结果带来的社会危害，人们需要矫正正义来对分配正义进行纠正或补充。一旦不正义的分配结果出现，矫正正义可以对已经产生的社会分配进行某种程度上实质性的调整，使得分配结果趋于公正。不正义的分配包括所得多于应得的状态和所得少于应得的状况，对所得多于应得的状态，应对多得的那些主体运用强制方式进行矫正；对于所得少于应得的状况，应对少得的主体进行补偿，最终使社会分

① Deutsch M. Awakening the sense of injustice [M]//Lerner M J, Ross M. The quest for justice: myth, reality, ideal. Toronto: Holt, Rinehart and Winston, 1976: 17.

配达到一个总体状态的平衡。对分配正义而言，矫正正义是一种十分有益的补充正义。

为实现社会的正义状态，每个群体都会通过制度设计和组织设置来分别实施分配正义、程序正义和矫正正义。一般的群体(国家)都会通过政府来设计程序，市场进行分配，司法机构来实现矫正的方式来实现和维护社会正义。对于整个社会来说，分配正义、程序正义和矫正正义是在不同的时间和不同的空间中实现的。当分配出现不正义的状态时，对分配结果的矫正往往要经历一个较长的过程才会得以纠正。国家为维护社会正义不得不设置众多的组织与机构来实现这一目的。如层层叠叠的各级政府机关、市场管理组织、司法审判机构等。它们各自承担着维护分配正义、交换正义和矫正正义的角色。

组织的繁多，角色的多元使得社会正义的实现变得非常复杂，在社会实践中，社会正义更多地表现为一种社会理想、价值追求和行为原则。那么，在人类社会中，有没有一种活动，它在同一时间、同一空间中有效地实现了分配正义、程序正义和矫正正义呢？这种独特的社会活动就是体育竞技。体育竞技通过体育规则的规制，通过运动员、裁判员、观众的对峙关系，通过裁判的裁决，仲裁委员会的仲裁，在竞技活动进行的同一时间和同一空间实现了预期的分配正义。由于体育竞技使分配正义、程序正义、矫正正义成为“三位一体”的状态，形成了一种独特的复合正义形式。我们把体育竞技中的这种复合正义称为“竞技正义”，换言之，竞技正义就是在体育竞技中以程序正义为基础，以分配正义为目的，以矫正正义为辅助的“三位一体”的复合正义。

在理论界，复合正义往往是指多种正义的存在、聚集、重叠和交错。通常不能作为独立的范畴存在。“竞技正义”作为复合性正义能够成为独立范畴的必要性和可能性在于竞技正义与其他的复合性正义有诸多的差异：首先，竞技正义中的分配正义、程序正义和矫正正义具有共时性和共域性特点。竞技正义中共时性是指分配正义、程序正义和矫正正义共存于体育竞技的同一个时间段甚至是同一个时间点。竞技正义从竞技活动开展之初开始实行，在竞技活动结束时得以实现。竞技正义的共域性是指竞技正义中诸种正义均发生在体育竞技场上，竞技正义的实现没有离开竞技行为的发生点。复合正义在一般情况下，分配正义、程序正义和矫正正义等是在不同时段和不同地点发生的。如社会正义中的分配正义多出现在市场中，矫正正义多出现在仲裁院、法院等场域，程序正义通常出现在某种专门组织中，如分配小组。其次，竞技正义中的分配正义、程序正义和矫正正义糅合在体育竞技这一独特的机制中。竞技本身就是一道“程序”，这道程序具有内在的正义要求，程序肩负着完成分配正义的使命；程序的运行又是在不停的纠错(矫正)中得以完成的。分配正义、程序正义和矫正正义自然地镶嵌在“竞技”这一机制中。再次，竞技正义对诸种正义的糅合与实现与竞技制度的正义基础是紧密相关的。体育竞技是在竞技体育制度中得以运行和完成的，体育竞技制度是以竞技者的合意、竞技项目的设计、建构性规则、社会契约精神等多种有助于正义实现的元素构成的。分配、程序、纠错等要素在竞技制度诞生之始就被预设在竞技制度之中。正是上述原因使得竞技正义具有丰富的内容和独有的特性。

第三章

竞技正义的主要内容

竞技正义虽然具有独特性，但是它的基本内容并没有脱离或超越一般的社会正义，它仍然是一般的社会正义内容的重叠交织。对竞技正义而言，作为互生互助的复合性正义，它是一般的社会正义的集中表达，分配正义、矫正正义和程序正义仍然是它的核心内容。

第一节　竞技正义中的分配正义

孔子说："有国有家者，不患寡而患不均，不患贫而患不安。"[①]这一论说道出人类社会中的一个重要问题，那就是分配正义的问题。"不患寡而患不均"更是一针见血地直指分配正义的核心：人们在社会物质财富的分配问题上，关键不是人们通过分配最终获得了多少份额，而是分配是否均匀的问题。这里的"均匀"不能作字面的解读，它的引申意义为"公平"。一个群体，分配是否公平映了这个群体的制度设计是否合理和良善，它决定着这个群体的政局稳定和社会安定。

人类生活以拥有各种社会资源为基础，而社会资源总体而言处于短缺

① 孔子. 论语[M]. 长沙：湖南人民出版社，1999：184-185.

状态，如何让有限的社会资源合理满足人们的各种需求，这是分配制度必须面对和解决的问题，也正是分配正义的实践意义。因此，一个社会能否保证社会资源在各成员中得到公正分配至关重要。

一、分配正义及其内涵

分配正义是人类在分配物质财富、政治权利、义务、幸福、发展机会等社会资源的活动中致力于实现的最高价值目标，它意指社会资源在社会成员中间的分配应该最大限度地体现公正性。① 简单说来，分配正义是在分配领域中有关公正、正义的问题，指个人或者社会组织依据某些原则和价值体系对分配对象实施的合理性安排。初看起来，分配正义似乎只是一个社会制度问题，实则不然，分配正义首先是一种制度安排的问题，但在人类道德语境中，分配正义是一种重要的价值观念或信念，它是人类对社会资源分配的公正性从价值上进行认识、判断、选择和实践而形成的道德价值观念，它引导人类在社会资源分配中追求公正的最高道德理念或道德信念。在漫长的人类发展历史进程中，人类拥有许许多多的道德价值观念，而分配正义是人类社会道德价值的核心观念。

如果说正义是制度的首要价值，那么分配正义是分配制度的首要价值，从这一层面来说，分配正义首先表现为一种制度正义。作为一种制度正义，分配正义重点关注的是社会财富、机会、权利、权力、义务和责任等在社会成员之间如何进行配置；配置的原则和具体实施方案如何以社会基本制度的形式予以确立的问题，它应当兼顾社会各组织及各成员之间的应得利益，只有这样才能避免各方不至于为了私利而进行相互毁灭性的争夺，最终社会共同体的存在与的发展才能得到保障。

从制度正义的角度，分配正义对社会的稳定和发展有着重要价值。首先，分配正义是建立在社会利益协调机制的基础之上的，人要生存与发展

---

① 向玉乔．社会制度实现分配正义的基本原则及价值维度[J]．中国社会科学，2013(3)：108.

先得有物质保障。在高度社会化的状态下，人们已经不能简单依靠孤立地拓荒种植来获得生存的物质来源，而是在参与各种社会分工合作生产中获取报酬来满足自身的物质需要。在一定程度上，人与人是通过经济利益的关联形成整个社会。个人和社会的利益协调依赖于人们置身其中的社会制度，人们的生存状态和对社会的满意度依赖于社会制度对人们利益的合理分配与协调。只有在利益分配公正合理的情况下，每个社会成员的主动性、积极性和创造性才会被充分调动起来，从而不断促进社会财富总量的增加；只有在利益分配公正合理的情况下，每个社会成员才对社会制度有依赖感、满意感和归属感，从而促进维护社会秩序的稳定，进而有利于实现人们和社会的长远利益和共同利益。正如马克思主义经典作家指出的：人类经济活动中分配环节是由生产决定的，生产和分配是人劳动中的重要环节，两者之间相互影响。生产总量决定了分配总量，分配的公正程度影响人们的生产积极性，经济效率与分配正义有着密不可分的关系。经济效率与分配正义折射着生产与分配之间的关系，前者表达了对社会利益的生产创造，后者表达了对社会利益的合理分配，从社会的宏观价值来说，分配正义和经济效益既是衡量社会发展的重要尺度，也是推动社会发展的基本动力。

其次，分配正义是人们安居乐业，社会有序发展的制度保障。公正的社会制度是社会处于良序状态的保证。美国学者博登海默认为，秩序与正义两种价值密切相关，常处于一种和谐共生的状态。“一个法律制度若不能满足正义的要求，那么从长远的角度来看，它就无力为政治实体提供秩序与和平。但在另一方面，如果没有一个有序的司法执行制度来确保相同情况获得相同待遇，那么正义也不可能实现。因此，秩序的维续在某种程度上是以存在着一个合理的健全的法律制度为条件的，而正义则需要秩序的帮助才能发挥它的一些基本作用。为人们所要求的这两个价值的综合体，可以用这句话加以概括，即法律旨在创设一种正义的社会秩序。”①在

① 博登海默. 法理学——法哲学及其方法[M]. 邓正来，译. 北京：中国政法大学出版社，1999：318.

一个由个体集合的社会中，每个人都有着自己的权利诉求和利益追求，由于社会利益的短缺性特点，人们之间势必充满着利益竞争。让社会成员之间有序竞争是保证社会处于良序状态的前提条件。具体而言，利益竞争实质上是根据一定的分配原则来实现各种社会利益的合理分配。财富的创造，经济的发展只有在良序的社会状态下才能获得理想的结果。而良序的社会状态又离不开人与人之间相互尊重、信任、友善、互助的人际关系，这种关系需要制度正义的培育。只有当人们充满正义感，才会有“君子爱财，取之有道”的道德意识与道德行为。如果分配不公，人们就会产生不满情绪，在无法获得制度性的公力救济实现公平的结果时，不满情绪会促使人们使用违背制度与规则的方式去获得平等的分配结果，那样必将导致人群逃离或社会陷入混乱的局面。可见，分配正义是人们安居乐业、社会有序发展的重要保证。

再次，分配正义被视为协调社会利益的指导思想或指导原则，是社会利益协调的基础，是社会制度文明的基本特征。换言之，就是一个社会在构建自己的利益分配与利益协调的制度时，应以分配正义作为理论基础，在分配正义的理论上来设计和实施制度。分配正义是社会制度文明的基本特征意味着文明的社会制度彰显着一种分配正义的特征，或者说，文明的社会制度内在蕴含了分配正义的特质，文明的社会制度必然获得分配正义的结果。文明的社会制度是与野蛮的社会制度相对而言的，野蛮的社会制度要么表现为弱肉强食、赢者生存的制度状态，人们对社会利益的分配完全取决于身体力量或爪子的锋利程度；要么表现为通过制度设计维护社会中部分人的利益，或者维护一部分人对另一部分人的利益的剥夺。而文明的社会制度把分配正义确立为社会制度内在公正性的原则基础，这种制度的设计和安排首先应该遵循分配正义的“机会平等原则”，每一个社会成员在参与社会资源分配时，他们的机会都是平等的。在社会制度设计和安排中，这种机会平等性会得到充分的尊重、肯定和保护，它绝不会因社会成员的民族、种族、年龄、性别、社会地位、教育背景等因素而被社会制度损害、蔑视和否定。分配正义是利益主体合理关系和制度安排追求的根本价值，作为一种文明的社会制度，本身就应具有分配正义的基本特征。

分配正义作为一种人类的价值理念和最高的道德价值观念，它对人类社会的分配活动有着重要的伦理意义。[①] 首先，分配正义观念对人类社会的分配活动具有伦理引导作用。人的行为总是受到各种价值观念的影响，其中道德价值观念是人作为社会主体而独有的，正是人类道德价值观念的作用，才使得人类在身体力量远远不及某些动物的情况下成为整个世界的主宰者。尽管人类在某些领域和某些时候彼此之间的竞争并不比动物世界里的弱，但人类的竞争远不像动物世界中那样多以牺牲生命，损害身体来结束竞争，根本原因在于人类有着对彼此有益的道德价值观念的引导。这些道德价值观念如讲究实效、尊重生命、崇尚仁爱和追求正义等。由于生存是人的第一需求，而生存需要基本的物质基础，从人类社会诞生之日起，人们无时不面临社会财富和资源的分配问题，分配正义在人类社会的价值观念中具有核心地位。

“分配”有着狭义和广义之分，狭义的分配指“经济分配”，即人们对物质财富和经济利益的分配；广义的分配指“社会分配”，即所有的社会资源、社会发展成果和社会价值（包括义务、责任等）的分配。从广义上来说，分配正义一方面强调和追求物质财富和经济利益分配的公正性和正义性，另一方面也强调和追求社会价值、社会资源、社会发展成果的正义性和公正性。分配正义作为重要的社会道德价值观念在人类的分配活动中有着重要的伦理导向作用。人类社会不是从一开始就是一个完全实现了分配正义的社会，人类社会的发展是一个不断向更加公平和更加正义的状况迈进的过程。正如社会主义社会比资本主义社会的公正性更高，资本主义社会比封建社会的公正性更高，封建社会的公正性比奴隶社会的公正性要高的客观事实那样，人类社会正在朝着越来越公平、越来越公道、越来越正义的方向发展。这些离不开分配正义对人类的引导作用，后一种社会制度比前一种社会制度越来越公正的重要原因之一是人们认识到前一种社会制

① 向玉乔. 论分配正义的价值维度[J]. 南昌大学学报(人文社会科学版)，2013(4)：19.

度的不公正，并要求改进那种社会制度的不公正状态。其次，分配正义观念对人类分配矛盾有伦理协调作用。人类社会是一个分配共同体，①人们在这个共同体的分配活动中一方面分享着互相尊重、互相依赖、互相支持和互相合作所带来的福祉，但另一方面由于人与人之间的欲望、偏好和需要等千差万别，社会资源总是具有稀缺性，个人的道德修养参差不齐，社会制度存在某些不合理性，分配矛盾在所难免，人们不得不经常面临个体与个体之间、个体与社会之间的分配矛盾。在人类社会，个人与社会是两个表达利益诉求和提出分配正义诉求的主体。每个个体都会根据自己的需要、偏好和价值追求提出分配正义的诉求；社会作为人的集合体和共同体总是要基于社会的公共利益和整体利益提出分配正义的诉求。个人的诉求具有个别性、特殊性和主观性，社会诉求具有普遍性、公共性和客观性。个体的分配正义诉求和社会的分配正义诉求可能是吻合和一致的，但也可能是不吻合和不一致的。分配矛盾主要受到三个因素的影响，资源稀缺，个人道德修养和社会制度的合理性。在这三大因素中，资源稀缺总是客观的，它可能造成分配矛盾，但是不一定导致分配正义问题。当个人的分配诉求与社会分配诉求出现矛盾时，能够协调解决这一问题的路径选择只能在个人道德修养和社会制度的设计上寻找。此时“分配正义”的伦理协调作用表现在个人在“分配正义”这一价值观念的指引下获得道德修养，使个体拥有一种分配正义的德性。该德性使个体具有合理的分配正义观念，从而自觉地剔除不合理的分配诉求，使个体的分配诉求与社会的分配诉求趋于一致。如果社会制度是在“分配正义”这一价值观念的指引下设定和安排的，该制度就会具有社会性的分配正义德性。② 这种德性会使制度更合理，它能让制度尽量避免片面性，使得依照制度产生的分配结果更加公平，更易于被人接受。个人的分配正义德性与社会的分配正义德性使得个

---

① Michael W. Spheres of Justice: A Defense of Pluralism and Equality[M]. New York: Basic Books, Inc. Publishers, 1983: 3.

② 向玉乔. 论分配正义的价值维度[J]. 南昌大学学报(人文社会科学版), 2013(4): 22.

人分配正义诉求和社会分配正义诉求更多地趋于一致，从而化解分配矛盾。此外，从实践层面来说，设计一种人人满意的分配制度客观上极其困难，要使个体的分配正义诉求和社会的分配正义诉求达到高度一致的可能性是非常小的。因此，在人类社会的分配实践中，分配矛盾是时时存在的，只是在分配正义这一价值观念的引导下，个体形成的分配正义德性会使得人们合理地看待分配现实中的不公正现象。有些时候，分配结果与个体的原初设想有所出入，不具有个体分配正义德性的人会以种种手段来实现原初的设想，甚至不惜以流血的代价而为之，那样会促使分配矛盾的恶化；而具有分配正义德性的个体会分析这种分配上的出入是客观不能还是主观不能，如果是客观不能，他们还是愿意接受分配结果，使得分配矛盾被忽略，最终使得分配矛盾得以解决。

作为人类一直追求的价值理想，人们在不同的历史时期与不同的历史阶段对它有着不同的诉求。收入、财富、机会以及自由、平等和权力等各种社会资源与社会价值都存在于具体的历史情境之中，在不同的历史情境中如何实现对上述社会资源和社会价值的公正分配引发了人们的各种思考。几千年来，中西学者们在基于特定时代社会状况对分配正义纷纷提出了自己的观念。以下是对人类实践产生过重大影响的正义观：

两千多年前，古希腊的亚里士多德在对城邦政治的分析中提出了对社会基本利益的分配应根据每个人价值的大小采取相应比例来进行的办法。亚里士多德认为“分配性的公正，是按照所说的比例关系对公物的分配。分配正义的规定是面对现实的，它探求的是实际生活中的正义准则，研究人类的行为、品德和政治、经济的关系，使其显示出强烈的现实色彩。人类社会结成的目的是获得某种福利，而分配公正有关于公民福利，影响着他们的生活”①。他还认为，“所谓公平合理，就是对方所受到的报酬与他

① 亚里士多德. 尼各马可伦理学[M]. 苗力田，译. 北京：中国社会科学出版社，1990：204.

所提供的利益相当，或者他所得的快乐与他所付的代价相当”[①]。亚里士多德的分配正义论与他的“中道”思想是分不开的，“中道”是亚里士多德倡导的至高德性，因此，“正义是一种中道，而不公正则是两个极端”。

托马斯·阿奎那在基督教神学思想的基础上以一种神学自然法的观点来提出自己的分配正义观。阿奎那认为正义是“一种习惯，依据这种习惯，一个人以一种永恒不变的意愿使每个人获得其应得的东西。”[②]在阿奎那的正义思想中，正义包含自然的正义和实在的正义两种形式，分配正义属于实在正义。分配正义就是按人的社会地位进行社会资源的分配，在社会上地位更显要的人获得更多的社会资源。

20世纪70年代，美国学者罗尔斯出版了《正义论》，在该书中，罗尔斯系统地提出了他的道义论的分配正义观。罗尔斯在阐述他的正义观时，提出了“原初状态”和“无知之幕”的假设。在“无知之幕”的“原初状态”下，社会个体关于自己的历史环境和社会状况全部知识均被屏蔽，对有关自然、经济、心理、生理和社会的科学知识一无所知，也不知道他们拥有的某些基本利益，这样就可以使他们个人处于自由和平等地位，以便对社会制度的构建确保无偏颇的判断，并确认每个个体认同和实行政治与社会正义原则。在“原初状态”下，个体在选择正义原则时都会从自己处于最坏的情景中来做出判断与选择。这样，正义原则会指向一个一致的方向，那就是：平等地分配社会资源和各项权利以及义务，除非一种不平等的分配有利于每一个参与人。平等是罗尔斯正义观的出发点和落脚点，他的正义观源自社会道义论，他试图通过社会制度的良好构建与安排来规范和调节分配正义。罗尔斯说“关于社会基本结构的正义原则就是在一种平等的初始状态下，那些想扩展自己利益的自由而有理性的人会接受的，用以确定他们联合的基本条件的诸原则。这些原则将调节所有下一步的协议，明确

① 亚里士多德．亚里士多德全集：第八卷［M］．苗力田，译．北京：中国人民大学出版社，1994：192．

② 博登海默．法理学——法哲学及其方法［M］．邓正来，姬敬武，译．北京：华夏出版社，1987：254．

规定他们可加入的社会合作形式和他们可建立的政府形式。这种看待正义原则的方式，我将称之为作为公平的正义。”①“我说过社会基本结构是正义的主要问题。如我们所见，这意味着首要的分配问题是基本权利与义务的分配，是社会和经济的不平等以及以此为基础的合法期望的调节。”②罗尔斯的正义观实质上是一种平等主义的正义观，正如他的另一本专著《作为公平的正义：正义新论》的标题所言，他阐明的是“作为公平的正义”。

在学术影响上，诺齐克是一位与罗尔斯可以相提并论的人物。他提出了一个与罗尔斯相抗衡的正义理论。诺齐克认为，得所应得是实现社会正义的根本途径。诺齐克的意思是，要使社会实现分配正义，就要让每个分配参与者得到其所应得的份额。在批判罗尔斯的正义理论时，诺齐克认为，个人占有财产是没问题的，只要他的占有没有损害他人的权利。诺齐克还认为“分配的正义”这一概念不是中性的，人们容易对“正义”产生歧义的理解。因此它主张以“持有”代替“分配”。因为“分配的正义”使“大多数人都会想到由某个体系或机制使用某个原则或标准来提供某些东西。一些错误可能已经顺势溜进了这种分配份额的过程。”③诺齐克的正义观被人称为基于个人权利的正义观。

迈克尔·沃尔泽常被看成是社群主义的代表人物，但是他的思想是多元主义和特殊主义的。他的理论以“复合平等”和多元主义分配正义论闻名于世。沃尔泽认为，不同社群“共享理解”的“文化语境”会形成“善的社会意义”，人们应当根据这种具体语境中这种社会意义来分配不同领域的善。在社会各领域中存在着各种“不平等”，要让各领域的“不平等”叠加在一起进而形成“复合平等”。这种超越“简单平等”的“复合平等”才是人类意义上的平等，这种平等才能引导人类通向分配正义，最终实现分配正义。

---

① 约翰·罗尔斯. 正义论[M]. 何怀宏，等译. 北京：中国社会科学出版社，1988：9.

② 约翰·罗尔斯. 正义论[M]. 何怀宏，等译. 北京：中国社会科学出版社，1988：80.

③ 罗伯特·诺齐克. 无政府、国家与乌托邦[M]. 何怀宏，等译. 北京：中国社会科学出版社，1991：156.

与人们的政治平等与经济平等相比较，沃尔泽认为社会平等是更为重要的平等。虽然政治平等和经济平等在实践上很难实现，但是社会平等可以成为现实。尽管社会不平等可能是由政治不平等和经济不平等所造成的，但是政治平等、经济平等和社会平等之间并不存在内在的相互排斥和必然冲突，政治不平等和经济不平等并不必然导致社会不平等。只要处于不同社会阶层的贵族或官员不利用手中的财富或权力去压迫和剥夺普通人和穷人，各阶层的人就可以平等相处，相安无事，这样社会平等就可以实现。与政治平等和经济平等相比，社会平等的实现要容易得多。沃尔泽的正义观就是为实现这种社会平等的目标而展开的。因此，沃尔泽反对用任何一种正义原则去支配所有分配领域的主张，要实现分配正义，人们需要考虑综合运用平等、需要和应得等多个原则。

马克思主义者对社会制度实现分配正义的功能有着高度关注和深刻分析。19 世纪中叶以降，由于资产阶级与无产阶级的矛盾日益尖锐，难以调和，资本主义国家的社会矛盾处于前所未有的严峻时期。马克思主义经典作家对资本主义制度和资产阶级的贪婪进行了猛烈抨击，并且明确指出了建立在私有制基础上的社会制度不可能实现分配正义；不合理的经济基础造成的不公正的社会制度是引起分配不公的根本原因。马克思主义者认为分配关系是一种由生产力水平决定的经济关系，它是生产关系的一个重要组成部分。“分配的结构完全决定于生产的结构。分配本身是生产的产物，不仅就对象说是如此，而且就形式说也是如此。就对象说，能分配的只是生产的成果，就形式说，参与生产的一定方式决定分配的特殊形式，决定参与分配的形式。”①“消费资料的任何一种分配，都不过是生产条件本身分配的结果。而生产条件的分配，则表现生产方式本身的性质。”②分配自身就是生产的产物，生产的结构决定着分配的结构。把分配说成一种

① 马克思恩格斯文集：第 8 卷[M]. 北京：人民出版社，2009：19.

② 马克思. 政治经济学批判导言，马克思恩格斯选集（第 3 卷）[M]. 北京：人民出版社，1972：27.

不依赖于生产方式的独立的东西掩盖和遮蔽了分配与生产的真实关系。在以私有制为基础的资本主义社会，分配正义难以实现的重要原因是“工人没有获得他的劳动的全部‘价值’”①。因此，马克思主义者认为，要实现分配正义，必须推翻以私有制为基础的不公正的社会制度，建立公有制的社会制度。

各种分配正义的思想和理论为社会正义的实现提供了不同的分析和进路，但这些思想和理论之间并没有达成共识，我们需要寻找解决实现社会正义共识的东西，至少我们应当找出实现分配正义的共识性的原则。

二、分配正义的基本原则

人类社会的发展过程是一个不断解决分配矛盾和问题的过程。在各种分配观念、分配理论的指引下，人类探索出了许多的分配原则、分配方式和分配制度。如天赋决定分配原则、比值平等原则、算数平等原则、“最大幸福”原则、“最大最小值”原则、具体责任原则、绝对权利原则、持有正义原则、按需分配、按劳分配、按资分配原则等。在所有的分配原则中，最为人熟知，被人探讨最深入，能被众多人接受的还是“按照需要分配”“按照平等分配”和“按照应得分配”。

按照需要分配(以下简称为“按需分配”)原则早见于空想社会主义者莫尔、圣西门等人的作品里。在莫尔的《乌托邦》中，“各尽所能，按需分配”思想已初具雏形。要实行“按需分配”，莫尔认为，必须有较高的自觉性和丰富的产品。按需分配后来发展为马克思主张的分配原则，马克思在《哥达纲领批判》中提出“在随着个人的全面发展生产力也增长起来，而集体财富的一切源泉都充分涌流之后，只有在那个时候，才能完全超出资产阶级法权的狭隘眼界，社会才能在自己的旗帜上写上：各尽所能，按需分

① 恩格斯. 反杜林论，马克思恩格斯选集(第3卷)[M]. 北京：人民出版社，1972：351.

配!”[①]在社会物质财富极其丰富的状态下，按需分配不失为一种好的分配原则与方式。但在当前的社会状态下，人们还无法满足这种要求，按需分配的分配正义环境——“社会生产力的高度发达和物质财富的巨大丰富[②]”在相当长的时间内还无法形成。基于按需分配原则在当前的可行性较小，我们这里重点探讨“按照平等分配”原则和“按照应得分配”原则。

1. 平等分配原则的内涵

在人们的日常生活与学者们的理论研究中，平等都是一个常见的话题。这与平等是一种重要且基本的社会道德价值是分不开的，作为社会生存物的人，平等关乎每个人的生活质量。因此，很早以前，平等的价值就成为人们的基本诉求。人们在追寻平等价值的过程中提出各色各样的平等概念，如性别平等、人生而平等、民族和种族平等、机会平等、结果平等、教育平等、形式平等、实质平等、分配平等等。这些词汇与概念表达着人们的对平等的各种诉求，它们隐含着对旧的不合理的社会制度的不满，也表达了对更加平等，更加正义的社会制度的向往。

平等一词具有描述意和规范意，从描述意上来说，平等意味着“数目一样”，从规范义来说，平等意味着“事物之间在某个或某些方面相同或一致”。就人这种主体而言，平等意味着“人与人之间在某个或某些方面的相同或一致”。

就规范意来说，人们所追求和要求的平等含有两层意思。第一层为：一种原则或规则被要求实施时，该原则或规则的内容应当具有某种意义上的平等性质。如我国早前的《民法通则》和当前《民法典》规定：在我国，年满十八周岁的人为完全民事行为能力人。这条法律是对所有人做出的规定，体现了人们在民事权利方面的平等性质，所以它本身就是一条平等的规则。第二层为：对该原则或规则的平等执行和遵守。这层含义很大程度

① 马克思恩格斯选集(第3卷)[M]. 北京：人民出版社，1995：23.

② 马克思恩格斯选集(第3卷)[M]. 北京：人民出版社，1995：306.

上与“法律面前人人平等”这一表述是兼容的。“法律面前人人平等”可以进行扩大化处理，法律是一种具有强制性的行为规则，这里的法律事实上是一种规则。因此，我们可以将它扩大为“规则面前人人平等”，意则规则对受制于它们的人们而言具有同等的效力。

在当代政治哲学中，“平等”几乎在所有的时期都是个热词。从某种意义说，几乎所有派别的政治哲学都是平等主义的。① 这表明，平等对于人类社会的正义具有重要意义。在强调分配正义的平等时，我们就会不由自主地联想到一个理论前提：为什么要追求人人平等？平等为什么成为分配正义的原则？

关于这两个问题，理论界有着多种解答，早前有观点认为，人具有相似性。人的身体结构是相同的，都有同样多的手和脚；人的生理和心理功能基本相同，人都有情感，都追求自尊，都能感受痛苦等。这些观点触及到问题的某些方面，但没有触及到问题的核心，因为人与人相似在大概率上是不能确定的，它具有很大的偶然性，因此这些观点很难达到人人平等的道德证明标准。总体而言，有说服力的观点主要体现在康德的先验基础和“人生而平等”等理论中。

阿内森认为：“平等主义正义的信条依靠所有人具有相同的、要求得到尊敬的基本价值和尊严这个根本前提。”②康德认为，人的道德价值不能由人的偶然性特征来决定。人人平等这个规范命题需要实证基础或先验基础，如果不具有足够的实证基础，那么它应当具有先验基础。人人平等的实证基础是很难确定的，它的先验基础只能是一个形而上学的悬设，即每个人都拥有平等的道德价值，处于平等的道德地位，应该拥有平等的尊严和得到平等的尊敬。康德的这一理论已经被人们所接受。相反，如果我们认为人有着高低不同的道德价值，人在道德价值上可以分成三六九等，可

① 姚大志. 分配正义的原则：平等、需要和应得——以沃尔策为例[J]. 社会科学研究，2014(2)：115.

② 张虎. 关系平等主义哲学研究[D]. 北京：中央党校，2016：17.

以划出高贵、卑贱，上等、下等类别，这种思想很快会被人摒弃。正如威尔·金里卡所言：“如果某种理论声称某些人没有资格受到政府的平等对待，如果这种理论声称某类人不如别的人重要，那么，现代世界里的绝大多数人就会立刻拒斥这种理论。”①

正是因为“人生而平等”，人在分配中就应该强调平等。这种辩护是具有逻辑性的。人“生而平等”有着两层含义：一种是描述性的，它指人出生后具有大致相同的特征，如一个脑袋、两只手、两条腿等，人应该具有平等人格、权利和义务。另一种是规范性的，“人生而平等”是指人生来就应该是平等的，在实践中，可能出现了人与人不平等的现象，但是作为由人集合而成的共同体，它的目的就是要追求平等和努力地去实现平等。如果在某些方面还存在不平等，我们就应该努力去消除它。所以，平等作为一种规范，对人类社会的发展有着重要的指引作用。正因为如此，在分配正义中，平等才成为了社会实践领域和政治哲学的争论焦点。

平等作为分配正义的重要原则已经有了证成，但另一个问题是，分配如何平等？这是平等分配原则的重要理论问题。作为分配正义的原则，它至少有“机会平等”和“结果平等”两种含义。而在实际的理论探讨中，所涉的内容要宽泛得多。理论界颇具影响力的平等理论有罗尔斯的平等的自由权和社会基本益品(goods)分配平等、斯坎伦的平等权、内格尔的经济平等、德沃金的平等对待和资源平等、马蒂亚·森的基本的可能行为平等、范伯格的平等原则、尼尔森的分配平等原则等。

罗尔斯的分配正义理论主要体现在他的平等自由原则和差别原则这两个正义原则上，罗尔斯认为，社会的正义取决于社会基本的权利义务分配和不同阶层中的社会条件和经济机会。因此，他的第一个原则是要解决社会制度中的权利和自由分配问题，第二个原则是要解决社会和经济的不平等问题。他的“无知之幕”和“原初状态”就是为讨论平等而做出的理论假设。在霍布斯的社会契约思想的基础上，罗尔斯以在“无知之幕”的状态

① 威尔·金里卡. 当代政治哲学[M]. 刘莘，译. 上海：上海三联书店，2003：8.

下，即每个人都处于不知道他自身和他人的社会地位、阶级出身、心理特征以及善的观念的状态下订立社会契约。此时，每个人都会把自己想象为处境最差的人，那么他们就会接受以平等为基础的社会契约，因为这样的契约对处境最差的人有利。实际上，罗尔斯的两个正义原则都有着明显的平等内涵：第一个原则强调人们的自由权应当平等；第二个原则强调人们的机会应当平等，并且在制度设置或变更时应当使最不利者的利益最大化为前提以缩小人们在经济上的不平等。所以，平等是罗尔斯的正义的社会制度的基础和分配正义应当遵守的根本原则。

德沃金对平等与正义的关系的论点与罗尔斯是一致的，罗尔斯认为“正义是制度的首要价值”，德沃金认为“平等的关切是共同体至高的美德”，①这两者殊途同归。德沃金把作为共同体统治组织的政府对每个成员的平等的关切与政府统治的合法性联系起来。德沃金认为，一个政府要对民众拥有统治权，该政府就应当对民众的命运体现平等的关切，否则它就失去了存在的合法性。没有平等的关切，就没有正义可言。德沃金“要求政府致力于某种形式的物质平等”，他称其为“资源平等”。

平等作为分配正义的重要原则，不仅仅在于它是社会公正的重要内容，平等对社会正义来说有着重大的工具性价值，平等还有重要的构成性价值。我们在理解价值时会把价值分为内在价值和外在价值，工具价值和终极价值等。但是这些价值的分类并不是绝对的，也没有非此即彼的清晰界线。通常说来，内在价值是因为事物自身的内在特性而具有的价值，内在价值的善是不需要其他的价值源泉而自身就有价值，内在价值是对照外在价值而言的，外在价值是因其他价值源泉而具有的价值；工具性价值是某事物因实现其他价值而具有的价值，这种价值是为其他价值服务的。工具性价值是与终极价值相对照而言的，终极价值是事物自身而具有的价值，终极价值是目的性价值，工具性价值因其工具性，它需要通过终极价

---

① Dworkin R. Sovereign Virtue：The Theory and Practice of Equality［M］. Cambridge，MA and London：Harvard University Press，2000：1.

值来解释。工具性价值只是内在价值的原因，但不是内在价值的组成部分，因此工具性价值是可以被替代的价值。如人们想要“健康”这种价值，他们可以通过打太极拳来维持健康，打太极拳相对于健康有着工具性的特点，太极拳有着工具价值，打太极拳是维护健康的原因。但是人们要实现“健康”这种价值，也可以不打太极拳，而选择适当的“快走”来获得健康的价值，所以，工具性的价值常常是可替代的。终极价值都是内在价值，但并不是所有的内在价值都是终极价值，譬如人类的艺术品有着内在价值，但艺术品的这种内在价值并不是终极价值，因为对人类而言，过上有艺术品位的生活才是与艺术品相关的终极价值。与艺术品类似，就社会正义这一终极价值而言，平等不仅是工具价值，平等也是一种内在价值，但它不是终极价值。工具性价值、终极价值、外在价值和内在价值之间有着复杂的关系，内在价值的重要性可以通过外在价值的解释来获得。工具性价值往往是外在价值，但并不是所有的外在价值都只是工具性价值。外在价值和内在价值没有非此即彼的明确界限，有些价值表面看起来是外在价值，但实际上，那些外在价值却是构成某些内在价值的核心要素，并且成为使得那些内在价值之所以有价值的不可替代的原因。因此，这种外在价值自身也具有内在价值的特性，这种特殊的外在价值就是构成性价值。换言之，构成性的价值是指某种善本身是有价值的，而且这种善是其他具有内在价值的善的重要组成部分。① 例如，一个好的家庭对于好生活而言，它就具有构成性价值，好的家庭可以促进人们的好生活，显然具有工具性价值，但是好的家庭对好生活而言，它的价值不是纯粹的工具性的，好的家庭本身也有着内在价值的特性，因为好的家庭本身也有价值，并且是好的生活的一种不可或缺的要素。因此，好的家庭对好的生活就具有了构成性价值。在社会正义中，平等也具有这样一种构成性价值。平等对人类社会而言，它之所以十分重要，是因为它是人们在分配领域中所关注的诸多终

---

① 晋运锋．平等为什么那么重要——兼论平等主义对充足主义与优先主义之批评的回应[J]．社会科学辑刊，2017(4)：30.

极性内在价值的不可或缺的本质要素。①

由于平等具有构成性价值，所以它不仅是促成终极性内在价值得以实现的外在价值，而且它自身也是内在价值的一个重要组成部分。因此，我们在对社会资源、权利和义务进行分配时，如果没有别的特殊的理由，人们都会接受在平等的人中进行平等的分配是正义的这一观念。平等分配是各种分配方式的基础，其他的分配方式是对平等分配的变通，即使是对平等分配的批判，也是以平等分配为起点的。在实践中，公平分配不仅要求一种平等分配，而且公平分配本身就是平等分配，既是在分配正义的理论中，很大程度上，正义或公平本身也就是平等。

无论理论家们主张何种平等，他们都不能否定平等是现在社会中人们追求的一种核心价值的基本事实。平等具有内在善的特点，因为平等本身就是好的，就是可欲的和有价值的，正如不平等本身就是不好的，不可欲的一样。同时，平等也有一种外在善，一种工具善，它有着很大的工具意义。斯坎伦认为平等有五大工具性价值："(1)缓解痛苦或严重的剥夺；(2)防止丑化地位上的差别；(3)避免不可接受的权力或支配形式；(4)维持程序公平所要求的起点平等；(5)程序公平有时支持某种结果平等的情形"。② 罗尔斯给出了消除社会和经济不平等的四大理由：(1)避免或缓解人们严重的痛苦，一般情况下，所有人的基本需要都应当得到满足；(2)防止社会中的某一部分人支配其他人，严重的社会和经济的不平等会导致民众彼此政治地位的不平等，并由此在人们之间产生支配与顺从关系；(3)不平等本身就是一种错误，因为不能获得证明的不平等是缺乏道义基础的，是不正义的；(4)在社会使用了公平程序的情况下，任何不平等本身就是错误的，例如公平的竞争性市场和公平的政治选举。③

综上所述，平等作为分配正义的原则有着重要的理论基础和实践意

---

① Moss J. How to Value Equality[J]. Philosophy Compass, 2015(3): 191.

② T. M. Scanlon, The Diversity of Objections to Inequality[C]//Clayton M, Andrew Williams A. The Ideal of Equality. New York: Palgrave Macmillan, 2002: 46.

③ 罗尔斯. 作为公平的正义[M]. 姚大志, 译. 北京：中国社会科学出版社, 2011: 158-160.

义，对人而言，它是一种与自由同样重要的核心价值，现实中的任何分配，不管其形式如何、结果如何，在分配过程中，都要以平等作为基础。

2. 分配正义中的应得原则

“应得”是指每个人是否有正当理由得到他的对待，它是分配正义理论中的一个核心要素之一。在一个共同体中，如果有人没有得到其应该得到的东西，一定意味着某种不正义的存在。从人类发展的伦理思想史和社会实践来看，应得是人类社会最早践行的分配正义原则。从古希腊到中世纪，再到近现代乃至当下，应得正义原则在社会分配实践中起着重要作用。马克思主义提出的“按劳分配”就是应得正义原则的一种典型的实践。“应得”是“得所应得”的缩略语，“得所应得”的正义是西方伦理学的优良传统，自从柏拉图和亚里士多德以来，得所应得就被视为正义问题的本质。柏拉图认为正义就是给每个人以恰如其分的报答。在《理想国》的第一卷中，柏拉图就通过西蒙尼德的口说出“正义就是欠债还债”，他的老师苏格拉底也曾说“正义就是给每个人以恰如其分的报答”①。这可以说是柏拉图正义思想的内涵，精简说来就是“应得”，他把正义分为城邦的应得正义和个人的应得正义。亚里士多德认为分配正义实质上就是给予每个人应得的东西；②每一个人分享或获得的利益应当等于他的应得。③尽管柏拉图和亚里士多德在表述上有所不同，但是观点基本一致，那就是“正义就是给与每个人以应得”。一个正义的城邦应该根据每个人的“应得”来进行分配。当然，古希腊的“应得”与现代意义的正义是有区别的：亚里士多德的“应得”与道德有关，强调分配的公正关系到一个人的德性。现代意义的“应得”不再基于德性，而是基于理性个体的行为本身。但是古希腊的“应得”正义观对后来的分配正义有着直接和重要的影响。除了古希腊哲人对

① 柏拉图. 理想国[M]. 郭斌和，张竹明，译. 北京：商务印书馆，1986：8.

② 亚里士多德. 尼各马可伦理学[M]. 廖申白，译. 北京：商务印书馆，2003：134-136.

③ 姚介厚. 西方哲学史·古代希腊与罗马哲学（第2卷下）[M]. 南京：凤凰出版社，江苏人民出版社，2004：779.

“应得”阐述外，古罗马皇帝查士丁尼认为正义就是“给予每个人他应得的部分的这种坚定而恒久的愿望”；[①]古罗马政治家、法学家西塞罗认为正义是“使每个人获得其应得的东西的人类精神取向”；古罗马法学家乌尔比安把正义定义为“使每个人获得其应得的东西的永恒不变的意志”。

不仅古代的先哲们认为应得是分配正义的重要原则，现代的思想家们也有着相同或相近的观点。麦金泰尔在阐释正义的含义时认为：“正义是给予每个人——包括他自己——他所应得的东西以及不以与他们的应得不相容的方式对待他们的一种安排。”[②]麦金泰尔还认为，美德在《荷马史诗》中用来表示任何种类的优秀，勇敢是主要美德之一，勇敢不仅是个人的一种品质，还是维系共同体和家庭必需的品质；在荷马时代，荣誉是家庭和共同体承认的一种标志，荣誉属于战斗或竞赛中的优胜者，英雄之所以赢得荣誉，是因为他践行了美德，荣誉是践行美德者应得的报答。20 世纪后半叶，美国哲学家、伦理学家罗尔斯提出了公平的正义理论，尽管很多人认为罗尔斯强调分配正义的平等原则，批判分配正义的应得原则。事实上，罗尔斯只是否定“严格意义上的道德应得观念，即人的品质作为一个整体的道德价值以及一个人特有的美德”，他认可“由公共规则体制所规定的应得观念”。[③] 罗尔斯认为，在他提出的两个正义原则的基础上能够建立公正的社会制度，在公正的社会制度下对个人的合法资格和期望观念予以规定。人们根据自己合法资格和期望所获得的正是他们的“应得”，正义的社会制度应该这种“应得”予以充分的保障。美国法学家德沃金在罗尔斯正义理论的基础上突显了个人自主性与“应得”的关系，“敏于责任”的应得原则是德沃金确立资源分配平等理论的规范性原则。在讨论需要原则和应得原则在分配正义中应得发挥怎样的作用时，为实现平等的目标，德沃金更倾向于应得原则居于主导地位。当代瑞士神学家埃米尔·布伦纳认

---

① 查士丁尼. 法学总论[M]. 张企泰，译. 北京：商务印书馆，1989：5.

② 麦金泰尔. 谁之正义？何种合理性？[M]. 万俊人，等译. 北京：当代中国出版社，1996：26.

③ Rawls J. Justice as Fairness [M]. MA：Harvard University Press，2001：73.

为，“无论他还是它只要给每个人以其应得的东西，那么该人或该物就是正义的。一种态度、一种制度、一部法制、一种关系，只要能使每个人获得其应得的东西，那么它就是正义的”。

古代贤哲之士和近现代思想家以近乎相同的方式用“应得”来描述、阐述与定义“正义”，充分说明“给予每个人以其应有的东西”是正义概念中不可或缺的要素，“应得”从来就是正义本质，“应得”总是分配正义的一项重要原则。“应得”与“所得”的关系构成了分配正义的基本内容。

“应得”作为一种社会行为的准则和一种正义原则源自“应得”自身所具有的道德价值。应得作为基础性的正义原则，它不仅仅是一种实践经验的表达，更是有着重要的理论基础。就应得作为分配正义的原则而言，它的证成需要坚实有力的道德理由。在需要、平等、应得和其他诸多的正义观的相互竞争与相互批判中，每种原则的立足需要充足的理由。实际上，各种正义原则所依凭的道德理由都与应得不可分割，其他诸原则的成立都需要参照应得来加以解释与证明。对正义而言，应得具有根本性和基础的作用和地位。应得自身在理论上需要解答的问题是“为什么应得”。我们可以从两个方面来对这一问题加以分析。一方面，一般说来，在其他社会条件不变的前提下，让一个人得到他应得到的东西是一件好事。这表明，某人应得某物在伦理上来说是一种内在的好，换言之，这是一种内在善。因此，我们可以说“人们得到其应得”里面有着一种内在价值。另一方面，我们可以从应得的道德依据来进行分析。为论证方便起见，我们可以把应得表达成“P 根据 C 而应得 X”，其中 P 为应得主体，X 为应得对象，C 为应得的理由。在“P 根据 C 而应得 X”的命题中，存在一定的理由使 P 应得 X，而 C 是 P 应得 X 的根本理由。作为理由的 C 是人们追问“为什么应得”的最主要意义。人们通常用“应该”来表达这一理由。这里应得的判断具有道德意义上的约束性。① 当人们都能对其他所有人说“这是我的应得”而其他所有人都没有理由提出“这不是你的应得”时，按照应得来进行的分配

① 王立. 论应得的基础[J]. 中国人民大学学报，2017(2)：58.

就是正义的分配。

在应得为原则的分配正义里，“个人努力”与“应得”的关系也是一个不能回避的问题。但是很明显，“努力”与“应得”有着正相关的关系，“努力”证实了“应得”在分配正义中的特殊意义。正义总是出现在资源匮乏的地方，因为资源充足，个体之间不存在利益冲突，也就无所谓正义的问题。在资源匮乏的情况下，对“应得”的讨论才具有道德意义，由于匮乏导致了分配主体之间的竞争，因此这种状态下的应得可称为“竞争性应得”。在“竞争性应得”的状况下，一个人的应得影响了其他人对它的分享。因此，个人的努力在“竞争性应得”中有着决定性意义。按劳分配强调的正是个人努力与“应得”的内在关系。在应得的分配中，“努力”有着两个关系紧密的词汇，即“勤奋”和“业绩”。“勤奋”是一种持续不断的努力，[①]“业绩”是努力的逻辑结果，业绩也是努力重要的外在表现，它通常是对社会的某种贡献。斯密茨认为，“一个社会让人们受益的一种（如果只有一种）关键方式是根据人们对合作行动的贡献按比例地分配合作的果实，这是社会之所以从一开始要引入贡献的原因。我们通常所理解的应得是使社会黏合为一项创造性冒险的部分原因”。[②] 人们通过对共同体的贡献获得收益，根据他们贡献的大小来获得相当的利益有着坚实的道德基础，应得恰恰是对个人利益的合理主张。这种合理性表现在两个方面：一是当人们主张其应得某些利益时，他们必然已经为共同体做出了一定量或一定程度的贡献。对他们而言，那种贡献构成了他们应得的基础；对共同体而言，那些贡献构成了他们获取应得的合格条件。此时，他们应得的主张因此具有了道德上的正当性和合法性。二是当人们主张其应得利益时，其他人没有合理的道德理由来否定或排斥他们的这种利益主张。这样，应得就成为了共同体对做出了贡献的人进行奖励或补偿的机制，这种机制引导着人们努力工作。作为社会正义原则的应得意味着人们对自己的行为结果有着一定的预

---

① Sher G. Desert[M]. Princeton: Princeton University Press, 1987: 57.

② Schmidtz D. How to Deserve[J]. Political Theory, 2002(6).

期，这种预期可以帮助人们设计自己的生活。人们追求应得的努力和卓越，使人们的生活更加美好，这是非常具有道德意义的。应得能使社会功效得以实现，并在激励机制与社会功效实现及社会需求和个人需求之间形成了良好的张力，它使个人需求与社会发展勾连在一起。行为预期是个人参与社会合作的基础，在这一基础上，应得原则通过实现对个人需要与社会需要之间的张力的调节实现了社会的发展。尽管每个个人行为的目的不一定恰好是社会发展所需要的，但应得原则通过设置"一般被当作有利于其接受者的东西，如报酬、荣誉等"来实现个人行为的多样性，从而实现社会全面发展的可能。同时，应得意味着社会以贡献的比例对利益进行分配，在一定意义上意味着"多劳多得"。应得原则成为社会造福个体的指导，是一种激励机制，更是一种正义的分配方式。可见，得所应得的正义是一种分配正义。总体说来，我们认为分配正义是在一定的价值原则下，以权利与义务为调整机制，以应得与所得的合理程度为表征，调整社会利益关系的一种社会价值观念。

三、分配正义原则在竞技体育中的实践

人类的各种活动基本上都与利益关联在一起，有些是金钱、物品等物质形式的，有的是荣誉、地位等精神形式的。竞技体育也与各种物质利益和精神利益有关，如奖金、金牌、冠军称号、亚军称号、金牌教练、网坛"世界第一拍"等，古希腊时期的奥运冠军还被视为民族英雄。当然，竞技体育在经济利益上远不止与奖金有关，还有训练经费，优质场馆等。由于本文讨论的是竞技正义问题，主要阐释竞技这一社会活动内在的正义性。因此，此处不讨论训练经费和场馆建设费用，在分配正义层面只讨论通过竞技比赛来分配奖励(物质和精神的)的具体情况。

1. 竞技体育奖品分配的正当性

竞技体育中的奖品分配从表面形式来看似乎是不公平的，几个甚至几

十个参赛者进行角逐，最终获奖者只有前三名。如 2018 年在俄罗斯举办的世界杯足球赛共有 32 支球队参加，但最终获得奖品分配的只有排名在前三的球队。每支球队都付出了巨大的努力，但是最终有些队伍在奖品分配中却“颗粒无收”。这难道没有违背分配正义的“平等原则”？足球世界杯在世界范围内每四年举办一次，奥运会每四年举办一次，各种世界锦标赛不断举行，每个国家的内部也时时举办各种竞技比赛，如此频繁的体育竞技，每次的奖品分配基本只有排名前三位的“有份”。竞技体育的这种“赢者通吃，败者全无”的分配方式的合理性却从没受到体育参与者和观众以及社会的质疑或反对。那么，竞技体育的奖品分配是如何获得正当性的呢？

竞技体育奖品分配的正当性涉及人的自由意志和道德责任、行为选择和社会契约、规则与正义等的内在逻辑关系等诸多方面的问题。

自由意志是伦理学和法学的一个重要范畴，它关涉人的行为选择和行为评价，更是我们判断某种行为的正当性与否的重要参考因素。只有在自由意志的支配下行为者的行为才是自己的行为，才有进行道德评判的价值。一般说来，行为主体的意志自由和道德责任有着内在关联性。道德责任源自主体的行为后果，行为后果出自行为选择，行为选择是行为主体自由意志作用的结果。因此，行为主体的行为遵从其自由意志是行为主体承担道德责任和义务的逻辑基础。

从某种意义上来说，每个人与他人和社会都是通过行为联系起来的，人们总是通过行为去影响他人和社会。从广义上说，即使是用语言与他人沟通并对他人产生影响也是一种行为，也是一种使用语言和选择对象的行为。如人们发现某个人的谈话对他人造成不良影响时，他们责备说话者时常常提出这样的问题“你为什么要和他谈话？”这个问题里隐含着：“你是否考虑到与他谈话的后果？如果考虑到了，你可以选择不与他谈话。”这里，与他谈还是不与他谈是一个行为选择的问题。是否选择是由主体的自由意志来决定的。行为主体的意志自由是主体做出行为选择的前提，人们所有行为都会遵循自己的道德选择，道德选择是人的意志理性反思的结果，最终的道德行为只是行为主体内在的自由意志落在行为上的外在显现。行为选择内在地体现和表达了主体意志的意图、动机、过程、方式及目的。行为主体的行为选择不仅最终表现为其外在的、显明的、易为人察觉的行动与交往等道德实践，同时反映着行为主体内在的、隐性的意志、认知及情感等精神活动。人的行为总是受着主体意志的控制和指引，道德责任与行为选择及自由意志是紧密相连的。

石里克认为，行为的道德法则是建立在行为主体的情感与欲望的基础之上的，任何行为都有其自身的原因与结果，行为的因果性对人的道德行为有着普遍有效性。行为的道德责任源于内在发动的行为动机和外在的、客观的行为结果。道德责任虽然与道德行为一样可能是非强制的，但不可能是没有原因的。① 既然人们承认行为主体可以根据自己的意志自由选择行为，他们就不能否定行为中的因果关系，道德责任的本性恰恰正是人们对行为因果性的认识与理解。“我们之所以能把责任概念用于人类行为，也正是因为因果律对意欲的发生过程有效。”②换言之，我们只有找到行为主体行为选择中的动机、目的、方式和态度等，我们才能找到行为的道德责任的依附性联系。坚持行为主体的行为选择、道德责任和因果律之间的统一性对行为的评价有着重要意义。

艾耶尔认为，作为自由主体的人，他可以选择什么样的行为并对所选择的行为付诸具体的实现，其行动是不能脱离和独立于因果律的。个体成为自由行为主体，应当具备三个前提与条件。一是他的选择和行动都是自由的，他可以这样选择，这样行动，也可以这样选择但不这样行动；也可以那样选择，那样行动，或者那样选择但不那样行动。二是他的选择和行动必须是自愿的。该行为的做出是自由意志的真实表达，行为符合行为主体的意愿、态度和目的。三是任何人都不能强迫他如此这般地行动。强迫意味着行为违背了行为主体的意愿、态度和目的。满足前述三个条件与人

---

① 莫里茨·石里克. 伦理学问题[M]. 孙美堂，译. 北京：华夏出版社，2001：123.

② Ibid.

的选择和行为具有原因性并不矛盾，条件与原因之间并不存在排斥关系，人的自由只有诉诸于因果解释时，他的行为才有道德责任可言。

意志自由与行为的关系说到底是“自由”和“必然”的关系。真正的“自由”并不是与“必然”相对立的某种东西，而是与“必然”相一致的某种东西。“意志”一方面表示“自我对待自己观点的态度，在该态度下形成选择何种行为的决定因素或者命令”，另一方面表示“意识的行动倾向、冲动性质、灵魂的自我决定能力”。“说意志是被决定的，是在它有统一的前提，它不是任性和无规律的而是有规律的意义上说的。意志是在它不为任何外面的东西强制的意义上是自由的。”①“自由”与“必然”的关系是行为选择和道德责任的关系的依据。在厘清意志自由、行为选择和道德责任彼此的因果联系后，我们可以来分析在什么样的情况下行为主体应当承担什么样的道德责任问题。一般说来，行为主体对其行为负有道德责任需要两个前提：一个是“认识前提”，即只有当一个行为主体既知道与其行动有关的某些特殊事实，又怀着某种意向和信念去实施行动时，行为主体对其行为负有责任。另一个是“控制前提”，即行为主体必须能够做出其意愿的行为或者一定意义上能够控制其行为，行为主体才能对该行为负有责任。

自由意志与道德责任的关系为人们彼此之间订立契约提供了基础。契约是由双方或多方意愿一致而产生相互间权利与义务关系的一种约定。契约是人与他人合作的最基本、最普遍的形式。在人类的社会实践中，契约更多地出现在经济领域，特别是物与物的交换或货币与物的交换中。事实上，当两个以上的主体就某项事件达成一致，共同遵守一定的规则去完成该项事件都是一种契约的履行行为。人们之所以要遵守某些规则，是因为该规则关涉其本人和他人的共同利益。人的理性告诉人们只有在遵守规则的情况下，每个人才可能获得最大利益。否则，每个人都不可能获得最大的利益或者根本无法获得利益。契约是人的意志体现，它与人的自由意志息息相关。“人的意志是生来自由的，而契约便是由当事人双方自由意志

① 弗兰克·梯利. 伦理学导论[M]. 何意，译. 桂林：广西师范大学出版社，2002：213.

的合致而形成的，既不是出于外界的强迫，亦不是出于对方的一厢情愿，而且发自内心的自由的意思表示的一致。”①契约连接着人与人之间的某种关系，它属于关系范畴，具体体现为当事人以独立身份达成的一种约定关系。尽管契约当事人都有自己独立的欲望和要求，但是出于共同追求最大利益的理性考虑，相互之间“设置”了某种合作关系。一般情况下，契约当事人相互处于平权关系状态，黑格尔认为“契约关系起着中介作用，使在绝对区分中的独立所有人达到意志统一”。② 契约思想和契约理论不仅隐含着对个体的人格尊重还隐含着对个体的成员资格、价值、权利和能力的认可，实质上是对人的独立、自由、自主的主体地位的承认。契约中的人的独立、自由和自主最根本的表现就是人的意志自由，英国著名法学家梅因在讨论“诺成契约”时认为，在“诺成契约”中，唯一被重视的是缔约人的心理状态，③足见在契约行为中，意志自由和意思自治的重要性。契约自愿始于契约自由，契约的自愿源于契约当事人的自由意志，契约的自愿性体现着契约主体的自由选择。行为主体有选择缔约的自由，也有选择不缔约的自由；有选择缔约对象的自由；也有选择缔约方式的自由；还有决定契约内容的自由。缔结契约是一个从意志到行动的过程，其中整个过程都贯穿着自由，它与服从、被迫和强迫是根本对立的，缔结契约是在缔约主体在其独立人格基础上的一种自主决定，个人契约如此，社会契约也是如此。

所谓社会契约是指人们在自愿平等的基础上合意解决社会性矛盾而约定一起履行某种义务的约定。社会契约是社会公平与社会正义的重要内容，社会契约更加符合人类追求个人自由和社会公正的本性。“当事人就他人的事务做出决定时，可能存在某种不公正，在当他就自己的事务做出决定时，则决不可能存在任何不公正。”④契约就是用一种与他人合作来处

---

① 傅静坤. 二十世纪契约法[M]. 北京：法律出版社，1997：172.

② 黑格尔. 法哲学原理[M]. 北京：商务印书馆，1982：81.

③ 梅因. 古代法[M]. 北京：商务印书馆，1959：191.

④ 尹田. 法国现代合同法[M]. 北京：法律出版社，1995：20.

理自己事务的方式。它有着重要的伦理意义：

一方面，契约把自由和责任联结在一起，并实现两者的统一。契约自由是当代契约法的灵魂与支柱，这种认识经历了一个漫长的社会积淀过程，早在古罗马时期就出现了体现意志自由的《十二铜表法》。后来的查士丁尼《国法大全》进一步强化了契约自由的理念，更加注重契约当事人的合意；到资本主义社会，契约自由成为契约法的首要原则，“契约自由”中承载的“平等”和“自由”观念后来也成为社会政治思想与理论中的重要范畴。可以说“契约自由”这一范畴和理念的诞生与发展是一个人类自身对自由不懈追寻，人类历史不断发展，人类文明不断进步的过程。康德认为，“自由是独立于别人的强制意志，而且根据普遍的法则，它能够和所有人的自由并存，它是每个人由于他的人性而具有的独一无二的、原生的、与生俱来的权利。”①但是，在契约自由的前提和基础上，契约本身内隐着“自利”与“互利”的辩证关系。契约中不只包含着一个人或一方当事人的利益，而是包含着两方或多方当事人的利益。尽管每个人可能都是“理性的自利人”，但是每个人的理性是有限度的，每个缔结契约的主体对自身利益的认知是有限的。再有，在契约履行的过程中，契约存在的环境条件可能发生变化，有些变化也许超出了契约当事人的控制能力。即便如此，契约在多数情况下还是要得以履行，这时契约突显了“责任”内涵。为确保契约的“责任”得以落实，古代的人们不仅通过诅咒等仪式，还通过喝血水、折稻草和在祭坛前立誓等方式来确保契约得以履行。② 在近现代社会，契约受到每个国家和国际社会的法律保障。作为拥有意志自由的契约主体，他在自由和自主的前提下选择了缔约人和缔约内容，在“自由意志—行为选择—道德责任”的逻辑下，契约主体理应承担契约中的责任。这也是契约法“契约必须信守”原则的题中应有之义。可见，在“契约”的语境中，自由

① 康德. 法的形而上学原理[M]. 北京：商务印书馆，1991：50.

② 坎南. 亚当·斯密关于法律、警察、岁入及军备的演讲[M]. 陈福生，译. 北京：商务印书馆，1986：149.

和责任总是联系在一起的。康德认为，“任何一个行为，如果它本身是正确的，或者它依据的准则是正确的，那么，这个行为根据一条普遍法则，能够在行为上和每个人的意志自由同时并存”。[①] 在契约关系中，人们“都希望保证自己与他人在因契约关系而负的责任方面相互制约，但在其他一切方面，保证充分的自由”。[②] 由此可见，契约中的“自由”与“责任”是共生共存，内在统一的。

另一方面，契约把个人利益与社会正义联结在一起，并实现个人利益与社会正义的和谐。在古代的“要物契约”中，契约当事人对契约义务的履行就许可契约外的当事人负担法律责任，即便缔约方因为疏忽大意没有将其合意以约定方式确定下来。这明显体现了人们对契约有着正义要求。[③] 因为，一方当事人根据契约履行了自己的义务，如向对方交付了某种财产，此时，对方的交付处于未明状态，就事实的状态来说，已交付方已经失去了某种利益，他失去这种利益是以另一种利益来进行“补偿”的，通过法律来保障那种“补偿”是符合社会正义要求的。契约与社会正义的一致性还体现在从社会制度层面对个人利益的保护和社会正义的向往的保障方面。正义的社会制度更加有利于对个人利益的保护。在人类发展的历史中，霍布斯、洛克、康德、罗尔斯等思想家都曾以社会契约为基础去探寻社会正义。他们的思想理论成果对推动社会正义起到了重要的指导作用。他们为个人利益与社会正义的和谐提供了具有实践价值的答案。

社会正义是人们追求的核心价值，从正义生成的逻辑来看，正义产生需要三个条件。[④] 实践主体(人)拥有自由，主体之间存在价值关系和在主体间的价值关系的基础上形成共享的行为规则。这种共享的行为规则事实上就是一种契约，因为共享的行为规则获得了共享人群的认可，或者说是共享人群的合意，并且这种规则能够被该人群所遵守(共享)。正义是一种

---

① 康德. 法的形而上学原理[M]. 北京：商务印书馆，1991：50.

② 彼得·斯坦，约翰·香德. 西方社会的法律价值[M]. 北京：中国法制出版社，2004：38.

③ 梅因. 古代法[M]. 北京：商务印书馆，1959：191.

④ 魏则胜. 论基于规则和契约的正义[J]. 伦理学研究，2018(3)：25.

价值观念，它是在人类生活中形成的共识性的思想产品。正义法则来自人们的实践理性，这种实践理性不是某个个体的实践理性，而是群体的实践理性。社会个体无法成为正义法则的最终决定者，个体的善恶观念可能影响正义法则，它们可能成为正义的组成内容，可能促进正义法则在群体中的设立，但也有可能阻碍正义法则的设立。个体的正义观念、见解和设想必须获得群体的共识，经过一个公共化和规则化的过程。个体的正义观念、见解和设想经过复杂的价值关系博弈之后，在群体中形成了共享规则，才能上升为一个群体性的正义观念，在群体中普及开来，最终成为正义法则。那些共享规则以家规、族规、习俗、习惯、道统等不成文的方式或者以成文的方式存在下来，群体以明确认可或默示认可的方法予以确认。在一定的社会群体中，个体的行为符合这些共享规则行为就被认为是正义的，违背这些共享规则的就认为是不正义的。

个体正义观念、见解与设想经过价值博弈形成共享规则的过程是个体正义观念走向群体正义共识的过程，也是一个基于规则的契约缔结的过程。一个社会、一个群体中的个体五花八门，参差不齐，每个个体的利益诉求和价值需求不同，彼此之间的价值关系也会纷繁复杂，多种多样。基于这些价值关系而形成的各种规则要上升为共享规则，必须经过一个个体之间达成遵守规则的契约。契约是行为主体在价值关系中经过各自的价值计算后自愿达成的遵守行为规则的共识性协议。① 这种契约之所以能在一个复杂的群体中得以缔结或形成，一方面在于每个人对自我利益的保护，另一方面在于每个人单凭自身的力量无法保护自我的利益或者无法实现自我利益的最大化。因为在自然状态下，每个个体单凭一己之力无法长久地抵御人与人之间的各种争斗甚至战争对生命财产的威胁与损害。契约是使人们共同生活成为可能的唯一理性的对自然状态的替代方案。② 离开个体之间关于行为规则的契约，规则是能是单方面的行为认知或设想，它不可

① 魏则胜. 论基于规则和契约的正义[J]. 伦理学研究，2018(3)：27.

② 甘绍平. 论契约主义伦理学[J]. 哲学研究，2010(3)：89.

能获得群体中其他个体的认可与遵守，该规则无法在群体中扩延与持续。

马克思主义认为，人的本质是一切社会关系的总和。在整个社会中，每个个体都根据自己的价值需求参与社会再生产过程，在再生产的过程中结成各种各样的关系，这些关系在本质上是一种价值关系，其中包含着物质价值、精神价值、关系价值和生命价值。个人的权利、义务和社会角色在价值关系得到确认。人是一种目的性动物，人们的行为总是带着某种目的，行为目的都可以在价值框架中得到准确解释。而有何行动，怎样行动是通过价值判断来确定的。人们也正是通过价值判断来决定是否认同某些行为规则并形成契约的。价值判断对共享规则的形成和契约的缔结至关重要。人们的价值判断都是在事实判断的基础上，根据自身的价值需求做出的，价值需求也就是利益需求。在群体中，一个个体的利益需求是否正当，评价的标准是正义原则，在实践中，正义原则落实在群体的共享规则中，人们评价个人利益需求是否正义时不再付诸于抽象的原则，而是依据共享的规则。对共享规则的遵守就是对正义原则的遵守，换言之，符合共享规则的利益诉求与行为就是正义的，违背共享规则的利益诉求与行为就是不正义的。这种将规则认定为正义的思想我们称为契约主义正义观。契约主义正义观不仅获得了休谟、高希尔等著名伦理学家的支持，并且以一种有着自我纠错能力的完备形式显示着强大的生命力和影响力。

在规则与正义的关系上，诺贝尔经济学奖得主、美国著名经济学家布坎南也持有这种规则主义正义观。布坎南认为，规则在逻辑上先于正义，规则是正义的基础。正义为评价规则的正义与不正义提供一种标准，但正义不仅仅是评价规则的外部标准，正义还是规则结构内在的组成部分。或者说规则本身可以设定正义的条件。因此，在社会资源(广义)的分配中，规则本身有着决定意义。当使用不同的规则时，同一群体的个体所获得的分配结果就会不同，什么样的结果是合理的、恰当的取决于什么样的规则能够促使均衡的形成。人们出于对自身利益的保护，会让促使均衡结果的规则成为共享规则。布坎南认为规则本身具有正义的价值，正义就源自规则本身，具言之，遵守规则就是正义的，违背规则就是不正义的。规则自身的正义性源自规则所涉群体中的每个个体对该规则的自愿同意。即只要规则是所涉的个体在其意志自由的状况下自愿同意、认可或接受的，该规则就是合理的、正当的，有违该规则的行为就是不正当、不公正、不正义的行为。

以上对规则和契约的论述为我们探讨规则、契约、制度和体育竞技之间的关系奠定了理论基础。总体看来，它们之间有着这样的大致关系：规则是契约的构成元素；契约是规则的系统性集合；制度是一种关系性的契约；体育竞技是一种契约履行活动。苏格兰学者麦克尼尔（Ian R. Macneil）指出，“契约是关于规划将来交换的过程的当事人之间的各种关系”。[①] 与先前的个别性契约不同，20 世纪的契约具有“关系性”特征，麦克尼尔提出了关系性契约理论。关系性契约理论认为，20 世纪以后的契约具有开放性，其表现之一是契约中规范的多元主义，契约行为可以生成个别性契约规范、关系性契约规范和共同契约规范三种契约规范。制度是一种契约规范，道德、习惯、惯例和制度化的行为模式都具有规范契约行为的功能。体育竞技是体育参与者有目的的行为，它隐含着参与者的个体利益诉求，并将其诉求付之于行动。体育竞技行为是集体性行为，那些行为是在体育制度的规范下进行的。竞技规则是体育竞技制度的主要内容，在竞技规则的制约中，体育竞技者之间形成了一种特定的人际关系，在关系契约论的语境中，竞技者之间形成的这种特定的人际关系就是一种契约关系。因此，体育竞技是一种契约行为。这种契约行为我们可以从休茨的体育哲学理论中得到证成。

伯纳德·休茨认为体育本质上是游戏，而游戏包含着游戏目的、游戏方法、建构性规则和游戏态度等元素，其中游戏态度是所有元素中最为重要的元素。态度是主体对特定对象所持有稳定的心理倾向，这是心理学中对态度的定义。休茨的游戏态度含有心理学上游戏主体对游戏所持有的稳定的心理倾向之意，但又不只是心理学上这一层意思。休茨的游戏态度更

① 麦克尼尔. 新社会契约论[M]. 雷喜宁，译. 北京：中国政法大学出版社，1994：2-4.

多的是一个哲学意义，它表明主体选择参与游戏时的决心和遵守游戏规则的承诺。它与人的自由意志关联，反映了一种精神取向，这里的游戏态度与其说是一种态度，不如说是一种精神，是一种契约精神。对竞技体育而言，自由意志和游戏态度是公平竞赛的重要条件。在道德语境中，自由意志与自治有着密切联系，自治是一种道德法则或者绝对命令。在自由意志下，选择游戏就意味着承诺遵守游戏规则。因此，参与体育竞技的人应当是自律的。

在休茨的体育哲学理论中，玩游戏是使用规则允许的方法来实现一种事物的特定状况的尝试。游戏规则规定不能使用高效的方法而使用低效的方法来开展游戏，因为只有这样才能使游戏成为游戏。这里，游戏与工作或人的日常行为有着重大差异。因为，在人们的日常生活行为和工作中，人们总是选择高效的方法来实现自己的目的，而游戏与生活行为和工作行为相比，有种“反其道而行之”的特点。在放弃人们习以为常的高效方法，采用不太高效的方法，这在心理上是违背了人的习惯性行为模式的。但游戏要成为与日常生活和工作不同的事物，游戏内在地要求使用不高效的方法来进行。此时，游戏态度是决定游戏正常运行的核心要素，一方面，游戏态度把游戏目的、建构规则和游戏方法连为一体，使游戏具备了完整的内在结构。在游戏的四大要素中，游戏态度无疑是最重要的，因为游戏目的、游戏方法和游戏规则是由游戏创造者创制出来的，游戏一旦被设计出来，游戏目的、游戏方法和游戏规则业已确定与固定，不会发生改变。但是游戏态度不是来自游戏创制者，而是来自参加游戏的每个个体。另一方面，游戏态度支持游戏者坚持游戏规则允许的与人们日常生活和工作不同的行为模式，没有正确的游戏态度，游戏者很容易放弃游戏方法而采用日常的行为方法，最终成为了游戏的破坏者。

休茨认为，游戏态度是在明晰游戏规则的具体内容后同意遵守游戏规则的意思表示。游戏规则是游戏赖以存在的载体，明晰规则和遵守规则是游戏规则的逻辑延伸，也是游戏获得生命的根本路径。遵守游戏规则的关键点就是要自始至终使用游戏规则允许的方法进行游戏。这里的问题是，游戏规则本身不能自足地排除与游戏不相容的事物，排除与游戏不相容的事物只能放在游戏态度这一要素上。因此，休茨强调任何玩游戏的人必须接受并遵守游戏规则“正因为(just because)”它是游戏得以实现的根本，一旦游戏者不遵守游戏规则，游戏就会被破坏，游戏本身将不复存在。故此，休茨把游戏态度纳入游戏的四大要素之一。把游戏态度纳入游戏构成要素是游戏的本质要求，正如上文所述，游戏不同于生活或工作，人们的习惯会引导人们选择高效的方法去实现某个目的，但游戏不同，游戏是一种自愿克服不必要障碍的尝试，即游戏是在实现目的的过程中设置一些违背生活和工作逻辑的障碍。可见游戏的逻辑与生活和工作逻辑是有很大区别的。正因为此，休茨把游戏的逻辑称为“逆常逻辑(gratuitous logic)”。一般而言，人们会采用相对高效的方法去实现自己的某个目的，因为高效的方法可以增加利益(如缩短工作时间)，它符合人自利(包括利益最大化)的基本特点。人们选择较低效的方法去实现目的通常因为以下情况：一是没有更高效方法可以使用；二是可能得到更多的利益；三是有着特殊的态度。游戏态度属于第三种情况。

既然游戏态度对游戏有着至关重要的意义，游戏态度是接受(遵守)游戏规则的意思表示。这里我们面临两个问题：一是游戏者怎样表达他对游戏规则的接受，换言之，通过什么方式来传达接受游戏规则的意思表示；二是该意思表达是否真实。

休茨在讨论游戏态度时，对这个问题有所阐述并富有启发意义。他在阐明游戏与日常生活活动以及游戏态度的联系时创设了一段对话。史密斯要从 A 地出发前往 C 地，但他不理解他为什么被告知不能经过 B 地，而从 A 地去 C 地经过 B 地是最近的。因此史密斯请求琼斯一起来签订一份请求去抵制这条规定。但是琼斯说他反对抵制这条规定。因为他正在与罗宾逊进行一场比赛，看谁不经过 B 地先从 A 地到达 C 地。在这个案例里，由于琼斯明确表达他要参加比赛，他必须遵守不能经过 B 地的规则，但是史密斯没有参加比赛的意图，所以他反对“不走 B 地这条近道”这个有悖常理的规则。

通常说来，接受游戏规则有两种表达方式，或者说有两种方式表明自己的游戏态度。一种是明确表达，像琼斯那样明言与谁进行比赛；另一种是默示表达，虽然没有明说要参加游戏，但是以实际行动参加了游戏，这实际上是对游戏规则的默许，是一种默示表达，这两种方式都是游戏主体的意思表达。

游戏态度必须是游戏主体的真实意思表示，否则游戏主体不会严肃地对待游戏规则，而真实的意思表示应当来自自由意志。自由意志是一种在不同行为之间进行选择的能力，它与尊重、赞扬、内疚、罪恶等概念以及其他仅适用于自由选择行为的判断紧密相关，还与建议、劝告、故意和禁止等概念紧密相关。通常，只有自由意志选择下的行为才值得可信或者受责。在竞技体育中，参赛（游戏）态度是参赛者的意思表示，参赛对参与者来说是一种自由选择的行为，参与者不会受到任何干预、胁迫或蒙蔽。体育竞技就是一种竞技者在体育规则对双方（或多方）允许（权利）和不允许（义务）的行为中做出约定并严格遵守约定的竞争活动。从这一意义上来说，体育竞技是一种地道的契约性行为。

梅因认为“我们可以说，迄今为止，所有进步社会的进程都是一场从身份到契约的运动。”契约是在两者或两者以上的人进行行为合作的一种文明标识。现代社会的民商事关系主要是契约关系，我们通常把契约称为合同。契约是双方或多方之间的一种安排，这种安排受到法律（规则）的约束，如果一方违背了双方在安排中的约定，违约方将承担一定的处罚。在民商事活动中契约违约方会受到法律的判罚。在体育竞技中，违约方会受到裁判的判罚。从形式来说，契约含有邀约、承诺等要素。通常说来，当人们在完成某项工作（广义）需要他人的合作时，他们之间就会产生一种契约关系，他们通过契约来规定各自应该做什么，不该做什么，即法学中常说的合同中的权利义务。通过契约约定的对象可能是物品，也可能是行为，如服务合同、维修合同。一旦承诺接受合同（契约）就有义务去履行约定的事宜。合同按照不同标准可以分为各种类型，如双边合同与多边合同，财产合同与身份合同，口头合同与书面合同等。其中有一种较为特殊的合同就是格式合同。法律文本中规定：格式合同(条款)是当事人为重复使用而预先拟订并在订立合同时未与对方协商的合同(条款)，学术界有人把格式合同(条款)定义为“一方当事人或者政府部门、社会团体预先拟订或印制成固定格式以供使用的合同(条款)”。体育竞技活动类似于这种格式合同。其中，对某项竞技项目的规则是合同的条款，它规定了参与者在合同履行的过程中(竞技过程中)应该做什么，可以做什么，不可以做什么。如篮球运动中，各方可以运球、传球、可以投篮，但是不可以用推人、拉人或伤害对方的方式来阻止对方进攻等内容。各项体育运动的规则是政府部门(如国家体委)或社会团体(如足协)预先拟制的合同条款。举办体育比赛就是一种合同的邀约，参赛者同意参赛或者以实际行动参加比赛就是一种承诺。此时竞技合同业已成立。各参赛者都有遵守合同(比赛规则)的义务。同意参赛就是游戏态度，就是愿意遵守游戏规则的意思表示。这种意思表示来自意志自由，人在这里表现了很强的主体性，因为每个人根据自己的自由意志心中明白他能否参赛，参赛会给他带来什么风险。参赛是一种自由意志选择的行为，他对该行为负有责任。

体育竞技的目的是对各参赛方的最终成绩进行排序，对位于前列的优胜者进行精神与物质奖励，这明显是一种分配方式。在多个分配对象中选择几个进行分配，这似乎是违背分配正义的“平等”原则，但这种现象在世界各地普遍存在又不遭人反对，这种现象与理论的“悖论”我们可以从以下方面进行理解。

竞技体育中的奖励分配的正当性一方面源自竞技体育参与者的“同意”。正如布坎南先生指出的，分配主体之间达成一致意见是分配正义的核心内容。他认为，利益分配是否正义，取决于在分配前分配主体之间就如何分配是否达成一致同意的契约，即分配规则。体育竞技的正义性就在于它是有着正义规则的比赛，竞技体育中规则的正义来自在竞技参与者的特殊地位受到确认前和比赛开始前该规则得到了所有参赛者的同意。因为，如果有人认为竞赛规则是不正义的，他可以选择不参加比赛，从而避免自己遭受不公正的对待。“如果参赛者对它同意，这个规则就是公正的；

而不是因为规则公正使参赛者同意。”①

另一方面，体育竞技中的奖励分配从分配主体的角度来看，是一种“竞争性的应得”，体育竞技的奖品分配符合“应得”原则。“竞争性应得”意味着一个主体的应得影响其他主体的分享。对竞技参与者来说，奖品的分配集中到少数人之中，形成一种“赢者通吃，败者全无”的现象，这会导致人们对其有着“有失平等”的判断。这种判断的形成始于“结果平等”的标准，实际上，如果使用“结果平等”的标准来检测分配正义，无论是放在竞技体育的场合还是其他一切社会活动的场合，它本身都会造成分配的不公平。分配正义“平等原则”中的“平等”指的是“机会平等”，体育竞技是贯穿着“机会平等”的原则。

机会的本意是“有时间性的有利情况”，它对群体中的个体发展是一种重要的社会资源，在实践中，机会是个体生存与发展的可能性空间。

机会平等是指在面对某种有利条件时，每个个体都有资格利用这种有利条件，并且对该条件的利用不受其他任何人为因素影响和在利用这种条件的时候个体之间不存在先后顺序。机会平等有时也称为机会均等，简单说来，就是有着相同资格的个体不会因为外在的客观因素而导致某种机会的缺失，这是实现社会正义的一种理想状态。机会平等的准则与理念是人类发展、社会正义的一种重要的价值取向。机会平等原则以群体中的个体为出发点，力图消除个体先天禀赋和道德运气中的不平等因素，为个体提供一种平等竞争的环境。机会平等原则旨在为个体提供有效的发展空间和更高的发展期望。是实现人尽其才，推动社会发展的重要途径。

机会平等原则有着正义的蕴含：①起点的平等。“在社会的所有部分，对每个具有相似动机和禀赋的人来说，都应当有大致平等的教育和成就前景。那些具有同样能力和志向的人的期望，不应当受到他们的社会出身的

---

① 詹姆斯·M.布坎南. 自由、市场和国家——80年代的政治经济学[M]. 北京：北京经济学院出版社，1988：127.

影响。"[①]②机会实现过程的平等。起点平等只是一种形式上的平等，机会实现过程的平等却是一种实际上的平等。实现过程的平等要求妨碍某些人发展的一切人为障碍都应当予以排除；要求任何个人所拥有的特权都应当被取消；要求国家为改进人们现有状况而采取的措施应当同等地适用于每个人。[②] ③尊重个体发展潜力方面的差异。因各种各样因素的影响，人们在自然禀赋、社会环境等方面存总存在着这样那样先天性的差异。如地理位置方面的城乡，城市与城市的差异，人种之间的差异，社会制度的差异，经验的差异，兴趣的差异等。在机会平等面前，尽管这些差异存在，但是这些差异不能成为他们利用机会的障碍。

当我们以机会平等的原则来审视体育竞技时，我们发现体育竞技与机会平等原则有着高度的吻合。机会平等强调起点平等和过程平等，在体育竞技的短跑运动中，大家都是"站在同一起跑线"上。"站在同一起跑线上"原本是竞技体育中的专业术语，如今被广泛用于日常生活与工作场所中，这充分证明体育竞技对起点公平有着具体要求。正是竞技体育对起点公平的要求严格和规范，它的"站在同一起跑线上"这一"行话"才成为起点公平的经典表达并被流传到日常生活中。体育竞技中有场上裁判员自始至终对竞技活动进行监视和评判，其目的就是要保证整个过程中各竞技者之间的平等。机会平等原则还要求尊重个体发展潜力方面的差异，这在体育竞技中就更为明显了，因为体育竞技最终就是要比出参赛者之间的差异，如果不尊重他们彼此间的差异，那体育竞技就没有存在的必要了。

综上所述，竞技体育中分配的正当性来自竞技者对体育规则的"同意"，体育竞技是自我履行关系性契约的过程，它的分配方式符合契约正义；同时，体育竞技贯穿着机会平等的正义原则，无论是起点平等还是过程平等，在体育竞技中都得到很好的维护。

---

① 约翰·罗尔斯. 正义论[M]. 何怀宏，译. 北京：中国社会科学出版社，1988：69.

② 弗里德里希·哈耶克[M]. 邓正来，译. 北京：三联书店，1997：111.

2. 竞技体育实现了"应得"的分配正义

所谓"应得"，是指主体的"努力"[①]与"所得"之间的一种对应关系。如果所得与努力是对应的，则该分配是正义的，否则就是不正义的。这里的"对应"建立在一定的原则、规则之上，竞技体育中的分配物(奖品)分配是建立在规则之上的。一般情况下，体育竞技只奖励优胜者，分配物只按比例分配给最终成绩排名的前几位，而不是"见者有份"的"普及式"分配。这种分配方式的采用有着体育竞技的内在理性。

对具体的体育竞技与其奖品分配进行考察的最好的方法是考察该竞技项目的潜在意义或目的，换言之，我们要考察某项活动或事物是否合理，我们需要考察该事物或活动所带来利益的社会意义。只有深入考察事物给社会增添的利益的社会意义，我们才能判断该事物的分配机制是否合理。

举办一项竞技活动有着许多理由，也就是说，我们有着一系列的理由来支持举办某项竞技运动。这里的理由中隐含着一定的人的理性，乔纳森·沃尔夫在他的论文《竞争伦理》中列举了一个名单，虽然它没有具体列出体育竞技的详细内容，但是对于研究体育竞技有着重要参考意义。[②] 沃尔夫在该名单中提出了一种理论叫"活动的边带效应"。人们参与竞争活动是为了获得竞争所带来的外部效应。那么什么原则对这种理性是合适的呢？对这个问题回答的困难之处在于每项活动的边带理性本身是多种多样的。在体育竞技中，人们有着像儿童踢毽子和热身跑之类的比赛等"软竞技"活动。在这些活动中，人们组织和参与获得的目的可能只是分享糖果和一起打发美好时光。在这些竞技活动中，平等是支持活动的理性。在这种"软竞技"活动中，"边带效应"有着一定的利他性。如某个人为了打发时间，他拿出家中的一些糖果，叫上几个小孩来踢毽子或跑步比赛，对踢

---

① 这里的"努力"是广义上的理解，包含着"付出、业绩、贡献"等内容。

② Wolff J. The Ethics of Competition. [M]//Parry G, Qureshi A, Steiner H. Freedom and Trade, Volume Three: The Legal and Moral Aspects of International Trade. London: Routledge, 1998: 90.

得最多或跑得最快的奖励最多的糖果。这里的竞技活动的“举办方”的行为是利他的，因为在整个活动中，举办方没有谋取自己的经济利益（仅限于经济利益，如果从广义上来讲，他获得了一定的利益，因为他从小孩的比赛中获得快乐感。）在职业竞技运动中，我们也能看到“活动边带效应”理性。在这里的边带效应中，我们较少看到它的利他性。例如，网球的主管部门在世界各地举办越来越多的比赛，其目的就是使网球运动在国际上产生越来越大的影响，以致让更多的人爱好网球并参与网球运动，参加比赛或观看比赛。举办方当然明白，网球的竞赛质量越高，人们的兴趣就越大，参与和观看网球运动的人就会越多，人越多，举办方通过电视或网络传播所获得的收入就越多。成功举办每场比赛带来越来越多的利益，这些利益又会通过竞赛奖品的设置使得竞赛中的优胜者分享。关键的问题是，奖品的设置需要实现这些目的：最好的运动员要对该项比赛有参赛兴趣；每个参赛者都以最好的状态参加比赛。这样整个比赛就会给观众带来最大的愉悦感，人们才会慷慨地往赛场“砸”钱。因此，职业体育竞技有着内在的强大动力使得体育比赛在世界范围内经久不息。而所有这些都是提升体育运动水平和利用“边带效应”赚钱的重要工具。

那么推动人们参与网球比赛和观看网球比赛的内在机制是什么？什么能够维持这项运动的生命活力？正是比赛奖品的设置，或者说正是体育竞技的分配正义机制。事实上，我们前文提到的“赢者通吃，败者全无”的体育竞技分配模式是不真实的，体育竞技很少，几乎没有“赢者通吃”的情况，即使是“赢者通吃”，“赢者”在体育竞技中也不是唯一的，而是分层的。体育竞技的奖品分配是分层（分级）的，不同层次有着不同的奖品价值。这种分层主要表现为一等奖、二等奖和三等奖及其他奖。这种奖品的分配（发放）严格按照词典似的序列进行。奖品逐级设置的增额可以有效激励所有参赛者竭尽所能地参加比赛，以期在最终的成绩排名中进入前三名，力争第一名。

所有的体育竞技的主办方都会采用分级奖励制，而不是“赢者通吃”的分配方式来开展体育竞技。这种分配方式考虑到了投资的边际效益问题。

例如，在足球运动中，足球的主管方为了维持足球的职业化状态，它必须向足球俱乐部提供利益，同理，俱乐部必须向俱乐部的老板或股东提供利益。一方面在长期的运行过程中，“赢者通吃”的奖品结构不可能成为足球俱乐部的所有利益，或者说只设置一个奖项对足球运动的激励是不可持续的。另一方面，对所有参赛者都进行奖励也是不可取的，因为全员奖励不能促使所有参赛者奋力拼搏，奖品设置在调动参赛者竞赛积极性上激励作用太弱。

举办体育竞技的第二种理性是“活动强化”。为了获奖而参加某项活动的竞争对活动本身来说是富有价值的。我们可以从英国的射箭运动的发展来分析这种理性。射箭是英国伊丽莎白时期(1558—1603年)最流行的消遣方式，它在社会的各个阶层有着众多的参与者。而射箭的训练对国家来说有着极其重要的意义，它意味着国家在战时可以召集普通民众参加战争，而懂得箭术的民众无疑有着更强的战斗力。在全国或在一定的社会范围举办射箭比赛以提高民众的射箭技能是一种强化射箭运动的有效方法，因此英国曾通过法律来要求人们参加射箭运动。①

举办体育竞技的第三种理性是沃尔夫所说的实现“加权彩票”。竞争是一种安排，在这种安排中，在一定水平上发挥最好的人的某些内在特质将会获得稀有资源的奖赏。② 在体育竞技这种分配稀缺资源的方式中，它不同于全靠运气的“纯粹彩票”。在普通的彩票中奖中，获奖者全靠运气，但在体育竞技中，运气是极小的影响因素。因为人的内在品质和努力程度才是关键因素。罗兰德在他的《体育与正义》中解释说：体育竞技的显明目的就是根据运动员的表现对他们进行测量、比较和排序。③ 这是对词典式排序原则和成绩比例原则的理论支持。

---

① Singman J L. Daily Life in Elizabethan England[M]. London: Greenwood. 1995: 155.

② Wolff J. The ethics of competition[M]//Parry G, Qureshi A, Steiner H. Freedom and Trade, Volume Three: The Legal and Moral Aspects of International Trade. London: Routledge, 1998: 90.

③ Loland S. Justice in sport: An Ideal and Its Interpretations[J]. Sport, Ethics and Philosophy, 2007(1): 78-95.

举办体育竞技活动的第四种理性是实现或提升“纯粹竞争”。竞争行为本身就是可欲的，它将一种本身无价值的活动变成了有价值的活动。[①] 如果举办体育竞技活动仅仅为了竞争，我们就会对什么原则可以指导体育竞技的奖品设置产生审视。当然，我们对该原则最能反映和推进体育精神是要加以重点考察的，这些原则是否与不同时间不同的社会意义有关？伴随着一定的社会意义，人们总是有意或无意地参加或合作参加体育竞技。而那些社会意义与他们文化中的核心观念（价值、信仰、传统等）紧密相连，也与他们在社会地位中的某些希望和分配理想相关，体育竞技关涉到社会正义中的“应得”原则。

竞技体育中的分配方式遵循了一种应得原则，这种应得原则有着一定的历史渊源和理论基础。人类学和历史学分析表明，竞技体育的起源主要有两种观点。一种是古典时代起源说，一种是近代起源说。古典时代起源说认为，竞技体育的起源可以追溯到古希腊时期。作为一种普遍现象的体育起源于古希腊的一种青年教育方式。近代起源说认为，体育的产生与近代工业社会密切相关，它缘起于 19 世纪欧洲贵族尤其是英国上流社会的休闲活动。后来为调和两者之间的纷争，有了一种折中的观点，这种观点认为，古代社会尤其是古希腊已经存在竞技体育，它与现代体育是同源的，但是彼此之间存在差异。[②] 无论是哪种起源说，体育竞技都是对优胜者进行奖励的这种分配方式是相同的。近代起源说的竞技体育尽管在历史、经济和社会基础上与古代体育有诸多不同，但是它并没有改变“奖励优胜者”的这种分配方式。而这种分配方式与古希腊哲学、古希腊的城邦制度以及古希腊的竞技运动有着千丝万缕的联系。

作为当代竞技运动最高形式的奥林匹克运动会就起源于古希腊，现代奥林匹克运动虽然在项目较古希腊奥林匹克运动要丰富得多，但它是对古

① Wolff J. The Ethics of Competition［M］//Parry G, Qureshi A, Steiner H Freedom and Trade, Volume Three: The Legal and Moral Aspects of International Trade. London: Routledge, 1998: 90.

② 高强. 西方体育起源之争与身体维度解析［J］. 体育学刊, 20109（12）: 25.

代奥林匹克运动的复兴。古代奥林匹克运动诞生于古希腊不是偶然的，它与古希腊的城邦制度，古希腊人崇尚勇敢、正义、卓越等美德，与古希腊人的德性生活观是分不开的。古希腊影响世界的几位哲学巨人苏格拉底、柏拉图和亚里士多德不仅在古希腊哲学发展史上举足轻重，还是古希腊奥林匹克运动的参与者。柏拉图在论证城邦的著作《理想国》中对社会各阶层的德性进行论述，柏拉图认为，人主要有四种德性：智慧、勇敢、节制和正义。一个正义的人需要达到智慧、勇敢和节制的协调与统一。理想的城邦也像人一样达到万众一心的“善的状态”。在这种状态中，每个人应得做与他的德性相匹配的事，即在社会中充当与其德性相匹配的角色。热爱智慧的人成为城邦的领导阶层；崇尚勇敢的人形成军人阶层；需要以节制约束低级欲望的人从事农、工、商业活动。[①] 各个阶层应得的角色与其德性相对应。每个人在社会中的应得在这里已经有了一定意义的阐发。亚里士多德认为，每种研究与技艺，人的每种选择与实践都是以某种善为目的[②]。而善与德性之间有着密切联系，在亚里士多德的思想里，“自然德性”是一种卓越，如鸟的德性是“飞得好”，马的德性是“跑得快”。这表明：在古希腊，某物或某人根据其自身角色表现出必需的技巧是一种“善”。因此，作为运动员，他的德性就是跑得快，跳得远(或高)，举得重等。在运动场上把德性发挥到最好状态的人是优秀的。在众多优秀者之中表现最好的是优胜者。优胜的成就是优秀的成就通过一个有奖竞赛获得的。在公平的条件下，最优秀的竞赛者总会成为胜利者(优胜者)，他将获得奖励，这种奖励高于一切荣誉，它是优胜者的德性应当配得的结果。古希腊的这种有奖竞赛在整个公元前 5 世纪到 4 世纪的各领域都处于中心地位。它保留在各种奥林匹克运动会中，保留在各种政治论战中，保留在法庭的审判中，保留在各种哲学争论中，并且被制度化。[③]

---

① 宋希仁. 西方伦理思想史[M]. 北京：中国人民大学出版社，2005：43.

② 亚里士多德. 尼各马可伦理学[M]. 廖申白，译. 北京：商务印书馆，2008：3.

③ 基托. 希腊人[M]. 徐卫翔，等译. 上海：上海世纪出版集团，2006：166.

在古希腊，德性发挥到最好就是卓越，“卓越”在古希腊语中叫阿瑞特(arete)，阿瑞特被用于古希腊的所有领域中。“阿瑞特”的观念要求人应该是整体的人，要求人不仅要有强健的体魄，还要有英雄般的勇敢，更要有正义感的灵魂。所以古希腊人认为，人的身体锻炼是人的教育的一个重要组成部分；身体锻炼并不是只对躯体的一种锤炼，而是对人整体的一种锻炼，是对躯体和心智的整体锻炼。由于对身体锻炼的普遍性，希腊人对赛会的参与达到了一种近乎狂热的地步。古希腊人的赛会有着多重意义，赛会是激发和展示人类“阿瑞特”的最好方式，又是对死去英雄进行纪念的最好形式；更是对神有意义的供奉仪式。因此，就城邦而言，拥有体育场就像拥有剧场或军舰一样是件自然且重要的事情。① 卓越是最好的优秀，是一种亚里士多德的“德性”。人的德性和优秀是内在的、隐性的，一个人的“优秀”要通过他的行为表现出来才能为人所知，古希腊人通常用参与运动会来表现自己的优秀。经过公平竞赛这道程序，胜出者成为了优胜者，优胜者是与荣誉和报答联系在一起的，给优胜者以报答和荣誉是实现古希腊柏拉图和亚里士多德等思想中“应得”的正义。古希腊的报答是人们对精神利益和物质利益的一种分配。在古希腊，大赛中优胜者是真正的英雄，政府将授予他用野橄榄枝做成的王冠，同时，在他的余生里，可以在市政厅用餐。根据古希腊城邦的相关规定，只有战斗英雄才可以一直在市政厅用餐，可见当时的体育优胜者在古希腊与战斗英雄具有同样的崇高地位。

通过体育竞技获得奖品和荣誉实现了“得所应得”的分配正义包含了两个维度。以“第一个冲过终点者是冠军”为例，一方面，“第一个冲过终点者是冠军”意味着：跑得最快的那个人应当被授予冠军称号，应当获得冠军的奖赏。从分配的角度来看，它应当得到冠军应该拥有的那份利益与荣誉。跑得第二快或第三快的人不应授予冠军称号，也不应该获得冠军应得的利益，而是能获得亚军或季军的荣誉称号和与其对应的利益。这种优

① 基托. 希腊人[M]. 徐卫翔，等译. 上海：上海世纪出版集团，2006：167.

胜者理应获得的荣誉与报答，是一种实体正义。另一方面，要使跑得最快的人第一个冲过终点，就要防止其他人在赛跑的过程中都必须跑过同样的距离以及所有人在同一时刻出发。如果有人抢跑或者只跑一半的距离，跑得最快的人也不一定第一个冲过终点。抢跑者第一个冲过终点，尽管形式上他是冠军，但他不是跑得最快的，他得到的冠军荣誉对他来说是得到了不应得的东西，这违背了分配正义的原则。具体而言，他违背了程序正义，正义的程序是不允许抢跑者获得冠军称号的。“得所应得”是程序正义与实体正义的统一。要实现应得的分配正义，程序正义是必不可少的。事实上，对竞技体育而言，分配正义相对简单，体育竞技对正义的贡献更多地体现在它的程序正义方面。

第二节　竞技正义中的程序正义

作为游戏的体育竞技，它在开展时总有个游戏过程。对体育竞技而言，竞技的过程至关重要，因为过程的公平与否一方面决定着该过程能够得以持续(例如在竞技过程中如果有太多的违背规则的行为出现，整个游戏可能会被迫停止)。另一方面，过程的公平与否决定了结果的公正与否。体育竞技的过程是竞技体育的主体部分和主要内容，体育竞技的结果是竞技过程的一种自然结束状态。离开过程，竞技体育就不复存在。因此可以说，体育竞技过程比结果更为重要。竞技体育的这种逻辑与其他社会生活是一样的，事实上，在各种各样的社会生活中，当人们希望某一事物形成一定的状态或结果时，该事物总要经历一个活动过程，人们对事物经历的那个过程施加影响或予以控制，以便使事物朝向人们期待的方向或结果前进。这种由人们设计和调控的过程就是我们通常所说的程序。表现看来，程序似乎是一种形式，如表现为一种仪式或表现为几个步骤。其实程序远不是纯粹的形式，它是事物矛盾的交汇点，事物的冲突需要在程序得以化解，否则，程序就会失去其自身的价值。在程序中，自由与机会紧密相连，正义与效率密切结合。程序是实现社会正义的重要途径，程序模式有着重要意义，因为程序模式承载着制度分配和实现社会基本权利和义务的方式、过程和结果，它决定着程序的分离与合作而产生利益的划定。当程序的设计、运行符合正义要求时，程序运行会产生正义的结果，否则，不但不能产生正义的结果，程序本身也存在违背正义的风险。体育竞技就是一个精致化了的程序，是一个典型的社会活动过程，通过体育竞技这个程序来产生体育优胜者，然后对优胜者进行奖励，完成竞技体育中的社会财富分配，实现分配正义。竞技体育若脱离了正义的程序，就会出现跑得最快，跳得最高的人不是冠军的现象，“假球”“黑哨”等行为就是对正常程序的破坏，是对程序正义的践踏，它们会导致极大的社会不公与社会焦虑。

一、程序正义基本内涵和内在要求

一般说来，程序是指“按时间先后或依次安排的工作步骤”，简言之是“事情进行的先后次序”。程序含有“步骤”“手续”“方式”“程式”等意义。从广义上说来，机械操作程序、电脑程序、人们工作与办事的顺序都是一般意义上的程序。与“程序”相对应的英文是 process，它有“过程、进程”的意思。从程序指向的事物的性质来看，程序可以分成自然(客观)程序和社会(主观)程序。自然程序是指不以人的主观意志为转移的自然过程或自然规律；社会程序是指由社会主体根据自身的需要依照事物发展规律所设计的程序。[①] 通常说来，人们所指的程序都是社会程序，即主观程序。这里的主观程序是相对于客观的自然规律而言的，它由社会主体意志和事物的客观规律构成。当主体不考虑事物的客观规律而随意或任意设置程序，程序将得不到正常运行或者由程序而产生的结果会违背主体设计程序时的预期。所以，程序本身是按照一定的顺序、步骤和程式制作决定的过程。程序是一定的权威组织在有关当事人的参加下解决问题的活动，程序过程

① 赵旭东．程序正义概念与标准的再认识[J]．法律科学，2003(6)：89.

表现为一定社会的权威组织、当事人及其他有关人员的行为组合。程序广泛存在于各种社会活动中，会议有会议程序，审判有审判程序，比赛有比赛程序。

程序正义源于法律格言："正义不仅应得到实现，而且要以人们看得见的方式得以实现。"(Justice must not only be done, but must be seen to be done.)所谓"看得见的正义"是相对于抽象的"正义"观念和价值而言的。"看得见"的是产生正义的方式、过程与措施，实质上就是指裁判过程的公平，也就是法学中的常见范畴"程序正义"。程序正义作为一种价值观念，最早出现在13世纪的英国普通法中，后在美国得到前所未有的发展。程序正义在英国早期表达为"自然正义"，在美国表述为"正当程序"。程序正义开始被使用在法律领域，尤其是审判领域，后来逐渐渗透到社会各个领域，美国伦理学家罗尔斯更是对其进行具体论述并把它运用用到社会结构中，主张按照纯粹的程序正义观念来设计社会系统。

罗尔斯提出三种程序以保障产生正义的结果。首先是不完善的程序正义。不完善的程序正义是指某项活动目的有着明确的、独立的标准，但是没有与之相适应且保障该目的出现的程序。刑事审判就是这方面一个极好的例子。建立司法体系的目的就是要让罪犯受到应有的处罚，让无辜者免收处罚。事实上，在正义的处罚与违法(犯罪)行为之间有着分析性联系。人们无法设计出一种理想的程序来确保上述目的的实现。有时候一些有罪之人却逍遥法外，有时候一些无辜者却遭受了惩罚。不完善的程序正义在体育竞技中明显不起作用，因为人们希望比赛的结果是公平地产生的，并且是正义的。

完善的程序正义不仅对结果的公平评价有独立的标准，还有相应的程序来保障实现意欲获得的结果。例如，我们有几个人来分一个饼，我们的标准是每个人都能平等地得到最大的一块。为实现这个目的，我们可以使用这样一种方法：把饼切成等分的那个人自己最后选择。这种强迫切饼者最后选择饼的方法就是一个能够保证原来"每个人都能平等地得到最大的一块"这一目的的程序。在实践中，这种完善的程序正义在体育竞技中也很难出现。因为体育竞技的结果是不能事先知晓或确定的，我们也不能在体育竞技中给与参与者平均(平等)的奖励，这也不是竞技体育中正义所要保护的那种平等。在竞技体育中，我们是在设法证明运动员能力的不一样，体育竞技只是我们用来检测这种“不一样”的工具。我们需要通过运动员在竞技中的优秀、次优等级别对他们进行辨识，换言之，双方或各方都很优秀，但是我们要根据竞技的水平对各自优秀的程度进行区分。

最后是纯粹的程序正义。纯粹的程序正义是指对合理的结果来说没有独立的标准，但是我们有着有效的程序来保障我们期待的结果出现。如在竞技比赛中，我们事先并不知道在体育竞技中谁会胜出，公平的理念要求我们设计某种程序(系统)来确保，至少是尽可能地保证比赛的结果是它应当出现的那种。在竞技体育中，程序往往是通过正式或非正式的方式予以确定从而保障公平的结果。这种程序与体育竞技的内在事物相关联。在竞技体育中往往设置了某些官员来管理外部规则和运动员的分配、召集训练和制定规则等事务。在一些不重要的比赛中，竞技者经常签订不正式的程序性契约。这样做的目的就是为了使比赛有个保障程序。在内在规则和外在规则(无论是正式规则还是非正式规则)被遵守的情况下，体育竞技的结果应当是公正的，至少不是不公正的。①

程序正义具有双层含义，一是通过程序的设置，可以保障正义的结果出现，对正义而言，程序具有工具性价值是指程序在实现实体正义的时候，程序承载的价值目的的有用性和有效性。程序的工具性价值取决于程序能否形成符合秩序、安全、正义等价值的决定或结果；二是程序本身具有正当性。程序的正当性是指程序自身所具有的内在品质，或者指程序自身所具有的伦理价值或者道德上的“善”。程序的正当性也叫程序的正义性或公正性。程序的公正性要得以实现，程序自身的内在优秀品质需要得到充分的提高，那样才能使得形成决定的整个过程符合一些“看得见”的标准。因此，程序正义的实现至少需要满足两个条件：一是程序规范的严格

① 罗尔斯. 正义论[M]. 何怀宏，何包钢，廖申白，译.北京：中国社会科学出版社，1988：84-90.

遵守。程序规范是社会主体在设计程序时的规定，社会主体通常是以规则来构建程序模式。程序模式与规则一起构成程序规范，程序规范必须得到遵守，否则程序本身就会遭到破坏，程序就会失去存在的意义，正义的保障功能就无从谈起。二是主体的评价。主体评价包括程序主体的评价和其他社会成员的评价。主体对程序的参与性是程序正义的重要原则，没有主体参与的程序是空洞的程序，主体应当有机会参与程序或表达意见。程序最终要能取得一定的社会效果，那样才能得到长期的维持和存在。

程序正义是程序所具有的内在价值，保证实体正义得以实现是程序正义的根本目标，要实现这一目标，程序正义的实现对程序本身必然有着内在要求，总体说来，程序应当具有科学性、平等性、中立性、公开性等特点。

程序的科学性是指程序的设计和设置必须合理。程序的合理性体现在两个方面。一是程序的设计符合事物的客观规律，违背事物客观规律的程序不仅不能获得正义的结果，程序自身的运行都存在困难。如审判程序中不能要求死者作证；在体育比赛中不能让裁判员充当运动员。二是程序的设计符合人们的正常心理预期。心理学研究表明：人们面对组织对自己做出的某种有着不利影响的后果或决定时，如果不能及时了解裁决的依据、理由和程序的进程时，就会产生一种遭到不公正对待的心理，从而在心理上对裁决有不信任感。这样程序会受到主体的质疑，主体的负面评价会使程序失去正当性的基础。只有合理的程序才能产生合理的裁判，正如生产车间的磨具，磨具不规范，不能期待产品的规范，科学的程序设计是产生正义结果的必要条件。

程序的中立性指程序中的裁判者能有效地监视程序的有序进行，若程序涉及的当事方之间发生争议时，裁判者在各方之间应保持中立，以一种超然的态度处于当事方之间的争议，不对其中任何一方进行偏袒或歧视。裁判的中立性是程序有效运行的前提，也是保障裁决结果的基础。美国学者亨利·卢本斯认为，“在法官做出判决的瞬间，被别的观念或者被任何形式的外部权势或压力所控制或影响，法官就不复存在了。宣布决定的法官，其做出的决定哪怕是受到其他意志的微小影响，他也不是法官。”中立性要求裁判者与争议事实之间没有任何利益关联性，任何人不能裁决与自己利益有关的事件。

程序的平等性是指程序中的裁判者对涉及程序的当事方应当平等对待，不能因性别、肤色、年龄、文化程度、民族、种族、社会地位等原因使其受到不公平对待甚至歧视。规则面前人人平等，不得操纵程序，违背规则做出有偏见的裁决。

程序的公开性是指程序的模式、规则、方法、步骤、标准应当向当事方公开，让当事方知晓，甚至要向全社会公开。程序应具有透明性，程序的透明性既可以增强裁判者的公正心和责任感，也可以使裁判的行为受到当事方或公众的监督。如果正义的规则没有被裁判员予以公正的适用，那么公众的反应会形成一种舆论压力，公众的监督往往能纠正那种非正义。透明性还会有助于当事方去理解他得到或没有得到待裁决的利益的原因。这样，即使他对程序运行的结果不满意，他也能理解该结果的合理性，从而接受裁决结果。

二、竞技体育对程序正义的实践

体育竞技作为一种社会性竞争活动，参与者在竞技过程中对结果都不得而知，竞技结果是根据竞赛规程运行的自然状态。这种“自然状态”如果要得到竞技者和观众的认可，它必须具有正义性。体育竞技是在体育主管方的组织下，按照竞技项目的规则，由裁判员、运动员、体育官员和观众共同参与的一种集体性活动，体育竞技表现为体育组织、裁判员、运动员和观众的行为组合，这一组合与组合的行为构成了一个完整的竞赛程序。体育竞技的结果是要对竞技者按照他们的成绩进行最后的排序，并对优胜者进行奖励(财富和荣誉分配)。要在体育竞技中实现分配正义，务必使整个竞技过程处于程序正义的状态，俗言之，就是整个比赛要做到公开、公平和公正。

体育竞技的程序是否具有正当性，我们可以以程序的正义标准对其加以考察。体育竞技的程序符合程序正义的科学、中立、平等和公开原则，体育竞技蕴含着纯粹的程序正义内涵，是人类竞争活动中的一种程序式典范。

第一，体育竞技程序的科学性。科学性是程序的首要标准，科学性是程序的基础，一种不科学的程序可能无法得以有效执行，也可能造成事与愿违的结果。程序正当性与程序的科学性具有兼容性，科学性是正当性的一种具体表现。设计不科学的事物可能因为某种缺陷而使其失却了正当性，如当前的汽车是人们生活的必需品，而城市又是人们集中居住的地方，城市的规模巨大无比，车辆数量庞大，因此在城市中心地带或人类密集的地方设置加油站有利于居民的生活。但是加油站会给民众的生活构成巨大的安全隐患，所以在城市中心或人口密集地区设置加油站是不科学的，城市中心的加油站因为安全隐患而丧失了存在的正当性。程序正当性的另一个要件是主体的评价，一种长期受到主体的负面评价的程序的生命是不长久的，反之亦然，生命长久的程序是经得起评价的，它能得到主体的认可和维护。程序的生命力的强盛也是其科学性的一种实践证明。从实践上看，程序的存在是有着工具性价值的，人们设计某种程序是因为该程序可以实现人们期待的某种结果，程序往往因某种争议或问题的解决而产生，如司法程序是为了公平解决人们之间的权利与义务关系，确定财产的归属等，目的是定纷止争。日常生活中的排队是一种最简单的程序，这种程序的诞生是为了确定优先权，以一种先来后到的方式确定个人行为的先后顺序，最终实现某个场所中的良好秩序。工具性的程序想要运行长久，不被变革或淘汰，它就不仅要具有效用性，即满足人们的某种需要，还要具有效率性。程序的效率性要求在程序运行的有限时间内可以获得预期的结果。如果某种程序尽管能够满足人们的某种需求，但程序的运行却遥遥无期，它将被人们认为是不科学的。程序的科学性还体现在程序模式的结构的合理性，如参与程序的主体是否全面，程序运行的步骤是否合理简单，程序运行时各主体的行为是否充分等。当我们按照上述要求细细打量体育竞技这一程序时，我们会惊奇地发现体育竞技完全符合上述要求，在某些方面还更加完善。

首先，体育竞技符合人类发展的宏观规律，人类是一个发展的物种，与其他生物一样，总是沿着一条从简单到复杂，从低级向高级的道路往前走。从原始初民到现代人类的演进过程中，人的身体在各个方面都有了很大的改进。人类的器官功能增强了，人类的智力提高了。但在科技越来越发展的近现代，人类的体力劳动大大弱化了，人类的身体能力在逐渐下降，体育是阻止人类身体能力下降的最好方式。体育竞技以一种“更高、更快、更强”的理念来促进人类在身体技能方面的提高。适度合理的竞争是富有创造性的，适度合理的身体竞争是符合人的发展规律的。

其次，体育竞技从有史料记载的古希腊竞技运动以来，它已经经历几千年的考验，经历了无数次的口诛笔伐和评头论足，但实践证明体育竞技这一程序是经得起时间考验的，它有着强大的生命力，体育竞技的长盛不衰无疑是其科学性的有力证明。

再次，在效率性方面，体育竞技也可以说是一种活动程序的典范。世界上最复杂、最庞大的体育竞技运动莫过于四年一度的奥林匹克运动会了。近年来每次奥运会，参赛的国家和地区多达200来个，比赛项目多达几百项，但都在一定的时间内顺利完成。在最近的2016年里约热内卢奥运会中，全世界参加比赛的国家和地区多达207个，比赛设有28个大项，306个小项，在短短的半个月左右的时间内，所有项目比赛完毕，比赛前后还有开幕式和闭幕式，几百块奖品要公平地分配到优胜者手中，其效率之高，几乎达到了令人惊奇的地步。

最后，体育竞技的程序本身结构具有合理性，在体育竞技中，不仅竞争主体各方运动员在场，裁判员、体育官员在场，大量的观众也在场，与结构严谨的法律程序相比，体育竞技毫不逊色。与此同时，体育竞技中竞赛规程的安排、比赛赛制、运动员和裁判员分组、裁判员人数的确定、评分标准等各个方面都有相应的规则。到当前为止，体育竞技可以说是人类一切竞争活动中最完善的程序，它应成为人类政治、经济、文化、社会等领域的竞争模式的典范，体育竞技对它们有着重要的借鉴意义。

第二，体育竞技程序的中立性。中立通常指利益争议方之外的第三方在调解、斡旋、调停或裁决中对任何一方都应持有的不偏袒的态度。程序中要使第三方保持中立的前提是其与争议各方没有任何利益关联，这种利益关联应从广义上予以理解，既包含经济利益，也包含亲属关系、民族关系、地域关系、国家关系以及个人交情等诸多方面。当然人与人的关系千丝万缕，完全杜绝一切关系无法做到，但是应当做到最大可能地排除第三方与争议方之间的利益关联。在程序的实践中应当有排除该种关联的具体措施，将各种主观的关系通过客观手段来进行切断或阻隔。在法律程序中，人们通常采用“回避制”来实现这一目的，法院往往采用主动申请回避或组织上的决定来避开有利益关联的法官参加案件的审理，以避免法官的自由心证受到利益的干扰而最终做出不公正的判决。比起这种方法，体育竞技在裁判员的中立上的相关措施更加完备。体育竞技中裁判员的中立至少体现在三个环节上。

首先，参加体育竞技开幕式上有一个宣誓仪式，在仪式进程中通常有一名裁判员代表当众宣誓，在誓言中，裁判员要明确地向运动员和观众表达自己的中立态度和根本立场。裁判员的誓词通常含有“严格执行竞赛规则，坚持‘公平、公正、公开’的原则，独立行使竞赛执裁权，坚决抵制任何组织或个人影响或改变正常的竞赛结果的要求，尊重参赛选手，严格执裁、确保竞赛顺利进行”等内容。国际奥委会1913年通过了奥运会运动员和裁判员的誓词，国际奥委会的裁判员誓词为“我代表全体裁判员和工作人员承诺，我们在本届奥运会上，将以真正的体育精神尊重和遵守奥运会一切规则，公正无私地履行自己的职责（In the name of all the judges and officials, I promise that we shall officiate in these Olympic Games with complete impartiality, respecting and abiding by the rules which govern them in the true spirit of sportsmanship）”。两段誓词中都有“公正”或“公正无私”的字眼，它们表达了裁判员的中立立场。仪式是人类借助神秘力量来约束自己内心活动的一种方式，仪式会赋予仪式参与者一种精神力量去执行仪式中的承诺。

其次，体育竞技中裁判员也采用了回避制，即有利益关联的裁判员不得参与利益相关方的比赛裁判工作。这种回避主要考虑地域因素，还要考虑其他的关联因素。如在“世界杯”足球赛中对裁判员的安排就有这样的规定：当值主裁判员不得与参赛双方的球队来自同一大洲，裁判员所在国家也不应与参赛国家有过多渊源，如阿根廷和英国之间的那种历史关系。以前在“世界杯”足球赛中 3 名裁判员都由裁判委员会来指定，指定原则之一就是回避制。后来为利于裁判员之间的默契配合，减少错判与漏判，只指定了主裁判员，再由主裁判员自己去选择两名助理裁判。在回避制的基础上，为促使裁判员保持中立，国际足联通常还设有金哨奖(优秀裁判员奖)，在比赛结束后的颁奖典礼进行颁发，以表扬那些在比赛中严格保持中立和执法有度的裁判员，这样做的目的就是保持裁判员在执法过程中的中立性。美国 NBA 金哨奖的评定依据之一是“运动员和观众对哪个裁判员的投诉最少”，裁判员最容易被投诉的是裁判员在执法过程中的“厚此薄彼”的不中立行为。因此，对裁判员金哨奖的设立也是促使裁判员保持中立的有效措施之一。

再次，由于体育竞技都是公开进行，场上的观众对裁判员的中立有很强的监督作用，如果裁判员有着可以辨识的“倒边(不中立)”行为时，观众会出现呐喊或骚动现象，以表达对裁判员判罚不公的抗议。这种当场的、公开的抗议是对裁判员的执法行为的否定，是对裁判员裁判形象最大的毁损，它能有效地遏制裁判员的“倒边”行为，使裁判员尽快回复到中立的状态。与法律程序相比，体育竞技中观众对裁判员的监督力度要比法律程序中旁听席上的听众对法官的监督力度要强大得多。因此，体育竞技中观众对裁判员的监督比旁听者对法官的监督要有效得多。体育竞技中的观众是自由的，同时他们对裁判员的不公正裁判的抗议是能引起共鸣的。法律程序中旁听者可能经常被法官对法庭秩序的强调而不敢发声。还有，法律程序中的审判有着“玄奥”的法律内容，专业性太强，观众也很难侦破出法官的偏袒行为，而体育竞技中裁判员的裁判是简单的、直接的，观众一目了然。更值得一提的是，许多时候，在法律程序中判决结果不会当场宣布，当事人和旁听者不能通过结果来辨析法官的执法是否公允。当在其他时间知晓结果后，已经失去了监督法官的机会。而体育竞技中裁判的判罚是即时性的，结果当场呈现出来，观众会对判罚结果与公正执法进行即时性的分析判断，总是在“第一时间”指正裁判员的不公正裁判。

第三，体育竞技程序的平等性。平等性意味着参与的当事方受到平等对待。从广义来说，平等性涵盖了第三方的中立性，因为只有第三方中立，其他方才有平等，正如一架天平，只有天平的支点位于正中心，两边的重量才会平等(一致或相同)。除去第三方中立这种特殊的平等要求外，平等还要求各个涉事方在程序中的每个环节、每个步骤、每种程式中被平等对待，简言之，在程序的规则面前“人人平等”。从程序主体来说，一方面，程序中的裁判主体平等地对待各个当事方，裁判主体不得操纵规则或扭曲规则。换言之，裁判主体自身应严守规则。对被裁判主体而言，任何一方也不能操纵规则，违背规则甚至破坏规则，规则神圣，必须遵守。规则神圣必须遵守有个前提就是：规则本身是正义的，不正义的规则不具备被遵守的正当性，因为不正义的规则最终会带来不平等、不公平和不公正的结果。

体育竞技作为一种程序，它有着丰富的平等内涵，这些内涵与亚里士多德对正义、平等的论述颇为相似。亚里士多德认为正义讨论的起点是：同等情况，同等对待；不同情况，不同对待；不同情况与不同对待之间有着某种比例关系。亚里士多德的这段论述高度抽象地指明了平等的内涵，从这段论述中可以清晰看到：平等指的是机会平等和起点平等，不是结果的平等。

体育竞技的平等主要表现为机会平等。机会平等首先表现为形式平等，形式平等意味着“对每个人同样地对待”。它强调的是对规则在所有参赛者的无差别适用和规则适用中自始至终的一致性。具言之，规则的适用不能受到被适用主体的肤色、地位、身体、性别、能力等各种因素的影响，或者说规则构建的活动向所有人开放。

在体育竞技中，机会平等具体体现在两个方面：一是所有运动员的公平参赛。运动员不得因性别、种族、肤色、国别、区域等因素而拥有不同的参赛机会。历史上曾出现过限制女性和限制某些人种参加体育竞赛的事件，结果那些比赛成为民众最大的批判焦点。当前的各类体育比赛中基本消除了各种歧视现象。譬如最具代表性的竞技体育活动——奥林匹克运动，它的宗旨要求通过没有任何歧视，具有奥林匹克精神——以友谊、团结和公平竞争的精神相互理解的体育活动来教育青年，从而为建立一个和平的更美好的世界做出贡献。这里的“没有任何歧视”就是平等地对待所有参赛者，参赛者在比赛中机会平等，这是形式平等的具体表现。

二是竞赛规则在所有运动员中得到公正的执行，规则适用不能因人而异，厚此薄彼。如比赛项目的竞赛标准必须一样，在马拉松赛跑中，所有选手都必须跑完42.195千米，计时方法也必须完全相同。标枪投掷比赛中应使用同样重量的标准标枪，参赛者投掷次数完全一样。篮球、足球、网球等比赛中，所有参赛队或运动员都使用同一规则来进行裁判，比赛各方在同一环境中进行角逐，为尽量保持环境的相同性，在不同局次中比赛双方要互相交换场地。其次，体育竞技保证了运动员之间的起点平等。在体育比赛中，对运动员(队)比赛分组和比赛顺序不是按照运动员的国别、年龄、长相等因素来确定，通常以抽签这种古老的方式来确定，这比按道德上相关的要求之间进行硬性排队更优越，更能为人们所接受，原因就是它能使每一个运动员(队)的要求都得到应有的考虑。起点平等的另一重要措施是在同一个项目中按照不同性别、不同年龄段、不同体重来分组进行比赛。这种分组表面上“不平等”，恰恰是实质上的平等。如职业拳击比赛分为：重量级(201磅以上/91.25公斤级以上)、次重量级(200磅/90.8公斤级)、轻重量级(175磅/79.45公斤级)、超中量级(168磅/76.27公斤级)、中量级(160磅/72.64公斤级)等17个级别。举重比赛分为：56公斤级、62公斤级、69公斤级、77公斤级、85公斤级、94公斤级、105公斤级和105公斤以上级共8个级别。这种分组是在制度设计中尽可能地做到比赛各方在对抗形式和对抗手段上的对等性，这种对等性体现了起点平等的内在要求。再次，体育竞技中的平等性还表现在比赛过程中纯粹程序正义的适用上。体育竞技的目的与社会活动的逻辑有相同的一面，也有不同的面。不同的一面是体育竞技强调活动主体差异性一面，而社会活动更多的强调同一性的方面。对体育竞技而言，组织比赛的目标是根据赛前业已确定的竞赛规则对参赛者的竞赛表现进行测量、计算与比较，最终对参赛者的成绩进行排序。体育比赛总是要对运动员比赛时的得分、获胜局数等情况进行记录，最终以整场比赛的总成绩来确定排序结果。这种排序，必然会出现有人在前，有人在后的情况，若不允许排序相同时，组织方会增加竞赛程序来进一步加以区分。如足球比赛中，若在 90 分钟的赛程中双方战成平局，就会进行加时赛，加时赛再成平局，最后将通过点球来决定胜负。这表明，体育竞技的关键点不在找到参加比赛的运动员之间运动水平的相同之处，而在找到运动员之间运动水平的不同之处，应当依照运动员之间的差异来按照分配原则进行利益分配。因此，体育竞技应遵守亚里士多德的“不同情况，不同对待”原则。但是这里的“不同情况，不同对待”不是随心所欲的“不同”，而是有规则约束的“不同”。这种“不同”，始终是建立在“平等”基础上的不同。在这一要求下比赛过程必须使用有效和可靠的方法与措施来分辨那些负有意义的差异，应当对比赛中那些与竞技不相干的不平等的情况予以排除。当出现影响竞技过程平等的情况出现时，应当使用有效措施对该情况进行制止，并对受影响的一方进行补偿。

加拿大学者、约克大学政治与公共政策学院教授莱斯利 · 雅各布(Lesley Jacobs)认为，机会平等有着三个维度，包括程序公平、背景公平和风险公平三大内容。对运动员进行抽签分组和确定参赛顺序，按照运动员的体重进行分级比赛是实现运动员之间的背景公平。体育竞技的最大特色是它的程序公平，公平参赛是体育竞技机会平等的基础，但公平参赛只是一个形式上的准入资格而已，这种资格的平等不能保证整个竞赛程序的公平。即使在比赛时对运动员来说他们的参赛场地、参赛次数、比赛裁判都是相同的，依然不能杜绝各种不平等的情况出现，于是体育竞技需要好的机制来解决“犯规”“运气”“不同情况，不同对待之间的比例关系”问题。

对体育竞技程序平等原则形成挑战的常见情况是犯规问题。在体育竞技的实践中，竞争的对抗性很强，有些项目运动员之间身体接触频繁，在高速度和高强度的运动角逐中，运动员场上犯规在所难免，如拳击摔跤、橄榄球、篮球、足球等项目。即使在身体接触性不强或完全没有身体接触的比赛项目中，如田赛、径赛、网球、乒乓球、跳水、游泳等。也不可避免地存在犯规行为。可以说有比赛就有犯规，犯规与竞技是相伴而生的，犯规使场上裁判员获得了存在的意义。所以在现实比赛中足球不可能没有任意球，篮球不可能没有罚篮。在体育比赛中，“犯规”是指参赛者使用了比赛规则禁止使用的方式或禁止出现的行为来进行比赛，如篮球比赛中的带球跑，足球比赛中用手控球等行为。上文指出，体育竞技是一种游戏，它是一种自愿克服不必要障碍的尝试，体育建构性规则的重要功能之一就是给竞技活动设置障碍，增加难度。那些被建构性规则禁止使用的方式或行为往往会降低比赛的难度，它们比规则规定的比赛方式或行为更容易得分。犯规者在比赛中会获得某种优势，犯规是一种超越先前设定规则的特权。这种优势和特权造成了犯规方与守规方人为因素的不平等，它是对平等规则的破坏。由此看来，犯规的不可避免使得竞技过程很难“完美”，这意味着体育比赛不可能实现罗尔斯所说的“完善的程序正义”的。那么，体育比赛到底是如何实现它的程序正义的呢？竞技体育的实践表明，人们可以在不完善的程序正义中增添一种半纯粹程序以致保证正义的比赛结果。通常增加的半纯粹程序是：对因犯规而获取的得分宣判无效，或者给予守规方其他特权。竞技体育在长期的实践中已经对比赛犯规行为设置了专门的规则，对故意犯规和过失犯规加以区别，用规范性规则来予以调控与矫正，从而获得公正的比赛结果。如在足球比赛中，一方运动员因为一个非故意的过迟铲球(铲到人而没有铲到球)行为裁判员判给对方一个任意球，这个“任意球”是对铲球方的处罚，对被铲球方是一种补偿，其目的是使比赛恢复原初的公平状态。对情节较严重的犯规，这种处罚或补偿的力度应当更大。如故意踢中对手的身体，甚至对对手的身体造成伤害。这时单纯判对方任意球是不够的，任意球在此时还无法实现双方的平等状态。从规则遵守方面而言，此种行为的犯规意味着“破坏”比赛。为恢复比赛和确保类似事件的不再发生，在判给对方任意球的基础上，裁判员还会对犯规者提黄牌警告，情节特别严重时更会用红牌将其“驱离”赛场。这些例证正是给“不完善的程序正义”添加半纯粹程序的具体措施，半纯粹程序的增加可以使因犯规造成的不平等状态恢复到平等状态。

对体育竞技程序平等原则的另一挑战是“运气”。这里的“运气”既有人随着出生而来的先天运气，即人的自然禀赋，如某些人天生擅长奔跑，有人天生擅长游泳；也有自然环境带来的运气，如突然间的顺风给跳远一个助力，提高了成绩；高山滑雪运动遇到顶头风使成绩深受影响，等等。尽管体育的建构性规则对自然的风没有任何约束力，但是体育竞技对这些对运动员有影响的运气还是有程序设计上的考虑的。运动员的比赛成绩会受到很多基因和非基因的影响，很多时候往往是多种因素综合作用的结果。影响运动成绩的基因因素可能会是前文提到的自然禀赋，也可能是与一系列有意或无意、可控或失控的与环境的交互作用有关的因素。在实践中非基因因素也不可忽视，如有些运动俱乐部凭着资本雄厚，它们可以通过高昂的待遇挑选到技术精湛的球员，我们将比赛中所有的基因因素和非基因因素统称为赛前的先天性因素。这些先天因素导致的不平等在竞技体育的实践中通过以下的体制、机制来予以克服，以便最终尽量确保体育竞技的过程与结果符合正义的要求。对于比赛过程中的“运气”影响，如跳远运动，建构性规则早已考虑到这些情况，因此程序规定：每个运动员在比赛中均有6次机会，最终取其中最好的成绩作为最终成绩。这样就较好地实现了罗尔斯所称的“不完善程序正义”。当身体条件严重影响比赛成绩时，如拳击、举重等项目，竞技体育采取分级比赛的模式，来克服了“运气”的负面影响。对于其他的非基因因素的“运气”，竞技体育通过纯粹程序正义的实现机制来实现比赛结果的正义。纯粹程序正义，罗尔斯认为，在分配正义中，当我们很难找到实体上结果合乎正义的某种标准，但能找到一种公平或正当的程序，这个程序一旦被认可和予以严格遵守，通过该程序后的结果无论状况如何，这个结果都是公平的。如2018年俄罗斯“世界杯”的32支球队分成8个小组，小组赛中每场按照获胜球队得3分、双方打平各得1分、负方得零分的规则，以最后的积分来排序确定小组出线。小组分组以抽签方式进行，球队分在哪个组都是由抽签决定的。足球比赛通常采用抽签方式进行分组，这种古老的抽签方式就是一种适当的程序，它是一种被广泛认同的程序，抽签结果无论如何，只要所有参赛队认可抽签这一方式，就意味着所有参赛者同意接受了赛前先天性的不平等事实同时认可比赛结果的公正性。因此，足球比赛和其他比赛中的抽签活动实现的就是纯粹程序正义。事实上，伦理传统中许多对无法干预和控制的不平等予以排除或进行补偿的共识在体育竞技中得到了很好的运用。

最后，体育竞技要能有效控制比赛结果与事实不同之间的适度性问题，即亚里士多德分配正义原则的第三条“不同对待与不同情况之间的合理的适度关系”问题。具言之，就是竞赛成绩的不同与竞赛能力的不同之间的适度关联问题。在竞技体育中，最终的冠军、亚军、季军等荣誉称号和相关的经济利益是按照比赛结束时的成绩排名来确定的。因此，前面的关联问题包含了两个方面的内容：一方面，用什么样的方法来甄别运动员竞赛水平的不同；另一方面，“运气”是否可以认定也属于“适度”的范围。在竞赛程序的保障下，体育竞技的比赛成绩通常采用物理—数学方法来测算。譬如100米跑、举重、投掷标枪等比赛，运动成绩分别以秒、公斤、米为单位来进行测算与记录。其他竞赛项目，体育建构性规则也都确定了相应的评测方法与方式，如足球、篮球和手球按进球个数来进行计算与记录；网球按局数和每局的比分来予以记录。这样，我们就使得竞赛成绩与运动水平、竞赛能力之间的关联实现了直观化和精准化。这种物理—数学方法既可以让运动员和观众一目了然地知晓运动员竞赛水平的高低，也以易于操作的方式对运动员运动能力的大小进行了有效甄别，并且运动员的比赛成绩记录还能得以长久保存，便于人们随时查看以排除疑惑。置于

"运气"与"适度"关联问题。瑞斯切尔(Rescher)认为，纯粹的无法干预和无法预见的机会(如中彩机会)看起来难以控制，但只要研究者有着足够的知识和技巧，还是能够将其与可以控制的"运气"做出区分的。他认为，一个足够优秀的羽毛球运动员总能很好地控制球在球网上的高度，即使触网也是更多地落在对方场地。一个足够优秀的足球运动员更多的是使球踢到门柱的内侧而不是外侧，从而进门得分。① 最好的足球运动队和羽毛球运动员通常都会取得胜利，最终成为优胜者。正如人称"超级墨西哥人"的高尔夫运动员李·特维诺所说"我越熟练，就越幸运"。

在建构性体育规则的指引下，在体育竞技程序的规范下，体育比赛能够在一种公平的竞赛状态得以完成，体育竞技预设了一种规范结构，这种结构蕴含着负有体育特点的正义程序与机制。

第四，体育竞技程序的公开性。"公开"是相对于"秘密"而言的，公开意味着"为人知晓"。"为人知晓"中的人有着不同的范围，是小范围的人知晓，还是大范围的人知晓，大的范围莫过于全社会的人，至少应当是一个某个领域中的所有人。"公开"是行为主体以接纳的态度将某一事件、活动敞开式的举行，接受不特定的人的参与，让公众知晓。程序的公开性具体表现为程序的运行过程是透明的，是"可视"的。严格说来，程序的公开性对当事人而言，程序所使用的规则应当让其了解或熟知。

体育竞技作为一种程序它有着广泛的公开性。体育竞技"天生"就是公开性的活动，公开性是体育竞技的特质。体育竞技公开性的特质缘于体育竞技的观赏性与娱乐性。这种观赏性对体育竞技的公开有着双重作用：一方面，人们通过体育竞技的观看可以获得愉悦感和教育感。这种愉悦感是人们所需要的。因此，各种体育比赛总是在观众的"陪伴"下进行的。尤其是高水平的体育竞技，人们更是对其趋之若骛。如四年一度的奥林匹克运动会、"世界杯"足球赛、美国 NBA 篮球赛等，入场门票基本都是一票难求。另一方面，举办方正是利用了体育竞技的观赏性来通过举办竞技比赛

① 杨其虎. 透析体育竞技的正义机制[J]. 首都体育学院学报，2014(6)：530.

从而获得数量可观的经济利益。所以每次要举办体育竞技活动时，举办方也会大张旗鼓地对其进行宣传，担心人们不知晓而影响“票房收入”。一般说来，有些社会领域的程序公开是被动的，如法律程序的公开，那种公开是正义对程序的要求。只有体育竞技自始至终都是主动公开的，体育竞技程序的公开的广度和深度要比其他程序更有力度。具体而言，体育竞技的公开性表现在四个方面：一是比赛规则对运动员、教练员和裁判员都是熟知的。对参赛运动员来说，他们对整个比赛的规则和流程都是清楚的，比赛规则和流程都是透明的；二是在比赛过程(程序过程)中，运动员都是在场的，他们会亲眼见证整个过程的开展。裁判员的裁决一般是现场做出，并立即告知运动员，裁决是公开做出的；三是每场体育竞赛都有一定数量的观众在场，观众将目睹整个赛事的展开。裁判员的判决不仅对运动员是公开的，对观众也是公开的。判决不仅受到运动员的监督，也受到观众的监督；四是在媒体技术和网络技术高度发达的今天，体育竞技通常被录像和进行直播，整个比赛对所有的电视观众和网络受众是公开的。因此，体育竞技“为人知晓”中的“人”的范围是最广泛的。“公开、公平、公正”是人们对正义的最朴素的要求，而“公开、公平、公正”这“三公”之间有着内在的逻辑关系，“公开”是“公平”和“公正”的重要形式，这种形式能够促进事物的“公平”与“公正”，“公开”意味着接受监督，监督给体育竞技设置了一种在先性的纠错机制。恰恰是这种机制给了程序中所有的参与者以压力，从而促使他们严格按照规则办事。“公开”增强了人们对程序的信心，获得人们对程序的信赖。体育竞技千百年长盛不衰不仅在于竞技带给人们的愉悦感，还在于竞技带给人们的正义感。

体育竞技的程序吸纳了人类有关正义的文明的优秀成果，蕴含着丰富的人文精神。体育竞技的程序设计既考虑了人是自私动物的基本现实，又把运动员当成有价值、有人格、有尊严的个体或群体，它巧妙地排除了人的自私，但又不对人进行压制或奴役。体育竞技程序在显现程序自身正义的同时，也有效地保护了运动员应享有的实体正义。在竞技体育中，正义不仅得到了实现，而且以看得见的方式得到实现。

第三节　竞技正义中的矫正正义

每个人都应拥有一定的财富或资源，那是人生存和发展的基础。但是人的财富和资源不是天生就有的，而是通过一定的分配或流转方式才持有的。在分配正义和交换正义的基础上获取利益或财富的行为是正当行为，以这种方式拥有某种利益和财富是合理的。但如果有人违背分配正义和交换正义而获取利益和财富，他对该利益和财富的拥有就失去了正当性。从社会来说，他的行为破坏了一种善的秩序，因为该行为损害了其他人的利益，违背了“得所应得”的基本原则，破坏了正义。这种情况需要通过个某个途径或某种方式来进行矫正，当然，矫正行为自身也应合乎正义的要求。那么这些合乎正义要求的矫正原则或规则和通过矫正行为来实现的正义，就是矫正正义。矫正正义是对交换正义和分配正义的有益补充，矫正正义与交换正义和分配正义存在内在的统合关系，分配正义和交换正义是矫正正义的前提和基础，矫正正义是分配正义和交换正义的保障。[①] 分配正义和交换正义是不能自卫的，一旦被破坏就需要矫正正义来进行维护。从国家制度结构的角度来说，国家的行政机构主要用以实现和维护分配正义和交换正义，国家的司法机构主要用以维护矫正正义。在人的社会活动中，不可避免地会出现一些有意或无意违背分配正义和交换正义的行为，如诈骗行为、偷盗行为、抢劫行为、故意伤害行为，竞技体育中的故意犯规行为、服用违禁药物行为，谎报年龄行为、改变性别行为等都属于故意违背分配正义原则或交换原则意图获利的行为，如果不对上述行为加以矫正，社会秩序就会混乱，最终成为一个无序社会。

---

① 沈晓阳. 论矫正的正义[J]. 攀登，2000(3)：56.

一、矫正正义的内涵、依据与原则

我们对矫正正义至少可以索源到古希腊哲学家亚里士多德的理论，亚里士多德在他的著作中对正义和矫正正义有着系统、深刻的论述，他的正义思想对后世有着深远影响。由于亚里士多德对正义的研究比较庞杂，后来学者们对亚里士多德的理论进行探讨时出现了一定程度的分歧，有学者认为亚里士多德把正义分为普遍的正义和特殊的正义，其中特殊的正义又被称为政治正义、法律正义，特殊正义包括分配正义和矫正正义两种。[①]也有学者认为亚里士多德把正义划分为普遍正义与个别正义，其中的个别正义又分为分配正义和矫正正义。[②] 无论学者们对亚里士多德的正义理论怎样分类，分配正义和矫正正义都是其中的重要内容。亚里士多德认为，分配正义要求按人的优劣进行分配，矫正正义则是对损害进行的一种补救与惩罚。“矫正性的公正，生成在交往之中。交往或者是自愿的或者是非自愿的。它不按照几何比例，而是按照算术比例。这类不公正是不均等，裁判者用惩罚和其他剥夺其得利的办法，尽量加以矫正，使其均等。均等是利得和损失，即多和少的中道，即是公正。裁判者是公正的化身，是中间人。公正就是平分，人们称裁判者为平分人、仲裁人。”[③]从亚里士多德的这段论述来看，矫正正义既是一个道德论域中的问题，也是一个法律论域中的问题。他为后来的司法公正提供了一个学理基础。

矫正正义作为一种重要的正义类型，它不仅自身是一种重要的价值观念，还是一种维护社会正义的重要方式。作为维护广义的社会正义的方式，矫正正义有着自身的依据和原则。

矫正正义的主要社会功能在于对分配正义和交换正义的保障与维护。

---

① 吕世伦. 西方法律思想史论[M]. 北京：商务印书馆，2006：31.

② 傅鹤鸣. 亚里士多德矫正正义观的现代诠释[J]. 兰州学刊，2003(6)：55.

③ 亚里士多德. 尼各马科伦理学[M]. 北京：中国社会科学出版社，1998：95

社会正义是整个社会处于良序状态的最好价值理念，是良善社会的价值指引，也是实现良序社会的一种原则与方式。换言之，一个社会怎样才能成为一个良序甚至良善的社会，其中最重要的方式就是坚持社会正义的原则，维持社会各领域中的正义。社会各领域中的正义得到维持，社会就会处于一种良序的状态。分配正义和交换正义的破坏，势必会导致社会失序。因此，矫正正义的目的有两个：对社会秩序（正义关系）的恢复和对正义侵害者的惩罚。按照亚里士多德的说法，矫正正义就是各得其所应得，各失其所应失，也就是说，矫正正义要实现的是每个人得到他所应该得到的，每个人应当失去他所应该失去的。所谓“应该失去的”就是指财富或利益流转中以违背分配正义或交换正义而获得的那部分。一个（些）人用不正义的手段获得不应该拥有的东西意味着另一个（些）人失去了他（们）应该得到的东西。换言之，对正义的侵害必然会导致一部分人的利益受到损失或损害，而使另一部分人获得不应当得到的利益。要想恢复正义状态，就必须使这种侵害行为得到纠正和禁止。禁止是使对社会秩序和正义的社会关系有害的行为停止下来；纠正就是使被破坏的秩序和社会关系得以恢复。要实现社会秩序和正义的社会关系的恢复，人们需要具体的方法或措施去实行，矫正正义通常通过赔偿（补偿）和惩罚来进行。洛克认为，“纠正和禁止是一个人可以合法地伤害另一个人，即我们称之为惩罚的唯一理由”①。纠正包含两个方面的内容，一方面，让受害者受害的利益得到赔偿或补偿；另一方面，让侵害者失去他本来就不应该得到的利益。矫正正义就是要让“误得”的东西“回到”应当拥有者手中，对分配正义和交换正义进行一种恢复，使社会实有的状态恢复到应有的状态。

纠正的方法主要有两种，一种是侵害方和受害方双方在没有第三方的干预下自行协商解决，双方自愿通过寻求一种均能接受的方式来实现利益的转移，使社会秩序和正义关系恢复原态。另一种是有第三方参与和干预的解决方式。根据第三方参与和干预程度的不同，这种解决方式又有三种

① 洛克．政府论（下篇）［M］．叶启芳，瞿菊农，译．北京：商务印书馆，1964：7.

具体形式：调解、仲裁和审判。第三方调解的强制性较小，多数由第三方提出解决方案，经过利益关系方同意后达到解决问题的目的。仲裁是介于调解和审判之间，且兼具调解和审判特点的纠正方式。它的协商过程与调解相似，但解决问题方案的效力又与审判相似。审判是利益双方将不正义的行为和因其获得的不正义利益请求国家司法机关运用公权力来进行解决的纠正方式，解决方案有着很强的权威性和强制性。

矫正正义中的“禁止”有直接和间接两个层面。直接禁止是在侵害行为正在进行时对该行为进行阻断并停止的情况，如对正在盗窃的小偷进行抓获，竞技体育中足球裁判员对越位的宣布就属于立即禁止。间接禁止是对侵害行为进行一种在纠正和补偿基础上进一步的惩罚，使该禁止具有对整个群体乃至整个社会的震慑和惩戒作用，使得有意侵害他人利益者出于对处罚结果的害怕而停止其侵害行为。因此，间接性禁止在利益关系上是不等量的，即侵害方在矫正过程中付出的利益大于受害方获得补偿的利益。对侵害方多出的那些利益是对其侵害行为的惩罚。这种惩罚的合理性在于，侵害者违背正义获取不正当利益时，他的行为不仅侵害了受害人的具体利益，同时也侵害了社会秩序和正义的社会关系。他不仅要对受害者进行补偿，还要对被破坏的社会秩序和正义的社会关系付出代价。正如托马斯·阿奎那指出的那样，“当某人违背另一个人的意愿掠夺了他的财产，此行为超过了仅仅使后者失去那件东西所造成的痛苦……他要受到的惩罚要超过他所造成的损失数倍多，因为他不仅伤害了某个人，而且伤害了公众的幸福，或者说他侵害了公众的安全”①。

间接性禁止中的惩罚内容的依据是报应论、震慑论或改造论。② 报应论学者认为，侵害是对社会关系和社会秩序的破坏，因此侵害者对社会负有一种“应偿付之债”。同时，社会则因侵害者的恶行而对其有“回索”的权利。这种理论蕴含着“报复与复仇”的内容，与其他学者的同态报复论和

① 艾德勒等. 西方思想宝库[M]. 长春：吉林人民出版社，1988：946.

② 戈尔丁. 法律哲学[M]. 齐海滨，译. 北京：三联书店，1987：140.

复仇论是兼容的。威慑论认为，惩罚是对不道德行为的一种威慑，侵害是一种不正义、不道德的行为。惩罚本身不是“善”的，但是它作为一种社会管理的工具，根据它有可能带来的“善”的结果(即减少侵害)可以获得正当性。柏拉图就持有威慑论的观点，他认为，“刑罚并不是对过去的报复，因为已经做了的事是不可能再勾消的，它的实施是为了将来的缘故，它保证受惩罚的个人和那些看到他受惩罚的人既可以学会彻底憎恶犯罪，还至少可以大大减少他们的旧习”①。改造论认为侵害者是可以再社会化的，即通过心理治疗改变侵害者的心理品质，通过教育促使侵害者改变先前认识，通过某些强制的生活方式促使侵害者摒弃恶习，可见改造是一个强制的教化过程。相对而然，震慑论和改造论更有人道主义精神。

当然，矫正正义作为一种正义类型，它在对社会不正义进行矫正的过程中应当遵循一定的原则。离开或违背必要的原则不但不能使被破坏的分配正义或交换正义得到恢复，可能还会对社会秩序和社会关系出现更大的破坏。矫正正义要遵循的原则首先是矫正途径的正当性。在社会实践中，这种正当性通常表现为法定性，当分配正义或交换正义被破坏时，必须依照法律规定，由法定的机构按照一定程序来予以矫正。如仲裁机构的仲裁，法院的调解与审判等。其次是矫正程序的公开性。公开性是程序的内在标准。正义的矫正依赖一定的程序，这种程序应当与其他所有程序一样，符合科学性、平等性、中立性和公开性标准。否则会因为矫正程序自身的不正当而无法实现人们期待的矫正的结果，或者出现矫正的结果无法被人们接受的结果。再次是矫正程度的适当性。矫正程度的适当性要求对侵害方赔偿的利益额度要与受害方损失的利益额度相等或相当；对侵害方的惩罚的程度要与其破坏的社会秩序和社会关系相当。矫正程度的适当性实质上表现为一种适度。这种适度一方面需要使受害者被侵害的利益得到等值的补偿，使侵害者以违背正义的方式取得的利益被取消，这样才能实现社会秩序的正义状态的恢复。另一方面，惩罚要有一定的震慑与惩戒作

---

① Ibid. p141.

用。对于较严重的侵害行为，如果惩罚起不到惩戒与威慑作用，就不足以遏制类似行为的发生。但这种惩罚也应有个限度，虽然越重的处罚越能起到威慑作用，越能遏制侵害行为的发生，但是过大的惩罚对侵害者来说也是不公正的。最后是矫正手段的文明性。随着人类文明的发展，人的尊严应受到尊重在当代的人类社会已经有了广泛的共识。因此，矫正中的补偿和惩罚都应当以当前社会认可的文明方式来进行。在矫正过程中尊重人格，保障生活，保护侵害者应有的权利是对矫正行为的基本要求。

二、体育竞技对矫正正义的实践

正如程序正义一样，矫正正义的及时性和矫正正义的实在性是体育竞技的另一个重要的特点。可以说，没有矫正正义就没有体育竞技，正是对矫正正义的不断的实现使得每场体育竞技才能在限定的时间里顺利得以完成；也正是矫正正义的及时性，才使得参加竞技体育的生命力有了保障。在体育竞技中，矫正正义不只是对分配结果的调整，更是表现对体育竞技的过程的调整。具体而言，体育竞技中的矫正正义主要表现为两种形式，一种是比赛过程中场上裁判员对运动员各种犯规动作的判罚；另一种是在运动员通过不正当方式（服用违禁药物、更改年龄、变更性别）获得奖励时，该奖励可以通过裁判委员会的判定或通过体育仲裁方式予以撤销。

客观说来，在体育竞技中犯规行为是无法避免的。这种不可避免性取决于两大因素，一是体育竞技通常伴随着剧烈运动，有些还伴随着激烈身体接触和对抗。在这种剧烈与激烈的状况中，人对自己行为的控制能力会下降甚或严重下降。有些犯规动作是动作主体想避免都无法避免的，如一位优秀足球前锋带着球飞快地冲向球门时，防守队员为保护自己的大门不被冲破，冲上去拦截球，在用脚将球踢开的同时很容易碰到对方前锋的脚；两个势均力敌的拳击运动员坚持到第十回合后，可能有些急红了眼，甚至打得有些头昏脑涨，将拳打到对方的违禁部位也难以避免。二是体育竞技最后是要将运动员的成绩进行排序，并对排名的前几位进行奖励，体育竞赛奖励的金额巨大，而且有越来越高的趋势，一次获奖可能彻底改变运动员的生活状况。有些运动员求胜心切，不惜使用故意犯规的方式来赢得比赛。再有，适当利用故意犯规来战胜对手已然是运动员和教练员熟知的技巧，人们称其为战术犯规。以上种种，如果允许犯规恣意存在必将泛滥成灾，一场体育比赛必将被犯规行为所摧毁。因此，对体育竞技中的犯规动作及时进行制止并给予相应的处罚是比赛顺利进行的重要保证。无论是意外犯规还是故意犯规，它们的结果是相同的，那就是给犯规方带来某种优势，这种优势或者是直接得分，或者是为获胜创造机会。犯规是对对方权利的一种侵害，这种侵害会导致对方的利益受到损害，在对方利益损害时增加己方的利益。从体育语境来说，犯规违背了公平竞赛的原则，从正义的角度来说，犯规是对正义的破坏，是对正常的竞赛秩序的破坏。体育竞技像其他的社会活动一样，都要在正义的原则下展开，都要处于一种正义的状态中。当正义状态被打破时，应当有矫正正义的措施来恢复正义状态。因此，体育竞技通常有着两种规则，一种是建构性规则，这种规则“界定和塑造各竞赛项目的特点，并使各项目富有生命。根据这套技巧，参赛者可以展示他们的运动水平”①。如在篮球运动中，建构性规则规定了运球、传球、投篮等主要行为，这些行为共同构成了整个篮球运动。换言之，建构性规则用来解决比赛如何进行的问题。② 另一种叫规范性规则，有学者称为恢复性规则。规范性规则主要规定回复游戏时的处理方法和具体措施，它的主要功能就是：当建构性规则被违背，游戏被打断时让游戏回复到原来的运行轨道上来。俗言之就是比赛被犯规等行为打断时，如何处理犯规行为，使得比赛继续进行。

体育竞技中对犯规的判罚是遵循了矫正正义的基本原则的。对体育犯规的判罚不是笼统的、僵化的模式或措施，而是根据不同的运动项目的各

---

① Torres, C. R. “What Counts as Part of a Game? A Look at Skills.” Journal of the Philosophy of Sport [M]. Xxvll, 2000: 81-92.

② 杨其虎. 故意犯规“不当性”辨析[J]. 伦理学研究, 2015(3): 132.

自特点进行判罚，如篮球运动有篮球运动的判罚规则，足球运动有足球运动的判罚规则，每种运动中的判罚也是与运动本身紧密结合在一起，符合该运动的客观规律。如篮球运动中的一种打手犯规的判罚：用手和(或)手臂接触对方队员，本身未必是犯规，如果队员引起的接触在任何方面限制对方队员的移动自由，裁判员应判定为打手犯规，因为接触的队员已经获得了不公正的利益。此时裁判员判定打手犯规后，同时判定由被打手方发球。如果打手犯规动作发生在队员投篮过程中，裁判员会给出罚篮的判定。体育竞技中的裁判员场上执法，对犯规行为的判罚明显是公开进行的，是在观众的见证下进行的透明的判定。在竞技体育中对犯规的矫正程度也是适当的，一方面裁判员对犯规的判罚能够实现“禁止”“处罚”的目的，但又没有超过合理限度。如上述篮球运动中的打手犯规的判罚，当对方队员在投篮过程中打手犯规，裁判员会判对方队员定点投篮(罚篮)2次或3次。具体投2次还是3次取决于对方队员被打手时投篮的位置，如果在三分线外时罚3次，在三分线内时罚2次，这里2次或3次的处理与犯规方获得的利益是相当的。这种罚篮是对被打手方的利益补偿，补偿标准为其可能失去利益的大小额度。如果是比较严重的犯规，裁判员对犯规的判罚就有明显的惩戒性和威慑力，如足球比赛中被红牌罚下场，此时场上比赛的人数已经不对等了，对方球队的人数优势体现出来。同时，被罚队员还要被禁赛一场，这样的判罚是为了有效遏制严重犯规动作的出现。体育运动中对犯规的矫正都是在场上现场做出，处理方法都与各运动的特点相结合，矫正手段都是文明的。

随着科学技术的发展，科技产品逐渐被运用于体育竞技中，有些产品对提高体育竞技的发展有着推动作用，如秒表的精确度越来越高，在竞赛中采用摄像技术，甚至设置了视频裁判员，这些对维护体育竞技的正义性提供了物质保障。但是也有一些科技产品对体育竞技的公平、正义性带来了极大的危害，其中首当其冲是运动员对违禁药物的服用，违禁药物可以在短时间内提高人的运动能力，能够帮助运动员在比赛中提高成绩，甚至可以帮助运动员获得奖励。因此，有些运动员利令智昏，铤而走险，参赛时服用违禁药物。竞技体育组织为制止这种不正当行为，纷纷设立了反兴奋剂委员会、仲裁委员会，对运动员服用违禁药物提高运动成绩的行为进行处理。即使运动员服用违禁药物取得再好的成绩，获得再高荣誉，他的荣誉将会被取消，获奖利益也会被追回。如在2000年的悉尼奥林匹克运动会上，罗马尼亚籍的体操运动员安德里亚·拉杜坎(Andrew Raducan)在女子体操全能比赛中获得金牌。根据国际奥委会的相关规则，参加奥运会的运动员要接受兴奋剂检测。拉杜坎的尿样被澳大利亚兴奋剂检测实验室测出88~91 μg/mL伪麻黄碱成分，该含量超过了10 μg/mL的规定，违背了2000年的《奥运会反兴奋剂章程》。同年9月，国际奥委会宣布取消拉杜坎女子全能比赛金牌和资格。拉杜坎表示不服国际奥委会的处罚决议，随后向国际体育仲裁院(CAS)提出仲裁申请。拉杜坎在仲裁听证会上坚持认为，她的伪麻黄碱成分超标不是服用违禁药物造成的，而是因队医提供的感冒药导致的，因此她本人没有主观过错，国际奥委会应撤销对其的处罚决定。国际体育仲裁庭对此事经过严格审理，最终做出了维持国际奥委会决议的裁决。果断对拉杜坎使用不正当方式进行体育竞技行为进行矫正，有力地维护了体育竞技中分配正义和比赛秩序。事实上，在各个国家的体育组织中都设立了兴奋剂机构和体育仲裁委员会，它们有效地发挥着对不公平竞赛的矫正功能，维持着正常的体育竞技秩序和维护着体育竞技正义。这些体育组织或机构的设立与运行，可以把体育竞技中的不正义行为在体育内部进行了矫正，不需要借助社会领域的仲裁机构或司法机构的力量，这表明竞技体育对正义的维护有着一个独立体系，竞技正义与社会其他正义有着明显的差异，这也表明了竞技正义是一种独特性的正义。

第四章

竞技正义的特点

英国哲学家休谟曾说：“假若人类能够得到自然界提供的一切丰富的东西，或者，假若人们对其他人都抱有对自己一样的同情和怜悯，那么，正义和非正义，对于人类来说，也就没有任何意义了；相反，人类本性的自私和有限的宽容，以及自然资源的贫乏，才产生了关于正义与非正义的法则，正义的产生根源于人类自私的本性和利益的纷争。”①休谟的这段话道出了人类需要正义、追求正义的真正原因，也道出了正义和每个人的内在关系。正义产生的根源在于人类本性中的自私以及人类对利益的纷争。在一个人的世界里是不存在正义问题的，但只要有两个人的世界和在物质对两个人来说不是极其丰富的状况下，就会引发正义问题。只要有两个人的世界，他们之间就会考虑各自的自由、平等、安全、效益等问题，而这些问题都是正义中的核心问题。不管古往今来的思想家们是把正义看成一种人类精神的态度，还是看成一种公平的愿望，或者一种最好价值，但最终落到实处时，还是表现为某种利益。如何在个人利益与社会福利之间创造某种平衡，长期以来一直是正义中的主要问题。竞技正义也不例外，一样要关注到体育竞技者之间的利益问题，只是在体育的这个“社会空间”中，竞技正义拥有了自身独有的特点。

① 休谟. 人性论[M]. 关文运，译. 北京：商务印书馆，1980：536.

第一节　竞技正义的空间性

哲学总在不断地给人类生活提供思考和出路，不同时代的哲学也总是带着时代的烙印。现代哲学在探索和解决现代性问题时与时间性紧密相连，当代哲学也与空间性不可分离。空间性成为哲学家们分析和探讨当代性问题的结题钥匙。从现代哲学到当代哲学，经历了一种思维的转换，法国哲学家梅洛·庞蒂突破了从笛卡尔到萨特的时间思维模式，强调空间思维的重要性。福柯和列菲弗尔等哲学家的持续努力完成了时间向空间的思维转向，空间思维带给人们哲学思考的新天地。

一、人、身体与空间

马克思在《关于费尔巴哈的提纲》中指出，人的本质不是单个人所固有的抽象物，在其现实性上，它是一切社会关系的总和。马克思从人的社会性出发对人的本质分析有利于我们从社会视角来分析人与人之间利益（经济）关系。人与人之间的“间”的原始含义为“间隙、隔开”，实际上指物与物隔开的空间距离。人存在于“人与人之间”的关系中意味着人存在于一定的空间场所中。日本哲学家和辻哲郎认为“间”是一种主体空间的广延性。对人的基本样态的把握需要把人置于人与人之间的关系的把握之中，这种“关系”是具体指我们的生活世界之中的人与人之间的各种关系。和辻哲郎在承认海德格尔将时间性作为主体存在的结构而具有重要意义的同时，进一步指出，人的存在是一种社会性与个体性双重性构造，在这种双重构造的结构中，时间性只是其中的一个方面，作为空间具体样态的“活生生自然”存在对人的存在方式具有重要的意义。就人的存在来说，空间性比时间性更具有根源性的意义，他人的存在样式，空间性的重要意义是第一性的。失去空间性的时间性不能称之为真正的时间性。当然，这里所说的空间，不是单一性的“物理空间”，而是指充满着人与人关系的“生活空间”。在和辻哲郎的思想里，人与人之间的关系是人的一切生活的基础和前提，人的存在首先是一种社会性的存在，所谓的伦理同样是以这种人际关系为其存在的价值和存在的前提的。①

其实，海德格尔本人也认为，“空间决不是人的对立面”，与之相反，空间是“一种人的生存方式——即居住的存在”。② 人的存在是多维度的，是多样构建的，人不仅是时间存在物，更是空间存在物。空间是个体存在的活动范围和基本场所，空间也构成了个人存在的基本方式和内在维度。因此，海德格尔在某种程度上揭示了人的存在与空间之间的关系，表明了对人而言，空间具有存在论的意义。

从海德格尔和和辻哲郎的人的存在与空间的关系出发，我们认为身体的存在首先表现为身体的空间性，身体是一种独特的空间单元。梅洛·庞蒂对身体的空间性从现象学的视角对其独特性进行分析并指出，身体的空间性不是“一种位置的空间性，而是一种处境的空间性”。③ 这表明，身体的空间性是一种不断生成的空间性，是一种不断变化的空间性。它不是现成的或预设的，而是有着不断生成的特点，具有着指向未来的开放性。具言之，一方面，身体在“自我”实现的过程中具有空间性，任何生命体在身体发展过程中总在不断构建自己的时空关系；另一方面，身体作为存在方式和身体的自我实现程度在空间性中被反映出来。空间性展现了身体功能的实现过程和身体的动态性。不同的身体空间性体现了身体功能实现的不同程度和身体的不同实现方式。所以，身体所处的空间的状况在一定程度上建构了人的身体的存在状况。空间状况对身体的存在状况有着重要的塑造作用。可见，身体的际遇与空间的建构有重要关系，空间建构呈现了身体遭受到的各种空间里的束缚、限制和规训。换言之，身体处于什么样的

① 龚颖．和辻哲郎对“作为人际之学的伦理学”的前提论证[J]．哲学动态，2001(11)：41.

② 海德格尔．海德格尔选集[M]．上海：生活·读书·新知三联书店，1996：1199.

③ 梅洛·庞蒂．知觉现象学[M]．姜志辉，译．北京：商务印书馆，2001：138.

空间中，身体就会呈现出具有该空间特点的样态。身体是个体人的身体，在一定空间中的身体与身体的关系体现着人与人的关系，人与人的关系汇集成一个空间的社会关系。体育是一个以身体活动为基础的社会实践空间，它有着独特的空间结构，它塑造了独特的身体(人际)关系和构建了一个正义的空间。

二、体育空间的生成

在由时间到空间的哲学思维转向的过程中，法国哲学家梅洛·庞蒂、福柯和列菲弗尔等功不可没，但是哲学家、社会学家皮埃尔·布迪厄也不可忽视，就像亚里士多德一样，布迪厄的思想理论成果也是百科全书式的。从社会学、人类学到哲学、教育学、历史学乃至文学都有所涉足且贡献卓著，他的思想成果完全无视学科界限，涉及范围极广，对教育、法律、科学、政治、语言甚至体育等领域中他都提出了许多专业性的见解，并对已被公认的社会科学的思维模式提出了挑战。布迪厄创立了“生成结构主义”的社会实践理论，统合了早先的“结构主义”与“建构主义”理论，超越决定论—自由、结构—行动和宏观分析—微观分析的思维模式，以“场域”“资本”和“惯习”等概念来构建他的社会理论。

布迪厄认为，我们生活的这个社会表面上看起来是一个整体，其实是大量高度分化的“社会空间”的组合，在这种“社会空间”里有着许多相对独立并具有自主性的场域，也即布迪厄所称的“社会小世界”。这些场域各自有着自身特有的运行逻辑。“从分析的角度讲，一个场域可以被定义为在各种位置之间存在的客观关系的一个网络，或一个构型。正是在这些位置的存在和它们强加于占据特定位置的行动者或机构之上的决定性因素之中，这些位置得到了客观的界定，其根据是这些位置在不同类型的权力(或资本)——占有这些权力就意味着把持了这一场域中利害攸关的专门利润的得益权——的分配结构中实际的和潜在的处境，以及它们与其他位置之间的客观关系(支配关系、屈从关系、结构上的对应关系等)。”①场域拥有两个特征：首先，场域是各种客观力量被调整并已经定型的一个体系，它具有一种“游戏”的结构，场域的内在结构反映了各种外在的力量。其次，场域中布满了竞争与冲突。因为影响场域的各种外在力量的主体基于他们在社会空间中的位置，在场域中有着各种利益(广义，含经济、权利、优势等内容)诉求。场域的“游戏”结构之所以不会崩溃是因为利益相关者可以从场域的游戏中获得他们想要的利益，实际上就是在场域中改变各种资本形式的分布与相对分量。在场域中，各种力量主体的利益诉求的实践由惯习而唤起。所谓惯习，在布迪厄看来就是“知觉、评价和行动的分类图式构成的系统，它具有一定的稳定性，又可以置换，它来自社会制度，又寄居在身体之中(或者说生物性的个体里)”②。惯习是一种游戏感或实践感，行为者在场域中的实践是一种“游戏”活动，行为者遵循着游戏感(惯习)进入场域，同时适应其所进入的场域。惯习是一种人们在后天实践中获得的生成性图式的系统，是塑造和组织实践的一种生成性结构。个体行动者通过惯习的作用产生各种“合乎理性”的常识性行为，惯习是种“体现在人身上的历史”。③

在布迪厄的社会实践理论的视野中，体育实践的空间是“需求”和“供给”关系的产物，是社会所提供的体育产品与具有某种禀性的空间之间关系的产物。这种禀性空间与它所在社会空间中所处的位置相联系，可能用与另一个供给空间相联系的其他消费形式而得以表达。此处的体育产品也是广义上的体育产品，它不仅包含体育设施、体育场地以及体育产品用品，还包含有关体育的制度规范、价值观念乃至对体育功能和体育意义的

---

① 皮埃尔·布迪厄，华康德.实践与反思：反思社会学导引[M]. 李猛，李康，译.北京：中央编译出版社，1998.

② 皮埃尔·布迪厄，华康德.实践与反思：反思社会学导引[M]. 李猛，李康，译.北京：中央编译出版社，1998.

③ 陆小聪，曹祖耀，陈静. 体育实践空间的社会学研究——理论假设与中国的经验分析[J]. 体育科学，2010：(8)：6.

界定。对体育空间的考虑不能只停留在现象层面，还要考虑体育空间之所以可能的社会场景和利益条件。体育场域的供给需要探讨在社会空间中是否有一个让人意识到的体育“世界”；体育场域的需求需要探讨该场域的需求是如何生成的。

在现代体育的历史发展过程中，我们发现体育经历了一个从民间游戏改造、转变成上流社会体育运动，又从精英学校向一般平民得以传播，最终变成由专业运动员生产，由大众观赏和消费的活动的过程。从体育的功能来说，在社会空间的视野下，体育空间是一个对身体进行社会化改造的空间。

尽管竞技体育诞生于古代社会，但是体育规则的完善却是近代工业革命以后的事。当然在古代社会，体育竞技即使仅仅是一种仪式活动，它里面也隐含着对身体的社会化改造。譬如古希腊竞技运动被视为对神的尊敬，期待通过体育竞技运动让人拥有神一样的体魄和力量。在战争频仍的古希腊社会，国家需要体格健强、身强力壮者来保卫自己的家园。我们很难否定这种对身体进行训练的体育竞技实践隐含着对身体进行社会化改造的可能性。近代工业革命以后，现代体育迸发出勃勃生机，这是因为随着大型机器设备的出现使生产力大大提高，人类能够从繁重的体力劳动中解脱出来，实现了一定程度的自我解放，人类第一次将休闲时间从工作时间明确地分割出来。以市场经济和社会化工业大生产为特点的资本主义社会必然要构建其制度体系，现代西方工业文明的社会制度体系和管理体系对社会中的每个空间开始进行“格式化”。竞技体育当然不能逃离这种社会理想的改造。因此，竞技性质的运动项目被重新加以规范或改造，使之负载了相应的社会职责和社会意义。现代竞技体育自诞生之日起就获得了快速发展，一方面，早先存在的各种竞技体育项目的规则被进一步完善，如跑步、跳高、跳远、掷铁饼等；另一方面，很多新的运动项目和规则被发明出来。如美国人卡特赖在 1845 年制定了第一部棒球比赛规则；1871 年英国橄榄球协会宣布成立并制定了统一的规则；1873 年英国人温菲尔德改进了网球打法，并出版《草地网球规则》；1875 年美国成立了保龄球协会并统一了保龄球规则；1877年英国出版了第一本羽毛球比赛规则；1887年巴斯羽毛球俱乐部修改和统一了羽毛球规则；1891年美国人詹姆士·奈史密斯设计出篮球运动；1895年美国摩根设计出排球运动。在如此短的时段里出现如此多的竞技运动项目和规则，其背后应当存在某种社会推动力。

推动现代竞技体育快速发展的动力一方面是经济发展，它为竞技体育发展提供了物质基础；另一方面是适应新型经济发展的各种社会观念、规则和伦理。竞技体育中的身体伦理观念是社会伦理观念的映射。在工业化生产和市场经济中，人们首先需要把人从封建神学思想的封闭中解放出来。到18、19世纪，教会统治时代的身体伦理观念已然成为工业化生产和资本主义市场经济的无形障碍，人们迫切需要找到新的身体伦理来顺应经济发展的需要。在观念领域，对身体束缚最大的是基督教，基督教认为“肉体是灵魂的监狱”。身体成为基督教压制和残害的对象，作为身体活动形式的体育运动受到了极大的限制。随着社会的发展，基督教内部自发地进行了一场改革，这次改革的领袖人物马丁·路德提出了“保持身体健康是每一个基督徒的天职之一”①，宗教改革为资本主义经济发展提供了思想基础，对竞技体育的发展也有着推波助澜的作用。正如马克斯·韦伯在其著作《新教伦理与资本主义精神》所说的，资本主义兴起后，其背后的精神理性不但改变了新教伦理精神，而且将人从陈旧的神学思维中解救出来。资本主义精神的发展完全可以理解为作为一个整体理性主义发展的一部分，而且可以从理性主义对于人生基本问题的根本立场中演绎出来。②竞技体育在那个时段的迅猛发展可以说是资本主义精神在身体活动领域的一种反射。“所有这些体育运动都是为了能使身体得到适合新的城市社会之需的各种各样的锻炼；它充分体现了工业时代男性的种种新的品德：崇拜奋斗和功绩；注重竞争本身的价值；对一切纯属智力性东西的怀疑。”③

---

① 谭华. 体育史[M]. 北京：高等教育出版社，2012：198.

② 马克斯·韦伯. 新教伦理与资本主义精神[M]. 闫克文，译. 上海：世纪出版集团，上海人民出版社，2010：201.

③ 阿兰·科尔班. 身体的历史[M]. 杨剑，译. 第二卷. 上海：华东师范大学出版社，2013.

“对身体的理性安排，身体就此得到保护，摆脱了欲望的扰乱，有利于持续性的工厂生产。”①竞技体育崇尚的尊重对手，公平竞赛正是市场经济要求的“人人平等，公平竞争”在身体运动中的翻版。在顺应资本主义经济发展理念的情况下，体育被纳入学校教育，成为学校教育的一个主要学科。这样竞技体育逐渐在社会上成为人们工作之余的一种至高无上的活动。

竞技体育是以身体活动为根本的一个社会空间，在这个空间里，身体通过社会规制被进行着规训与改造。人类早期的体育运动有着一定的自由性和随意性，随着社会的发展和文明化进程，社会运动的规范化和规则化，体育的那些自由性和随意性也逐渐受到社会理性思维的改造和规范。最为典型就是体育规则体系对体育的改造与规范，这种规训和规范作用一方面体现在体育竞赛程序的科学化、简单化、直观化，体育竞技几乎到了一种“照章办事”“例行公事”高度程序化程度。它体现了人类理想在一定空间中的高度自觉。另一方面体现在，规则体系对体育改造和规训已经在体育竞技参与者的身体里潜移默化了，规则已经成为潜在的、内隐的行为指令指引着体育竞技者的行为方式和生活方式。社会理性通过体育规则对身体进行规制的典型事例莫过于足球规则的演变。早期的足球运动是可以手脚并用的，后来的《剑桥规则》规定不能用手打，只能用脚踢。除了守门员可以用手触球外，场内的运动员不准用手触球。这一规则的变动不仅使得足球更具有自身的特点，足球的符号意义得到了加强；更有意义的是这种规则的变化使得足球运动中身体暴力得到了很大程度的遏制。这一点只要与橄榄球比较就非常明显。福柯认为“规训权力的主要功能是‘训练’，它不是为了减弱各种力量而把它联系起来。它用这种方式把它们结合起来是为了增强和使用它们”②。事实上，社会规制对体育的规训遍及到了所有运动项目，这些规训归根到底集中在人的身体上，只有对身体的规训和

① 克里斯·希林. 身体与社会理论[M]. 李康，译. 北京：北京大学出版社，2010：87.

② 福柯. 规训与惩罚：监狱的诞生[M]. 刘北成，杨远婴，译. 北京：生活·读书·新知三联书店出版，2007：194.

改造，最终才能使身体更适应社会，为社会服务。

通过社会实践理论对体育空间的分析，我们找到了一个有意义的方法论：无论研究体育单项运动，还是整个体育空间，都应将它置于大的社会空间之中，只有这样，我们一方面能够看清体育空间的内在关系与特点，也能看清体育空间中的价值需求的来源。

三、竞技正义是一种空间性正义

竞技正义源自体育竞技，体育竞技是在人类社会大空间中的一个特殊小空间(体育空间)的身体性活动。竞技正义的空间性主要有两层含义：一是竞技正义不是在任何社会空间中都可以进行生产的，只有在体育空间的这个竞技场域中才能生产。二是竞技正义得以产生是因为体育竞技形成了一个孵化和培育正义的空间结构，社会其他领域之所以不能产生竞技正义关键就在于那些领域缺乏孵化和培育正义的空间结构。

空间是物体存在与运动的场所，在物理上表现为一个三维区域。竞技正义的空间性源自体育竞技存在的场域特性，“场”和“场域”是种空间状态。体育竞技是在“场”和“场域”中展开的，竞技正义在这些“场”和“场域”中发生、实现、维持。竞技正义的空间性体现在体育竞技的物理空间、精神空间和社会空间三个层次。

物理空间是体育竞技得以进行的物质基础，是人们最为熟悉的空间形式。空间本身不是物，它不带给人们物的具象，但物理空间由物所构成，具体是以建筑物的大小、体积、位置与距离等客观形式表现出来，通常是以物为边界构成的一个独立的区域。体育竞技的空间有着多重“边界”，正是多重“边界”的作用使体育形成了一个独特的空间。体育竞技中的第一重边界就是体育场馆和体育场地的边界。每个竞赛场地都是有边界的，如标准的篮球场是一个由两条 28 米长和两条 15 米长的线切割而成的一个空间；标准的足球场是一个由两条 105 米长和两条 68 米长的线切割而成的一个空间。拳击场是一个用绳子围起来的正方形的台子，围绳内的面积大约为 24 平方米到 37 平方米。田径类比赛是在一个 400 米跑道围成的一个空间中进行。这种有形的边界形成一个可见的物理空间，体育竞技在这个场内进行，身体被规训在具体的物理空间之中，空间的确定性使人的身体活动具有了规范和规制的可能性。

体育竞技的第二重空间是精神空间。精神空间是被人们构想出来的概念空间，概念空间不是虚无的空间，它是能够被“体育人”群体共同认可的空间并存在于他们的行动之中。一提到体育竞技的精神空间，人们很容易想到“公平竞争”的气氛，这是对体育竞技精神空间的条件反射式的认知，尽管它是一种不完整的认知，但也有着一定的合理性。体育竞技的精神空间是在历史阶段决定和体育社会文化背景下的价值观、情感和认知构成的三位立体结构，包含着人的想象、思维、记忆、观点、主张等内容，它注重行为主体间的互动的关系状态。体育竞技精神空间与体育竞技的规则意识是分不开的，如果场地的界线是构建体育竞技物理空间的边界，那么体育规则就是竞技行为的边界。在每种体育运动中，体育规则对运动员能做什么、不能做什么都有着严格的规定。如在篮球运动中，运动员可以运球、传球、投篮等，但是不能带球走；拳击比赛只能击打腰带以上的部位，腰带以下部位是禁止区域等。体育竞技中极其重要的一个边界是裁判员与运动员之间的边界，裁判员与运动员只能二者居其一，绝对不能既当裁判员，又当运动员。正义能够在体育竞技中得以产生和维护的核心边界就是这个边界。社会其他领域的正义难以产生和维护的关键性因素就是很难像体育竞技这样划清裁判员与运动员的界线。其他社会领域的裁判员（第三方、法官、调解员、鉴定人员）与运动员（当事人）总是存在着千丝万缕的利益联系，最终导致裁决结果的歪曲，正义从而被破坏。

体育竞技的第三重空间是社会空间。体育竞技的社会空间是指体育竞技作为一种社会性活动，它存在社会之中，这种活动可以感知并体验一定的社会关系。社会空间使物质和精神、真实和想象借助现实的社会行为和社会关系巧妙地连接起来。空间的形象只不过是特定社会组织形式的投射，由此人们才可能在空间中安排具有不同社会意义的事物，就像在时间上来安排各种意识状态一样。空间因此具有社会意义，它蕴含着丰富的思想观念的建构与行为实践的意义。① 体育竞技有着对权力的分配和制衡关系，这是社会权力关系在体育竞技活动中的投射，社会权力关系的合理性是保障权力造福社会的前提。在体育竞技中，参与主体的运动员、裁判员和观众之间形成了一种相互监督关系，这种监督使体育竞技参与者之间建构了一个对抗性空间，这个空间在竞技场上形成了一种空间张力。首先，裁判员对运动员的行为形成一种监督；其次，运动员对裁判员也有一种监督，运动员在裁判执法失误时可以投诉。再次，观众既对运动员进行监督，更对裁判员进行监督。这种监督使竞技场成为一个透明空间，一切行为都按照规则开展，比赛结果是程序自动运行的自然结果，人为干扰在透明空间被极大地遏制。正义是种日行物，它总是现身于光亮中，它害怕一切黑暗。运动员之间的对抗和裁判员、运动员及观众之间的监督意味着利益主体的在场，利益主体的在场是分配正义的重要条件，主体不在场，主体的利益诉求就不能得到合理的表达。即使利益主体因特殊原因无法直接在场，他也应该间接在场(代理人在场)。体育竞技主体的在场都是直接在场，它对维护主体的利益，实现正义结果有着重要的意义。

正是体育竞技的物理空间、精神空间和社会空间的边界、对抗和监督合力形成了一种竞技正义产生的机制，体育竞技的这种特殊空间结构使得竞技正义具有了鲜明的空间性特点。

第二节　竞技正义的统合性

竞技正义作为一种复合性正义，它包含了分配正义、程序正义和矫正正义，它将几种正义整合在一起，使分配正义、程序正义和矫正正义具有了很好的统合性。这种统合性主要表现在两个维度：一是竞

① 郑震. 空间：一个社会学的概念[J]. 社会学研究，2010 (5)：168-169.

技正义涵盖了人类社会中有关个体正义的几种主要的正义类型。[①] 二是各种正义在竞技正义中既不是平均分配份额，成等量齐观的并列关系，也不是随意性的交错重叠关系，而是以程序正义为基础，以分配正义为目的，以矫正正义为辅助的一种有着逻辑自洽的统合关系。竞技正义的这种统合性是由分配正义、程序正义和矫正正义的内在关系和体育竞技的程序性特性所形成的。

一般说来，分配正义是个体正义的基础，人的存在不仅是原子式的个体存在，同时还是一种相互关联的社会存在。由个体组成的社群与单个个体之间的利益关系是社会关系中主要的也是最重要的关系。分配正义正好是处理个体利益和群体利益关系的具体正义。个体构成的社群需要一个组织做载体，这个载体不仅承载着各个个体的利益总和，还承载着该社群传统、文化、认同和情感。该载体承载的社群的总体利益并不是个体利益的简单集合，而是包含着复杂关系的利益构成。这种载体通常表现为家庭、公共组织和国家等，在竞技体育中表现为各种体育组织。为了实现群体的共同利益，这些载体拥有自身的行为能力和独立意志，具备权利主体所要求的基本条件，从而使它具备了在该群体中对成员进行利益分配的能力。这种利益分配不是无主体的自然交换，而是家庭、组织或国家这样的有权威的分配机构把群体利益按照某种原则分配给个体。当群体组织表现为国家时，它的行为往往表现为政治性行为，当今世界上人们生活的主要群体形式就是

① 由于依照标准不同，人们对正义的分类也不一样。有人依照正义的性质和力量根据把正义分为自然正义、神学正义、天道正义等（何怀宏：《伦理学是什么》，北京大学出版社）。有人把正义分为个人正义、共同体的正义、社会正义和全球正义（姚大志：《社会正义论纲》）。亚里士多德把正义分成一般正义和具体正义，一般正义是相对城邦和社会关系而言的；具体正义是相对于个体关系而言的。具体正义又分为分配正义和矫正正义。亚里士多德的矫正正义实际上包含了我们今天所说的交换正义和矫正正义，由于交换正义在体育竞技中涉及甚少，本书又采用了亚里士多德的具体正义的基本理论，所以说竞技正义涵盖了主要的正义类型。

国家。

分配要获得期待的结果，需要程序正义和矫正正义来落实与保障。当分配正义、程序正义和矫正正义之间不能密切配合，不充分匹配时，即使在分配正义环节上的制度设计如何完善甚至完美，但是最终的分配结果不一定被人们接受，因为分配结果可能与原初的期待差别太大。

程序正义作为正义类型和正义理念实质上是对群体组织各种活动的整个过程所提出的价值要求。在历史上人们有着一段把程序正义理解为形式正义的时期，人们认为程序只是实体的一种形式，形式是为内容服务的，实体才是具体内容，形式正义自然取决于实体正义，程序正义也被看成实体正义的附属性的存在。事实上，程序正义不是形式正义而是过程正义，罗尔斯认为，程序正义和形式正义、实体正义是一种并列关系。实体正义要求内容上的公平，形式正义要求规则适用上的一致，程序正义则要求制定规则和适用规则时有着正当的程式。无论是实体正义还是形式正义，其实现都离不开程序正义。程序正义被忽视或被误解的另一个原因是，程序只是为了实现实体正义和形式正义的手段，程序正义只是手段正义，而不是目的正义。既然只把程序当成手段，对程序本身的善恶好坏就成为次要甚至忽略的东西，即使对其进行评价，也总是从结果出发，获得好的结果的程序就是好程序或善的程序，获得不好的结果的程序就是不好的程序或恶的程序。换言之，程序只有依附性价值，没有独立价值。事实上，程序本身也具有价值意义，罗尔斯提出的纯粹程序正义就展现了程序的独立本性。程序的独立价值不仅表现为它能使实体正义分解到程序的各个环节和每个步骤或过程，它还能弥补或决定实体正义，它能让人们从实践层面和心理层面信服程序决定的结果。2012 年，不少美国报纸头条登载了几内巴·塔莫(Jeneba Tarmoh)和艾莉森·菲力克斯(Allyson Felix)谁去参加奥运会的裁决事件。无论裁判员怎么观看选拔赛的比赛录像，实在无法判断谁是胜出者。因此，体育官员们需要另一种方式来确定谁去参加奥林匹克运动会。体育官员们最终决定了两种方式：一种是再赛一场，把参赛资格授予胜出者；一种是以一种公正的程序——抛硬币的方式来决定。① 程序的独立价值在此可见一斑，程序正义具有十分重要的意义，可以说程序是正义的保障工具，程序本身就是正义。

分配正义是常见的实体正义，它不仅需要程序正义的落实与保障，分配正义本身就有着程序之维。分配正义存在的前提就是分配利益的供给往往满足不了所有分配参与者的需要。有些利益还存在不可分割性，有些利益会随着时间的流逝其价值会逐渐降低，这两种情况加剧了那些利益的稀缺性，用什么方式把那些利益分配给应得的需求者，最终能让分配的“失败者”接受分配结果？这个问题是分配正义必须予以解决的。因此分配组织总是要规定一定的实体分配原则来指导分配行为。而正是这些分配原则导致了一系列自身不能解决的问题。

一是分配原则在不同的社会领域其具体内容会有所变化，原则要变得实用必须要转化成某些具体的标准。这些具体的标准应能够持续反映该项分配制度追求的重大目标和待分配利益的根本性质等。当一个组织超越具体利益的因素行动时，它追求的目标就会变得模糊与复杂。如某个机关要选拔领导，②选拔标准是“有职业操守，有社会责任感，有正当的爱好和社会交际能力”。仔细观察我们会发现这些原则或标准的目标指向性是非常模糊的，“职业操守”“社会责任感”很难有客观标准，不同的人有不同的理解。

二是分配原则的操作性很低。有些时候分配结果会出现事与愿违的情况。如高校招收研究生的活动，实际上就是把接受研究生教育的权利分配给考生。分配的原则就是录取原则，通常确定为“品学兼优”，“品学兼优”中的“学”通过考试成绩来判断，“品”通过推荐的评语来判断。最终招收的学生品德高尚，成绩优异，但是却缺乏独立思考能力，根本不适合于做

---

① Shaw A, K Olson. Fairness as Partiality Aversion: The Development of Procedural Justice[J]. Journal of Experimental Child Psychology, 2014(119) 40-53.

② 在分配正义的视域中，选拔领导就是将一定的公权力分配给某人来行使。

研究工作。要解决这个问题必须有更多因素的考虑。

可见，要在分配正义中寻求实体性上具有说服力的方法有着许多困难。要想促使人们接受那些分配结果，程序将会充当一个重要角色。每种分配机制都会出现“输家”，承受“失败”的分配结果对他们来说已经有着“沉重”的代价。如果他们认为他们的分配结果是以一种可疑的方式进行的，他们将更加难以忍受。相反，如果他们认为是通过一个令人信任的、合理公正的运行机制(程序)进行的，他们就能够接受那种分配结果。心理学研究表明，与分配所得的物质结果相比，人们更关心制定分配决定的方法。[①] 人们的“不公正感”更多的是因为对分配运行机制的不满，而不是对那些抽象的分配原则的不满。

上述分析表明，要实现社会正义，对分配正义、程序正义和矫正正义需形成一种有机结合状态。在一般的社会事务中，这三种主要的正义往往分散在不同的组织、不同的场域中。在社会经济领域，分配正义往往是一种社会制度，可能由一个社会组织来把控；程序正义又由另一个组织来把控，有时没有程序，经济活动在一种无序的状态下进行；矫正正义通常落在调节组织、仲裁组织或司法机关。从分配正义到程序正义再到矫正正义有个漫长的过程，中间关涉到许多部门，如此松散的形式要最终实现社会正义无疑存在很大的难度。但是有一种场合在单一的社会组织中能够很好地实现这三种正义的统合，那就是体育竞技活动。能够有效地把分配正义、程序正义和矫正正义在体育竞技中有机结合起来的主要因素是体育竞技是一种特殊程序，这种程序可以非常巧妙地把分配正义、程序正义和矫正融入一个比较简单的运动项目中。作为单一性活动的体育竞技项目能容纳和承载多种正义类型，并最终实现社会正义的结果。这在其他的社会活动中是比较少见的，因此对多种正义的统合性成为竞技正义的另一特色。

体育竞技作为一种程序与其他社会活动相比有着显著的特殊性，因为

---

① Tyler T R. Procedural Justice Research[J]. Social Justice Research, 1987(1): 46-65.

体育竞技从本质上来说是游戏，体育竞技程序具有游戏的内在特点。首先，游戏是规则性很强的活动，游戏是建立在建构性规则之上的，没有规则就没有游戏。没有规则就没有游戏有两层含义：一是规则是设立游戏的基础，任何游戏都是通过规则建构的。在没有新的游戏规则出现时就没有新游戏的诞生；二是在游戏中破坏规则会导致游戏的中止或终止。这意味着体育竞技者必须遵守体育竞赛规则，一旦破坏，应当立即予以矫正。裁判做出矫正行为的原初目的是让游戏持续进行。这种恢复游戏状态客观上与体育竞技的分配正义目的是不谋而合的。从这一点来看，体育竞技中的裁判员对犯规行为的裁决与纠正，既包含着程序正义，也包含着矫正正义，还包含着分配正义。裁判员对犯规行为的纠正是体育竞技程序中的重要步骤，是程序的主要组成部分，应当属于程序正义的行为范畴。裁判员对犯规行为的纠正是矫正行为是再明白不过的事情，完全用不着赘述。其次，正如休茨所言，游戏有四个主要元素，游戏目的、游戏方法、游戏规则和游戏态度。游戏的前游戏目的和游戏方法给体育竞技这一程序设定了步骤，即只能使用规定的方法来实现前游戏目的，如高尔夫只能用球杆把球推进洞里，足球只能用脚踢进球门，这些既是规则又是程序本身。体育竞技这个程序充满着娱乐性，人们参加体育比赛的主要目的就是来完成一个程序。因此，体育竞技的程序的设置在逻辑上是独立的，它并不为了分配正义而存在，或者说这个程序有着很强的独立价值，而不是工具性价值。体育竞技程序是一个自在的程序，它要实现的正义既是程序正义，也是实体正义。再者，其中游戏目的至少有三个，前游戏目的、游戏目的和游戏的生活目的。前游戏目的是为体育竞技设置程序步骤；游戏目的是赢得比赛；游戏的生活目的才是获得比赛中的奖品。这表明，体育竞技中的分配正义是由程序附带出来的，这意味着，只要程序正义得到了维护，分配正义是一种自然而言的结果，程序的执行不需要遵守其他的分配正义的原则，体育竞技这一程序的有序运行客观上会实现分配正义的目的。因此，我们说竞技正义是以程序正义为基础，以实现分配正义为结果，以矫正正义为辅助的复合性正义，竞技正义有效地实现了分配正义、程序正义和矫正正义的统合。

第三节　竞技正义的内生性

竞技正义的空间性特性和统合性特征是竞技正义的外在特征，竞技正义的内生性是竞技正义的内在特征，也是竞技正义的生命源泉。内生性赋予竞技正义独立价值，内生性是竞技正义值得研究的基础。一种与众不同的事物的生命力应当源自它的内生动力，因为只有事物出自内生动力和内生机制，该事物才会拥有长久的生命力，才能脱颖而出。

从发生学来看，事物主要有两种生产形式，一种是内生型，一种是外生性。内生型是指事物的生成主要依靠事物自身力量的积累，因内部条件的成熟而从“母体”中自然“分娩”出来。外生型是指事物的生成主要不是依靠事物自身力量的积累和内部条件的成熟而诞生，它更多地借助于外力而产生的。

竞技正义的内生性是指竞技正义生成于体育空间之中，体育空间中的各种力量的作用自动催生了竞技正义，竞技正义的产生无须凭借体育空间以外的力量就能得到诞生和维持。竞技正义中分配正义、程序正义和矫正正义均由体育空间中的力量来管控与促成。

从宏观上来看，竞技正义的内生性是指竞技正义在竞技体育的内部就能得以实现，而无须借助体育系统外的其他社会组织，如政府、法院等维护社会正义的组织。从涉及的人员来说，竞技正义在体育官员、运动员、裁判员、观众、体育仲裁员等体育内部人员之中得以实现，它无须依赖体育系统外部的政府官员、法官或其他的社会执法人员。

从微观来看，竞技正义的内生性首先源自体育空间的独立性。尽管体育空间是社会空间中的一个组成部分，它与社会空间有着千丝万缕之联系，但是体育空间有着一定的相对独立性。体育竞技主要由体育组织举办，由裁判员、运动员和观众参与，体育空间主要由体育组织、体育官员、裁判员、运动员和观众等元素构成。体育空间的独立性首先表现为体育组织的独立性。尽管有时可能有国家领导人或其他政府官员参加颁奖仪式，那种参与是形式的，对体育竞技活动的具体运行没有实质性的影响。

体育竞技的运行受制于两个方面，一种是政府对体育组织的管理，另一种是体育组织内部的管理。就管理层面来说，体育组织是一种特殊的社会组织，它不同于国家机关，不要接受政府的严格管控，政府一般都将自主权交给了体育组织。政府对体育组织的管理多属于宏观层面的，如对体育组织的拨款；关注体育组织不出现对抗国家和政府的举动；和体育组织一道共同调节体育结构，维护体育秩序和协调体育发展。经过长时间的发展，体育组织与政府之间的关系趋向于“政府—市场—体育组织”多重结构，当前的体育组织总体上改变了以前政府“附庸”的局势，体育组织管理呈现了很大的独立性。

体育组织管理，是指体育组织管理者对其可支配的资源通过组织、指挥、计划、协调和控制等手段进行优化和配置。体育组织的管理越来越像经济领域中的独立的公司，其内部管理多表现为一种治理模式。治理模式注重自上而下的管理与自下而上的参与的结合，强调主体的多元化。权利主体共同参与公共事务，各主体之间通过协商、对话建立合作伙伴关系。体育组织的管理是各方力量相互合作之上的治理。此外，体育组织的管理呈现出专业性特点，即参与体育组织管理的人多出自体育系统或热爱或精通体育的人员，他们懂得体育的运行规律和规则，能够自觉地让体育组织处于一种利于体育竞技的自由状态。

竞技正义的内生性主要是由体育竞技中的博弈关系引起的，人类社会在长期的演化过程中表现出一定的秩序与结构，这种秩序与结构一方面体现为行为模式；另一方面体现为制约行为选择的组织规则：政策、法律、法规、纪律等正式规则和宗教、道德、族规，社会规范等非正式规则。这些规则共同构成维持人和社会的存在和发展的制度，在这些制度中，人们形成了一种博弈关系。我们可以通过博弈论的理论来分析这种博弈关系。

博弈论是刻画制度的基本语言，[①]在英语中，博弈论表达为game theory，这个词组在体育语境中可以译成游戏理论或游戏论。博弈论和游戏论在英文中的同源如果不是出于纯粹的偶然，则说明二者有相似之处。要么说明游戏存在着某种博弈，要么说明博弈论中有游戏成分。体育竞技的本质是游戏，游戏是体育竞技的内核。从博弈与游戏的同源来说，我们似乎也可以说体育竞技的本质是博弈，或者我们至少可以说体育竞技充满着博弈。游戏不仅是人从孩童时起就伴随着人成长的活动，在人类社会实践中扮演了重要角色，还在理论研究中也占有重要地位。无论是孩子们的“老鹰抓小鸡”，还是大人们的棋牌娱乐，以及运动员的体育竞技都是游戏的具体形式。博弈论的思想火花就产生于游戏，数学家奥斯卡·摩根斯坦和冯·诺依曼正是从日常的扑克牌和国际象棋等游戏中获得了灵感，开始使用数学模型探讨游戏者在游戏中怎样选择自己的策略，并且证明了在零和博弈中，有着一种可以使各方最大损失极小化的方法，为现代博弈论奠定了理论基础。

如果对博弈与游戏进行比较，我们不难看出他们的共同特征。首先，无论是游戏（自娱自乐的个人游戏除外）还是博弈，参与者之间有着强大的相互依存与互动性关系。日常游戏大多数需要两个或两个以上的参与者，离开对方，游戏就会终止。在游戏过程中各方彼此间会产生错综复杂的影响，游戏的结果由参与者的共同行为决定。博弈论研究的是两个或两个以上的决策者之间相互影响的决策行为，所以博弈论也称“对策论”。在战略性环境中，博弈决策者不是面对单个的场景，而是出于复杂的相互依存的网络。决策者目标的实现不是单向选择的结果，而是根据或者依赖与其他决策者策略选择来进行应对。因此，博弈者不仅要考虑自己的利益，还要考虑其他博弈者的策略，彼此间存在着明显的互动性。

其次，游戏规则的重要性。游戏和博弈都有着规则，这些规则是游戏

---

① CrawfordS S. Ostrom E. A Grammar of Institiutions[J]. American Political Science Review, 1993(3): 582-560

和博弈的基础，游戏的概念就是由游戏规则定义的。荷兰学者约翰·胡伊青加(有人译为赫伊津哈)认为，“一切游戏皆有其规则”“一旦规则遭到破坏，整个游戏世界便会坍塌”。[①] 博弈也像游戏一样需要遵守共同的规则，在博弈中，对博弈者行动方式、信息掌握情况、效用结构等条件的设定就是博弈的基本规则，博弈中的游戏规则是预设和不变的，它奠定了博弈基础，决定了博弈性质，也影响博弈结果。

博弈论从诞生以来，在数学和经济学界产生了很大影响，事实上，从博弈论的视角来解释和理解社会正义也有很强的解释力，只是我们需要沿着分析博弈规则如何生成，博弈规则能否自我实施和博弈规则如何体现社会正义的思路来进行。正义理论通常是在一种社会关系和社会结构中产生与演化的，由于人的自私的本质，在社会活动中如果我们完全依照个人理性选择的话，结果往往会导致集体不合作的结果，因为社会资源是有限的，而人的欲求是无限的。因此，人类要避免霍布斯所说的人与人的战争状态，人们必须结成组织。这些组织包含国家和各种社会组织，因此人与人的博弈是在组织制定的博弈规则(制度)的指引下进行的。这些规则包括国家层面的法律规则、政策规则、各种制度规则等，也包括各种社会组织的规章制度，如律师职业伦理、教师职业道德，体育竞赛规则等。人总是生活在时代的文化和制度织成的网络中，即使是原始先民也不例外，他们也有着复杂的群体组织和各种制度。因此，人们的博弈规则不是在真空中产生的，他来自人类的理性实践。博弈规则通常是对已有的社会规则的某种选择，那些社会规则主要表现为制度。日本学者青木昌彦认为，制度是关于博弈重复进行的主要方式的共有信念的自我维系系统。[②] 制度是博弈均衡的结果，社会秩序是社会资本投资和信任关系的产物，具有社会正义内涵善的价值是通过博弈规则的制度层面得以实现的。青木昌彦和奥斯特罗姆都认为，博弈规则不是以某种外在方式由外部给定的，博弈规则内

① 胡伊青加. 人：游戏者[M]. 成穷，译. 贵阳：贵州人民出版社，1998：14.

② 青木昌彦. 比较制度分析[M]. 周黎安，译. 北京：上海远东出版社，2001：11.

生于博弈参与人的策略互动之中，它存在于博弈参与人的意识当中，而且是能够自我实施的。奥斯特罗姆从宽泛的角度把制度理解为一种机制，该机制明确地、公开地向社会阐发动机来实施准则或规则，制度是一种自我维系和自我实施的规则系统。

博弈规则通过两种方式来进行自我实施：一种是不需要外在机构的自我实施，这种实施依赖博弈参与者的个人自觉遵守；另一种是需要外在机构的自我实施，博弈规则需要借助某个执法机构来完成自我实施。如经济博弈中的仲裁机构和司法机构，体育竞技中体育组织、裁判组织等。在这种自我实施方式中，执法机构可以视为博弈规则的一个组成部分。当然，这两种方式中前一种更加理想，但是要求参与者达到高度的自我统治状态，或者说拥有高尚的道德情操，有着卓越的自律力。这在现实生活中几乎是不存在的，即使是在家庭或宗教团体等组织中，非正式的制度执行也需要组织和监督。在第二种实施方式中，有人因为外在执法机构的参与从而否认它是一种自我实施。导致这一认识的原因是他们把外在强制力与自我博弈对立了起来，其实，当我们把外在的执法机构纳入博弈过程中时，执法机构成了博弈中的第三方。在现实的社会活动中，博弈的第三方包括执法机构、仲裁机构、调解机构，以及其他的个人等。这样，博弈规则的产生就进入了组织团体和社会关系中，这种自我博弈与制度约束的结合有利于解决“谁来治理治理者”的难题。① 在这里，我们还有必要进一步解释的是，博弈规则在自我实施的过程中是否要无条件地服从某种法则。事实表明，博弈规则制定者（立法机构）的意志必须完全符合博弈过程中每个参与者的意志，易言之，每个人都要无条件地付出“普遍意志（公意）”。因为普遍意志代表了每个个体最深刻和最真实的目的，又总是指向某种公共利益。正如卢梭所说，“不论是谁，只要他拒绝服从普遍意志，社会整体就要强迫它服从这个意志，那意味着他要被强迫是自由的”，②这种自由是一种

① 陈毅. 博弈规则：社会正义的制度之维[J]. 长春工业大学学报（社会科学版），2006(4)：31.

② 徐向东. 自由主义、社会契约与政治辩论[M]. 北京：北京大学出版社，2005：150.

受强迫的自由。所谓“受强迫的自由”是指：如果有些人的行为威胁着自由的条件或状态，那么其他人就有权利强迫他们服从那些条件和维护那种状态。康德也认为，“任何一种责任的概念也意味着通过法律来强制或约束一个自由意志的思想。按照责任来行动，因此，也就意味着自愿接受一个至高无上的正义标准作为我们自己的权威。这种权威的强制力量来自两个源泉：一方面，我们具有内在的良知，亦即具有服从道德原则的内在意识；另一方面，我们感到我们受到一个法律上设定的外在权威的强制性威胁”。① 这种“外在权威的强制性威胁”正是由至高无上的正义标准所提供的。

博弈规则的这种自我实现在竞技体育中得到了良好的诠释。体育竞技的原初博弈者为体育比赛的参与者，如拳击比赛中的双方，或足球比赛中对抗方。博弈规则是由体育组织拳击协会或足球协会制定的。在博弈（比赛）过程中，为了避免双方队员犯规过多，使比赛正常进行，裁判员作为第三方参加博弈过程。此时运动员与裁判员之间形成了另一种博弈，裁判员需要监督运动员不违背比赛规则去获得不正当的利益；此时的运动员也要监督裁判员不利用手中的权力损害自己的正当权益。在整个竞技（博弈）过程中，运动员规则和裁判员规则都要符合社会正义的标准，而且都是正义理念在体育竞技中的具体体现。

体育竞技制度是由体育组织、体育规则、体育习俗和体育信念等组成的系统，它能够形成有规律的体育竞技行为。从本质来说，体育竞技制度是为竞技体育参与者的行动提供一种较为确定性的准则，这种准则规定了竞技行动与竞技结果较为确定性的联系。作为描述参与者之间有关博弈场景的共同知识，体育竞技制度是外生规则。在整个体育竞技的程序中，体育制度作为所有参与者事前都知晓且必须遵守的规范，表现为外生规则介入体育竞技过程，但是作为描述参与者关于博弈具体是如何被进行或实施的共同信念，体育制度又是一种内生规则；就体育空间而言，竞技体育构

① 徐向东. 自由主义、社会契约与政治辩论[M]. 北京：北京大学出版社，2005：66.

成一个独立于其他社会领域的独立场域，这一场域恰恰是体育制度构建的，离开体育制度，就没有体育空间。因此，体育制度是竞技体育得以产生的内生规则，体育制度确定下来的体育空间正是体育制度“分娩”出来的。可见体育制度对竞技体育而言是内生的，体育制度就像一个电脑程序被装进竞技体育这台电脑之后，只要往里面输入比赛，就会自动生成竞技正义。

第五章

竞技正义的生成机制

竞技正义的生成机制是整个体育竞技的主体、规则、程序等要素之间形成的促使竞技正义产生的结构关系和运行方式。在上一章讨论竞技正义的特点时，我们已经分析了竞技正义产生的部分机制，那些是为了揭示竞技正义特点的需要进行阐发的，主要是从微观上进行解释。体育规则和竞赛规程是竞技正义产生的核心因素，也就是体育核心空间—赛场上的基本制度。从体育竞技的形式上看来，它们构成了整个竞技的软环境。离开这些软环境，体育竞技只会是一些人的集合。

竞技正义的实现首先离不开体育规则。体育规则的外延是比较宽泛的，从广义上来说，体育规则包含对体育运动具有影响的所有规则，有外部规则，也有内部规则。其中外部规则包括政策性规则和法律规则。所谓体育政策性规则是指国家机关为了实现对体育活动的规范，按照一定的行政程序制定的，具有一定强制力的办法、意见、规定、命令、决定等。所谓体育的法律规则是指国家机关为了对一国体育进行管理所颁布的相关的法律法规，如体育法。体育的内部规则有人把它称为行业规则，这些行业规则直接作用于体育活动，具体调整着整个体育行业运行和发展中的各种关系，这些规则有着专业性、规范性和自律性的特点。如足球联赛中的相关规则，虽然以竞赛规则为核心，但还包括足球组织的职责与权限、足球社团的管理规定，足球赛事的举办原则等规则。本书主要讨论体育规则与竞技正义的关系，着重从体育竞技的角度来讨论分析体育规则。因此只讨论与体育竞技的分配正义、程序正义和矫正正义关系紧密的体育规则。具言之，即体育的竞赛规则，主要指体育竞技中运动员、裁判员、教练员必须遵守的规则。它包括运动员、教练员在体育竞技中必须遵守的技术规则和裁判员必须遵守的公正执法的伦理规则。

第一节　体育规则的意义与遵守

《体育大辞典》将体育规则定义为“为进行运动竞赛而制定的统一规范和准则。”①竞技体育不是一种“自然物品”，而是“人造物品”。自然界不会自动长出被称为体育的“植物”或“动物”，离开人的创造，竞技体育不会出现。竞技体育是人们通过规则构建出来的思维产品。规则是一切竞技体育项目得以产生的基础，离开规则，竞技体育就是无源之水，无本之木。著名学者凯瑟琳·佩尔森(Kathleen Pearson)认为，体育竞技与其他的社会活动相比，其特别之处就在它的规则。体育规则不仅对体育参与者有约束作用，而且还把运动项目彼此区别开来。即使有些运动项目看起来非常相似，它们在规则的某些细节上肯定是不一样的。所以，体育竞技的规则总是与每个项目紧密联系在一起，可以说，不同的运动项目有着不同的体育规则，其根本原因就在于每个运动项目都是由具体的体育建构性规则构建起来的。

体育的外部规则比较庞杂，但内部规则也不简单。当我们仔细剖析与竞技相关的内部规则时，我们可以看到至少有七种实质性的规则值得我们高度注意，它们分别是：建构性规则、规范性规则、解释性规则、辅助性规则、技巧性规则和战术性规则。

① 陈安槐，陈荫生．体育大辞典[Z]．上海：上海辞书出版社，2000：14.

一、体育建构性规则及其功能

著名经济学、法学学者哈耶克认为，人类社会在演进的过程中，产生了两种不同的秩序。一种是自发形成的自然秩序，哈耶克称其为内部秩序，内部秩序是自生自发的。另一种是建构性的秩序，哈耶克称其为外部秩序。外部秩序是通过人的意志制定的秩序，哈耶克认为，组织就是一种外部秩序，因为它是人们经过深思熟虑后设计出来的一种结构，这种结构产生是为了实现某一个目的。

从历史发展的视角来看，今天的人类社会结构是从原始社会的制度中一步一步演化过来的，整个社会总体表现出一种自发秩序的形式。但是，当人类对自然和社会运行有了高度的认识后，人类开始凭借自己的理性，依照事物发展的规则构建一些有利益人类发展的活动，这些活动形成了具有自身特色的秩序。其中有政治的，如国家的设立；有经济的，如各种经济组织的设立；有文化的，如体育活动的开展。这种秩序的构建是人类对自身存在的一种觉醒，这种设计从人类的理性意识到社会制度可由人的理性来建构之时起就可能存在。

人们对原本不存在的某种秩序的构建主要是通过规则来进行的，有了人们共识的规则，人人遵守，照“规”行事，就会出现人们期待的那种秩序。早期的理论家认为构建社会秩序的规则主要有两种，一种是建构性规则，一种是规范性规则。理论界曾经长期难以分清这两种规则的区别。后来哲学家罗尔斯和约翰·赛尔(John Searle)各自为了解释道德学说和社会世界的本质时对两种规则进行了辨别，他们认为，规范性规则只是规范现存的实践活动；建构性规则定义那些还未存在的社会实践。易言之，建构性规则建构了新的社会实践活动。值得注意的是，作为建构性规则，它必须以一种方式来定义人们真正可以从事的实践活动。如果这样，这意味着建构性规则与实践活动的结构有直接关系，并且使活动参与者的信念和行为成为可能。

打篮球是“什么”？下象棋是“什么”？违法又是“什么”？所有这些活动都有个共性，那就是如果没有参考某些规则，它们就没法被描述出来。这使得那些规则比较特殊，在一定意义上，没有某些规则，某些活动就无法被定义，也无法存在。在哲学上，这种规则通常被称为建构性规则，因为对那些实践活动来说，这些规则具有建构性，它们从无到有，是被设计出来的。

建构性规则的概念基本上是20世纪哲学的产物，最早对它的具体讨论是在维特根斯坦的晚期著作中，尤其他的《哲学研究》。在该书里，维特根斯坦创立了语言游戏的概念，认为语言的功能是寻找语言在日常使用中的逻辑，它的概念是建立在语言与游戏规则的类比之上的。维特根斯坦认为，说一种语言就像玩一种游戏，它指涉到一系列的活动与实践，这些活动与实践的意义取决于那些使这些活动与实践成为可能的一整套规则。

后来，罗尔斯也对建构性规则进行了探索分析。罗尔斯认为，规则是用来定义实践的图片(rules are pictured as defining a practice)。[①] 实践规则优先于具体的实践事件，人的行为总是与某种具体的实践联系在一起，人的行为需要与定义该实践的规则相一致。教某人参与某项活动的实践就是教某人这项活动的规则，罗尔斯特意以垒球为例来解释他的这一观点：打垒球时有着许多基础动作，如投球、跑动、挥动一根有着特殊形状的木棒等，这一系列动作只有在垒球规则下才成为可能和负有意义。无论一个人做什么，他都不会被看成是“偷垒”“滑垒”或“本垒打”，除非他所做的是在打垒球。对他来说，那样做的前提是有种规则构建垒球这项活动。谈到垒球时，人们可能不是讨论垒球，他们可能是在讨论垒球的规则，从根本上说来，如果不参照垒球的规则就不可能对垒球进行讨论。从这个视角来说，垒球就是垒球规则。

更晚些时期，美国哲学家赛尔更有力地论证了规范性规则和建构性规则的区别。规范性规则规范已经存在的实践或活动，在一项具体的活动

---

① Rawls, J. Two Concepts of Rules[J]. The Philosophical Review, 1955(64): 3-32.

中，许多规范性规则是相容的。规范性规则的变化不会从根本上改变该项活动。例如驾驶活动，把“靠右行驶”的规则改为“靠左行驶”并没有改变驾驶活动的本质。与之不同的是，建构规则不能从它构建的实践中区别出来，赛尔认为，建构性规则与其建构的实践之间形成了一种这样的结构：“X在C中视为Y”。这里的X和Y指两种物理或制度的事物，C指这个公式运用的环境。基本上，建构性规则授予某个事物一种状态或一种被所有人共同认可的特殊身份。① 例如，在象棋比赛中，一方把棋盘上的卒向前移动一步时，它的移动(物理事实)就应看成是士兵向前推进了一步。因为下棋的双方是在象棋规则设定的环境中进行的。赛尔的建构性规则有着有趣的特性，它们具有施为性和具有道义上的力量。建构性规则从字面上创建了一个制度性的现实。譬如，如果一群人集体同意某种样式的纸是“钱”，那么，这个同意就创造了“钱”，建构性规则具有了道义上的力量，因为把任何一种功能Y分配给某一具体的事物或人X，就意味着X必须或能够做某事。

尽管维特根斯坦、罗尔斯和赛尔对建构性规则有着不同的定义，但是它们却有着相同的内核，它们对我们理解竞技体育活动和体育建构性规则有着重大意义。

体育运动就是一种建构性活动。在竞技体育空间形成的秩序就是人们通过理性而构建的一种竞争秩序。从历史来看，自然世界没有产生一种叫体育的事物，体育完全是人们根据自身的需要通过规则构建出来的文化活动。这种活动的产生完全依赖制造秩序的规则，我们把能够建构某种新秩序、新活动、新空间的规则称为建构性规则。

建构性规则是社会现实的一个核心元素，它创造了我们参加社会实践的可能性，这些实践包括体育竞技，买卖商品，开办公司，相互交流等。游戏理论需要建构性规则来做基础，只有建构性规则才能打破游戏的不确定性。

---

① Searle, J. R. The Construction of Social Reality[M]. New York, NY: Simon and Schuster, 1995: 24.

竞技体育是一种严格受到规则约束的游戏活动，每一种竞技项目都有一整套的建构性规则来建立起手段—目的关系，这种关系会为实现目标和完成竞技目的限制某些有效的方法。体育竞技就是一种有效的测试，其中从手段而获得目的的结果要想顺利实现，手段之一就是其中使用的方法既不是太容易，也不是太难。建构性规则就是要确定参加体育竞技时适当的动作和程序，它包括有关动作发生的空间和时间的规则。它会明确规定在体育竞技中，哪些动作可以做，哪些动作不能做。在每个具体的竞技项目中，什么样的动作是成功的，什么样的动作是失败的。建构性规则是对实现某种运动项目目的而限制可以采用的方法的描述，它规定了什么动作是可以接受的，什么动作是被禁止的。然而，值得我们注意的是，从排除选择的自由这点上来讲，建构性规则并没有规定动作，易言之，在具体的竞技项目中，不是每个动作都是有着具体规定的，只是那些被禁止的动作竞技者不能选择，其他的动作还是有选择的自由的。建构性规则只是确立了一种测试的边界，自由只能在这个边界内进行表达。所以，建构性规则在实现竞技目的时对允许的动作和程序来说既不能随意选择也不是没有选择。著名体育哲学家梅耶尔(Meier)认为，①建构性规则是有韧性的，也就是说，对规则和规则构成的体育活动来说，体育规则里没有什么绝对的，固定的东西。梅耶尔还认为，其实，建构性规则通常是一个或多个运动项目的发明者努力去提供一些充分、充满了诱惑性和挑战性的竞赛的结果而已。因此，建构性规则可以收紧，也可以放松，这正是那些以制度的形式来控制体育事业的体育组织(如各种专业体育协会中的规则委员会)的目的和明确的授权。

建构性规则对体育竞技有着基础性意义，这种意义不仅仅在于体育建构性规则构建了运动项目。根据休茨的理论，体育实质上是由规则构建的一种游戏。这种由建构性规则构建出来的游戏理论对理解整个人类社会有

① Hardman A R. Change in Sport: A Critical Evaluation of Normative Constraints [D]. The Pennsylvania State University, Doctor disertaton, 1999: 13.

着非同一般的意义。

二、体育规范性规则及其功能

一般情况下，体育竞技主要受到两种规则的调控，即建构性规则和规范性规则的调控。如上所述，建构性规则是用来定义比赛目的以及规定为实现比赛目的的手段、比赛场地、比赛强度，赛场设备等内容的规则。规范性规则影响比赛，它反映了竞技体育参与者的态度、偏好、价值以及对建构性规则破坏后的矫正与处罚。

与体育竞技整套的建构性规则密切相关的规则应该是当某个建构性规则被故意或过失性打破时规定对该行为予以处罚的规则，这些规则既包括对对手的人身犯规行为的处罚，如在冰上曲棍球中对用球棍打人的犯规行为的处罚，足球中的对绊摔或抢截对方行为的处罚；也包括违反结构性规则的判罚，如足球中的越位行为，篮球中的回场行为等。规范性规则通常是通过某种限制来达到一种对应状况，因为它们设计一些制裁方法以防止运动员做出在竞赛中被禁止的行为。这些制裁可能是对不太严重的犯规动作的处罚，如将足球踢出场外时判给对方发球；也可能是对比较严重的犯规的处罚，如橄榄球中粗暴冲击对方球员时被罚下场的处罚。在前一种制裁中，只是恢复了场上比赛的公平状态，其目的是使因犯规行为而获得优势的一方通过制裁失去那种优势，后一种制度因为犯规情节严重，它不仅要让犯规方失去其不应得到的那些优势，还要对其进行一定程度的惩罚，处罚的程度超过了犯规时获得的优势这一范围。

从结构的视角来看建构性规则和规范性的关系，就是核心内容和保护措施。正像建构性规则是主人的羊群，规范性规则是牧羊人。主人要想自己的羊群自然成长，不受伤害，就得有人看护羊群，否则羊群可以遭到其他动物的攻击。因此我们清晰地看到体育建构性规则和规范性规则的区别与联系。

规范性规则的存在基于两个层面。一是规范性规则以建构性规则为基础。没有建构性规则对某种实践的构建，规范性规则就失去存在的土壤，根本不存在的实践没有遭到被破坏的可能。二是规范性规则构建某一实践后，该实践有遭到破坏的可能甚至经常性地被破坏。没有规范性规则的纠正和保护，实践就会难以持续，或实践朝着预想之外的方向发展。

在体育竞技中，犯规是经常发生的事，事实表明，并不是所有的体育竞技参与者都严格按照建构性规则的字面意义和内在精神来开展体育竞技。体育竞技中的犯规在所难免，建构性规则被破坏的原因多种多样。

首先，在剧烈的身体对抗中，有许多偶然的因素会引起犯规。这种完全因为人无法控制的偶然因素导致的犯规我们称为过失犯规。如篮球比赛中防守队员不经意的绊倒对方。有时也会因为场地或设备的原因导致过失性犯规。如地板太滑，本应可以控制的身体失去平衡导致犯规。过失性犯规也可能不是因为某种事故而是因为不知情而导致的，如参加高尔夫运动的新手对规则的不熟悉在不经意间改变了球位。

其次，在体育竞技中有人故意犯规，这种故意犯规又有两种情况，一种是故意犯规希望得到裁判的判罚以实现某种战术目的，最终赢得比赛。这种犯规被认为是体育竞技中可以接受的犯规，既然犯规在竞技中可以接受，犯规不会带来道义上的压力，而且还会带来某种优势，作为自利的人是不会不考虑利用这种机会的。体育规则中的这种犯规行为的合理存在正是体育建构主义理论饱受诟病的症结。体育特质主义和情景主义甚至认为犯规是建构性规则的组成部分。这种逻辑似乎表明，只要是从事体育竞技，不犯规都不行，不犯规似乎违背了体育规则。这样看来，在竞技体育中避免犯规似乎获得了某种正当性。另一种故意犯规是犯规者故意违背体育建构性规则但不希望裁判员看到并受到处罚。这是一种侥幸行为，在场面较大、人数较多的体育竞技中，这种侥幸心理的得逞也是存在的。但是随着电子监视设备在体育竞技中的广泛应用，以及视频裁判的设立，这种犯规现象会越来越少，但并不能保证完全杜绝。

正是体育比赛中的犯规行为和竞技行为如影随形的关系，体育规则的主体部分就专门设置了规范性规则。如篮球、足球、橄榄球规则条文中有大量规则是规范性规则。虽然没有建构性规则就不会有规范性规则，但是也可以说没有规范性规则也就没有建构性规则，因为体育的建构性规则被破坏后，如果不及时矫正，体育竞技就无法进行，客观上会导致建构性规则构建的活动项目无法得以实践。

三、体育竞技中的其他规则及其功能

在与体育竞技有关的规则中，除建构性规则和规范性规则外，还有解释性规则、辅助性规则、创新性规则、技巧性规则和战术性规则，它们在体育竞技中都发挥着各自的功能，对体育竞技的顺利开展和维护竞技正义有着不可忽视的作用。

建构性规则和由它派生出的规范性规则产生了一种不太严格意义上的对体育运动项目的“正式”的解释。这种对体育的解释方式认为，体育是由建构性规则建构出来的，一种运动项目有了建构性规则和规范性规则就已经被“生产”出来了。持有这种观点的人形成了一个理论派别被称为建构主义派(或形式主义派)。建构主义者认为，不同运动项目的概念只要通过这种正式规则的定义就可以了。反对这种观点的情景主义者认为，建构主义对体育的解释是不充分的。著名体育学者梅耶尔尽管不赞同情景主义，但他也密切注意到有些理论家的以下观点：为了充分理解在体育运动中出现或限制的体育行为，有必要在规则解释外补充在具体活动中经常表现出来的“特质”。福瑞德·达戈斯蒂诺(Fred D’Agostino)认为，体育这种“特质”与“统摄通过形式规则进行正式解释的非正式的、隐性的、具有实证决定性的惯习”有关。[①] 换言之，体育运动中有些体育行为和体育现象不是完全可以由建构性规则和规范性规则甚至全部规则可以解释的，那些行为和现象只能用体育运动本身具有的特性和气质才能得到合理解释。体育特征的解释可以帮助解释裁判员、运动员和球迷们常常故意忽视的犯规现

① Agostino F D. The Ethos of Games[J]. Journal of the Philosophy of Sport, 1981(XI): 7.

象。裁判员、运动员和观众有时故意忽视某些犯规现象主要是因为考虑到别的“善”，如保持体育竞技的流畅性；使体育竞技对观众来说更加精彩；使官方对比赛结果的影响最小化等。如果一场比赛的每个细小的犯规动作都要停下来进行处理的话，整个比赛一定会耗时过长，毫无效率，也无精彩可言。运动员的一些有创意的精彩动作往往是即席表现出来的，一场经常被打断的比赛很难酝酿出运动员发挥水平的最好氛围。普遍的体育特征可以允许运动员、裁判员和观众以两种不同的方式来认识体育的正式规则：一种是运动员会非常谨慎小心地遵守竞技规则；另一种是运动员认为有些行为是不允许但可以接受的，因为它根据规则只会遭遇到一定程度的判罚；有些行为是不允许也不能接受的，因为它会遭遇到规则的惩罚，如被罚下场或取消比赛资格。运动员会根据违规带来的利益和处罚之间权衡来选择做出怎样的行为。对体育规则的过度关注对体育竞技水平的发挥会产生负面影响，解释性规则可以帮助竞技者克服这种不良影响。

建构性规则、规范性规则和解释性规则对体育竞技有着关键作用，辅助性规则主要影响体育竞技的准入和竞技水平，它们在竞技之外对运动员进行着严格的限制。在竞技体育中通常有三种辅助性规则：与竞技参与者的安全和身体压力（physical stress）相关的规则，基于年龄、性别、体重、能力等要素的对参与者进行限制的规则和各种各样的有关制服、设备、资格、准备和使用提高成绩的药物与技术的相关规则。辅助性规则的使用主要是为了解决一些具体问题，如“对违禁药物的服用”之类的规则在建构性规则和规范性规则中是空缺的。但是随着科技水平的日益提高，提高运动成绩的各种药物层出不穷，建构性规则也无法对其予以规定。梅耶尔认为，辅助性规则是基于以下事实而存在的：建构性规则只是确定了“被允许的那样进行”，但是并没有在赛前对这种“被允许”做出前提性具体限制。如果运动员服用了提高成绩的违禁药物，对公平比赛来说肯定是不恰当的。因此，应当由体育官员或体育组织来对其进行确认、立法，这种规则对体育竞技来说，是以一种外在方式而存在的，这种问题与其说是一个游戏逻辑问题，不如说一个价值问题。①

所有的运动项目都有着一种引入创新方法的趋向，接受这种创新变化的动机和理由各种各样，其中之一就是提高运动水平，因为在体育竞技的竞技场上和准备阶段，战术和技巧都是极其重要的。其他的创新目的有：更加安全、商业机会、美学需要等。创新性规则与其他规则的区别在于这种规则的变化都是事前发生的。相对于其他规则，创新性规则是独立运行的，但最终会引起其他规则的变化。早期美国橄榄球运动员开始使用护膝和头盔主要是他们觉得那样做安全并不是对辅助性规则规定的回应。到了晚近时期，这种创新规则才变成了一种辅助性规则。在板球的早期阶段，球棍的宽度没有限制，后来发现它影响了板球运动的整体性，于是对球棍的宽度进行了规定。在足球运动中，禁止手球的规则已经存在了很长时间，但是对手球的黄牌处罚却是近期的事情，因为人们发现这样做可以阻止运动员巧妙使用“手上技巧”。技巧和战术也一直在经历这样的创新，迪克·福斯贝里(Dick Fosbury)对跳高运动的技巧进行了革命性的变革，改变了人们以前从正前方跨越横杠的观念，后来成为跳高运动中一个重要的技巧原则。② 当然，体育竞技中的多数创新性规则是独立于其他规则而出现的，如设备技术的创新，准备活动的方法的创新等。用于比赛的运动跑

---

① Meier K V. Restless Sport[J]. Journal of the Philosophy of Sport, 1985 (1): 64-77.

② 迪克·福斯贝里是美国男子田径运动员，曾获得墨西哥夏季奥运会金牌 1 枚。早些时候，跳高运动员都用内侧脚起跳，再侧转外侧脚，横过标杆。福斯贝里采用背越式跳高，助跑到最高速度时从外侧脚起跳，在空中旋转身体，头部和背部先过横杆，即跑弧线接近横竿，转身单腿起跳后背对横竿，头部、上体、臀部、脚依次过杆，用肩背部落地，这种“背越式”的姿势成了他以后制胜的法宝。一开始，人们对这种违背传统的姿势持怀疑态度，甚至感到滑稽可笑，但福斯贝里毫不动摇，坚持采用背越式参加跳高比赛。1965 年，福斯贝里用这种独特的背越式技术越过了 2 米的高度，使人们看到了这种新姿势的生命力。1967 年，福斯贝里的背越式技术更趋完善，他跃过了 2.13 米的高度，这一成绩使他跻身于世界优秀运动员的行列。1968 年在墨西哥城奥运会上，他以 2.24 米的成绩打破了奥运会纪录并获金牌。他优美而舒展的姿势最终征服了世人，人们把背越式同他的名字连在一起，称为“福斯贝里背越式”跳高。1987 年，国际田联将福斯贝里在 1968 年用全新的背越式跳高技术获得奥运会金牌的时刻，评选为世界田坛 75 年来“100 个金色时刻”之一。

鞋的设计一直在创新，变得越来越强，与袜子的粘合度越来越好，这有利于提高运动成绩和减少损伤。训练项目的创新使得运动员获得了最大的生理提升。这些规则与辅助性规则并不冲突，创新性规则带着提高运动水平的合理性通过赛前或赛后参与的方式成为体育竞技的组成部分。

休茨认为，除了建构体育项目的规则外，还有一些规则"在被建构性规则圈定的范围内"起作用。这些规则即是他所称的技巧性规则，许多体育术语就表明了这些规则的存在。如"全神贯注（keep your eyes on the ball）"，（短跑时）不要太绷紧上半身，（足球）守门员要提前封住对方进球的角度等。这些规则不是建构性规则的组成部分，因为违背这些规则可能导致比赛不够剧烈与精彩，但压根就不会影响比赛的正常进行。运动员经常尝试使用这些规则来实现他们的某些竞技目的。如乒乓球中的侧旋球、搓球技巧规则；足球中的"蝴蝶球（knuckle-ball）""穿裆过人（nutmeg）""交叉运球"等技巧规则；篮球中的"勾手射篮（hook-shot）""挡拆（pick and roll）"等技巧规则。创新性技巧出现在体育竞技中被建构性规则许可的实现体育竞技目的的开放性的方法中。

除了培养技巧很高的技术外，运动员和教练员还尝试用创新的方法运用已有的运动技巧。这里不是发明崭新的运动技巧，而是用最好的战术方式把早已存在的一切技巧进行联合运用。这种战术性规则我们可以找到很多事例。如足球中队形布局，在充分考虑到球员的特点后，在球场上有个总体位置安排，它体现了一个足球的战术性技巧。如费伦克·帕斯卡斯（Ferenk Puskas）的3-5-2的革命性布阵，篮球运动中"人盯人"的防守战术等。战术规则的运用取决于运动员和教练员的"审时度势"，它既要对本队运动员的个人技术水平与特点了如指掌，又要对对方的技术水平和运动员的特点了然于胸。人们对战术性规则的讨论更多的是该战术的效果如何，而不是该战术是否是合理的。在体育竞技的实践中，战术性规则是客观存在的，各种比赛中教练员的在场，其中的重要意义之一就是根据比赛的具体情况调整对战术性规则的运用。

休茨认为，游戏是自愿克服不必要障碍的尝试，体育竞技是自愿克服不必要障碍的游戏。建构性规则构建了某种游戏或体育运动项目，使得体育活动得以生成，但是建构性规则是不能自在自为的，它需要规范性规则的呵护与保障。体育活动是一种开放性的游戏，它在坚持建构性规则的基础性原则上还保留着体育竞技特有的惯习，因此需要解释性规则来进行叙事。再者，在人类进化的过程中，人类的身体和智力都在不断完善，体育竞技的动作也在不断创新，体育与竞技的开放性包容着这种创新，所以体育规则需要创新规则。身体性活动具有很强的技巧性，作为对抗需要战略与战术，所以体育规则也包含了技巧规则和战术规则。所有这些形成了内容较为复杂且完备的体育规则体系，这个规则体系的正常运转孕育和产生了竞技正义。

四、体育规则的效力

体育规则的效力与一般规则的效力有共性的一面，我们可以从对一般规则的效力分析来探讨体育规则的普遍性特征。规则的效力有广义和狭义之分，广义上的效力泛指规则的约束力和强制力，即对受规则调控的行为或状态遭受干扰和改变时规则能够有效地排除那些干扰与改变，使该行为或状态恢复原来的样子或按照预期的方向发展。狭义上的效力指规则的生效或适用范围，即规则对什么主体、在什么范围以及在什么时间适应的效用力。规则效力由应然效力和实然效力组成，规则的应然效力是指通过规则调整具体社会关系的能力，它表明在一定的社会条件下某种社会权威的实际存在。规则的实然效力是应然效力在社会中的客观实现，它在静态上是指应然效力的实现状态；在动态上表现为应然向实然的运动过程。总体而言，在这种应然向实然的运动过程中，一方面，规则对主体行为的具体规定被社会主体所认可和接受，从而出现社会主体的行为符合规则的规定要求的现象，使规则获得形式上的实效；另一方面，在规则形式实效的基础上，在规则运行的过程中，规则所含的价值取向与一定范围内社会整体的价值取向发生了契合，使得社会整体的价值通过规则的运行得以实现。

因此，规则效力可以使社会关系得到调整，使社会秩序得到恢复，使社会正义得以实现。

相对于整个社会，体育是一个小范围的社会空间，这个社会空间有着一定的独立性，它是由体育规则构建出来的，并得到体育规则的保障。所有的体育规则相互作用，合力形成一套完整的体育制度。实际上，体育制度和体育空间（社会）是同一事物的两面，它们的基础实体都是体育规则。体育制度是由体育规则形成的有机整体，体育规则被人们遵守首先是体育制度内部的规则之间形成一种平衡，这种平衡符合正义的价值取向。制度是社会游戏规则的集合，易言之，制度是人为设计用以形构人类互动行为的约束。制度通过为人们日常行为提供一种结构来减少不确定性，它引导人们如何行动。正是因为制度，人们才能完成怎样开车，怎样借钱，怎样建立公司等社会行为。基于规则的制度概念表明了制度是什么：制度是规则；制度用来干什么：便于人们之间的交互行动。有理论认为，制度是一种战略性游戏的平衡，因为它是行为的模式或行为的规则。著名的游戏理论家和经济学家安迪·司各特（Andy Schotter）认为，制度是被社会所有成员认可的行为的规则性。① 这种规则性最好被描述成战略游戏中的非合作平衡。② 因为平衡外的行为是不稳定的，它不能在许多人之间的交互行为中被重复。游戏理论中的平衡是战略行为的一个轮廓，这种平衡体现在游戏者在游戏的过程中，每个人不能单方面改变自己的行为模式，因为他的行为总是根据别的游戏者的应对行为做出的。如果一方做出维持平衡的行为，另一方若要偏离就不会获得好的结果。在这种制度间的平衡中，规则起了基础性的作用。制度的这种平衡是建立在一种合作的“装置”中的，那种“装置”就是由制度中的建构性规则建构起来的某种实践或活动。例如婚姻制度，婚后的夫妻双方在社会活动中有可以做什么和不能做什么的权

① Schotter A. The Economic Theory of Social Institutions [M]. Cambridge: Cambridge University Press, 1981: 9.

② Schotter A. The Economic Theory of Social Institutions [M]. Cambridge: Cambridge University Press, 1981: 24.

利和义务。如双方共同抚养孩子，在对方需要的时候为其提供帮助，彼此之间享有性生活的独占权等，这些规则的存在的理由非常明显：如果在婚姻中彼此单独行动很难实现他们的共同目标。规则的作用就像其他的社会结构是使人们的行为具有合作性。因此，青木昌彦认为，制度是关于博弈如何进行的共有信念的一个自我维系系统。制度的本质是对均衡博弈路径显著和固定特征的一个浓缩性表征，该表征被相关领域的所有参与者感知，认为是与他们的策略决策相关的。这样，制度就是以一种自我实施的方式制约着参与人的策略互动。[①] 体育规则之所以被人遵守，体育制度的这种自我实施方式对体育竞技者的制约是其中的一个因素，但是体育规则的强制力是体育规则被遵守的最重要的因素。

如果把体育规则的约束力和强制力与法律规则相比，我们不难看到，法律规则是有着国家的武装力量做后盾的规则，严重违反法律规则时，国家可通过公权力的运用来剥夺人的生命。体育规则再怎么严重地被违反，也不可能出现那样的结果。但是体育规则也不是没有强制力的规则，体育规则有着较强的强制力，它的强制的机制与法律机制是一样的。

在法律制度中，如果某人较严重地违反了法律规则，法律采用最多的办法就是限制其人身自由，如较严重地违反了刑法规则，违法者会遭到管制、拘役、有期徒刑、无期徒刑甚至死刑的处罚，多数情况是从管制到无期徒刑的处罚。这些处罚的特点是限制人身自由，使某人被局限在一定空间范围，而失去在其他空间自由活动的权利。体育规则被严重违反时，也是会被限制“活动自由”的，只是限制的具体方式与法律规则有所不同而已。法律是把人限制在一个空间之内，而体育中是把人限制在一个空间之外。如足球比赛严重犯规时，犯规者可能被红牌罚下场。“罚下场”就是将违规者限制在比赛场地之外，使其失去在比赛场地上竞技的自由。但是与法律中的限制相比，它的不自由范围要小得多，被限制程度要轻得多。所

---

① Aoki M. Endogenizing Institutions and Institutional Change[J]. Journal of Institutional Economics, 2007(3): 1 - 31.

以，如果说法律规则刚性很强，是“硬法”，那么体育规则可以视为“软法”。

软法是与硬法相对而言的一个概念。硬法是以国家强制力来维护的法，如上所述，它有极强的强制性。软法也是一种社会规范，是一种强制力较弱的“法”。但这并不意味着这种社会规范没有规范效力。法国学者弗兰西斯·斯奈德(Francis Snyder)认为，“软法是原则上没有法律约束力但有实际效力的行为规则。”①根据斯奈德的理论，人们认为软法有以下特征：首先，在制定主体上，软法的主体可以是传统意义上的国家立法机构，也可以是社会组织甚至是私人自治组织，软法的主体呈现多元性的特点。体育组织是社会组织，是具有一定自治性质的组织。因此，制定或认可体育规则的体育组织具备了软法制定的主体适格性。其次，软法与以国家强制力做后盾的传统立法不同，软法的规则效力主要是依赖社会组织的监督和个人的自我监督，更多地借助社会场域中舆论、诚信和承诺等方式来发挥社会效力。体育规则的遵守有多方面的因素，对体育规则之遵守有较大影响的因素有体育竞技者个人的自律，即自我监督，有裁判员的监督与强制，有观众的监督。一旦违反体育规则，一方面会受到裁判的监督和处罚，另一方面会受到观众的舆论谴责。再次，软法调控下的社会纠纷或争议通常不依赖于国家司法机关来予以解决，而多数是借助自行协商、民间调解、社会纷争解决机构来进行解决。体育规则被违反而造成的纠纷很少需要国家司法机关进行解决的，很多的“纷争”都是在场上由裁判员解决了；场上裁判不能解决的可以提交裁判委员会解决；裁判委员会仍然不能解决的可以申请体育仲裁组织解决，这表明体育矛盾纠纷的解决具有民间解决的特性。最后，软法在特定时空范围内有着相对意义上的普遍性，在形式正义的前提下最大限度地接近实体正义的价值理念。从这一点来说，软法不同于国家制定法的行为规范，它更加现实地贴近了社会法权关系。

① Snyder F. Soft Law and Institutional Practice in the European Community[C]. Steve Martin, The Construction of Europe: Essays in Honor of Emile Noel, Kluwer Academic Publishers, 1994: 198.

它符合法治社会建构的价值标准，有着重要的社会规范功能。体育规则是在体育竞技场域中对所有竞技者普遍适用的行为规范，它体现了体育组织对竞技体育自治的社会功能，它能保证在体育空间中符合社会正义标准的利益分配顺利进行，从社会治理的层面，体育规则有着重要意义，在这一点上它也体现了竞技正义的内生性特点。

体育规则作为社会性规范，对社会行为有着规制功能，申言之，体育规则有一定的规则效力，面对这种规则效力，我们有必要探求它的效力渊源从何而来。

人们对体育规则的内心确认是体育规则具有效力的首要原因。一种制度要让人遵守首先应得到人们的承认。承认规则是遵守一种制度最具有决定意义的事。承认规则的功能在于对制度中各项规则的认可。对于体育规则的内心认同，可能出于道德约束，也可能出于利益驱动。但不管怎样，这种内心确认是建立在行为主体对体育规则的理性认知的基础之上的。这种认知的结果是，竞技体育的参与者不仅要求自己的行为符合体育规则的规定，还用体育规则去评价他人的行为。这就是著名法学家哈特认为的规则的内在方面，即规则中的行为者把规则中行为模式视为自己的行为并把它作为评价他人的理由和确证。这表明，规则的效力首先体现在人们对规则的心理认同上。其次，人们在体育空间中的交往过程中形成的共识是体育规则具有效力的另一个重要渊源。交往是人们在生活、工作、游戏等社会活动中的互动，人们在互动中发现任何一方都没有足够大的力量做到让自己完全受益而丝毫不受损，个人要获得最大收益，只能是在某种让步中做出来的。这在体育竞技中是非常明显的事，如果一个人想要获得冠军的利益，他必须先要服从体育规则参与竞技，如果他为所欲为，不顾体育规则对自己的限制和约束，他就会早早被罚离场。在体育竞技的过程中，人们发现，要想获得自身的利益，最好的方式就是公平竞赛，所谓公平竞赛说到底就是遵守比赛规则的竞赛。因此可以说体育规则是通过体育竞技者的自律和裁判员、观众等施加的他律的方式而被人遵守的。

第二节　竞赛规程及其运行

竞技正义产生的机制除了体育规则的约束性、完善性外，还有规则运行的公正性。规则如果不通过具体的活动予以实践，规则的价值诉求只能处于一种虚拟状态，只有当规则通过适当的程序得以运用，规则的价值才会成为现实。体育规则能够促进竞技正义的生成，离不开体育竞技时的各种规程。

一、规程的惯习与重构

体育竞技是实践性很强的活动，我们在日常语言中通常称其为体育比赛，多个比赛项目汇集在一起举行就构成了运动会。要使体育比赛顺利进行，就离不开竞赛规程。

广义上的竞赛规程包括竞赛规则、竞赛体制和赛制等内容。从宏观上来说，体育竞赛规程是体育组织为举办、组织和参与运动竞赛而制订的各种政策性条件的总称；从微观上看，体育竞赛规程则是对某次体育竞赛的具体要求和主要内容以及日程的规定，包括竞赛的名称、地点、日期、主办单位、目的、任务、参加单位和运动员条件、报名手续、比赛项目、比赛方法和比赛规则，名次评定和奖励办法等内容。通俗说来，竞赛规程是对谁来组织竞赛，什么时间，在哪里竞赛，怎样组织，怎样竞赛和如何进行名次的评定和奖励的规定。

竞赛规程对体育竞技具有重要意义，它是组织体育竞赛的依据，是竞赛的组织者、裁判员、运动员和工作人员等所有组织者和参加者必须遵守的制度和章程，是使体育竞赛得以顺利进行的保障性条件。

1. 赛制的分类及其意义

在竞赛规程的规定中，许多内容都是程序性与操作性的，与竞技正义密切相关和影响最大的是规程中的赛制，即比赛方法。赛制关系到程序正义、机会平等和公平竞赛等问题，它是体育竞技作为总体程序的核心内容。

所谓赛制是指以竞赛规则和竞赛规程为前提与基础，在整个竞赛过程中(开始到结束)，为保证参赛者顺利参赛，公平参赛，并合理地对他们的运动水平进行比较以及排定名次所采取的竞赛组织和编排方式。赛制与比赛规则有着密切关系，比赛规则从运动场地、器材规格、运动员竞技内容、裁判员判定技术等方面规范和约束运动员和裁判员在整个竞赛过程的行为；赛制在比赛规则的基础上对运动员的竞赛对象、出场顺序、竞赛方法进行编排和施行，使得比赛合理有序地进行。

赛制对很多非体育专业人士来说有些陌生，他们对赛制的理解有着不少的偏差或误区。最常见的是对赛制与竞赛体制、竞赛制度三者概念的混淆，某些文献在行文中也把竞赛体制和竞赛制度统称(简称)为赛制，有些人甚至把体育规则也等同于赛制。这是对赛制与竞赛制度和竞赛体制的概念不清和界限不明的表现。

竞赛制度可以从广义和狭义上进行理解，广义是指与竞赛相关的所有规章制度，包括对竞赛有直接约束力或间接约束力的法律、法规、规章、制度、规则等，这时竞赛制度包含着竞赛体制和赛制。即竞赛制度既有保证竞赛顺利开展的组织体系，还有维持竞赛组织体系的相关法律和法规。如国家体育机构和社会体育组织如何设置的相关规定；这些机关和组织为实现其目的和任务而予以执行和实施的各种体育规章、制度与措施。具言之，竞赛制度包括竞赛设置、竞赛约束和竞赛安排三方面内容。[①] 狭义的竞赛制度是指竞赛活动中确定参赛队名次的方法和体系，包括场地、参赛

---

① 赵倩. 我国体育舞蹈竞赛制度发展研究[J]. 体育文化导刊，2010(7:).

队数、人力、财力等要素，涉及竞赛目的、任务、要求、时间等内容。

竞赛体制包括组织机构体系和制度体系，其中核心是组织体系，即既有体育竞赛顺利开展的组织体系，还有维持该组织体系运行的竞赛制度、法律法规。从实践上来看，竞赛体制更多的是从管理上来进行认知的。

竞赛体制、竞赛制度和赛制都是针对体育竞技而设置和采取的相关制度、方法与措施。如果一定要厘清三者的关系，大致看来，赛制的外延最小，是竞赛制度的子集，竞赛制度的外延又小于竞赛体制的外延。从各自的内容和功能上看，竞赛体制主要包括运动竞赛的组织机构、管理机构、运行机制等来组织和管理体育事业的发展和运营；竞赛制度着重于制度，主要是国家体育机关和社会体育组织制定和实施的各种体育规章、制度、措施等；赛制主要是为了维护竞技赛事的公平合理、以规则为依据、规程为条件，组织运动员进行比赛然后排出名次而采用和实施的编排方法。①

体育竞技项目繁多，2008 年北京夏季奥运会上，比赛共 28 个大项，302 个小项。依据不同的判定标准，我们可以把竞赛项目分为制胜类项目、测量类项目、命中类项目、得分类项目、评分类项目。综合竞赛评分标准和竞赛评分任务，我们通常可以把赛制分为五种：循环赛制、淘汰赛制、混合赛制、佩琪赛制和扩展赛制，如图 5-1 所示。

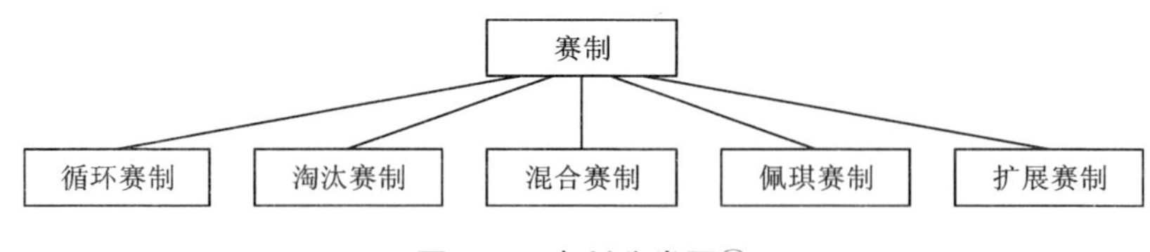

图 5-1　赛制分类图②

循环制是指在比赛过程中所有参加比赛的运动员(队)均互相比赛一次，最后按各运动员(队)在全部比赛中的胜负场数、得分多少排列名次。这种赛制的特点是：每个参赛者之间都能交手，比赛时的客观条件基本一样，相对比较公平，但比赛费事费力，不太实用参赛者太多的情况。

① 詹晶晶. 竞技体育赛制研究：以隔网对抗类小球为例[D]. 成都：成都体育学院，2014：5.

② 张孝平. 体育竞赛组织编排[M]. 北京：北京体育大学出版社，2005：15.

淘汰制是一种通过比赛逐步淘汰成绩差的，最后评出优胜者的一种比赛方式。淘汰法具体有两种情况：一种是按一定顺序让参加者一个(组)接一个(组)地表现成绩，通过及格赛、预赛、复赛、决赛，淘汰较差的，比出优胜名次。这种方式多在跑步、游泳等项目中采用。另一种是在比赛过程中竞赛各方两两相对，一方输一场即被淘汰出局，每一轮淘汰掉一半选手，直至剩下最后的一个就是冠军。这种赛制的特点是：在短时间内可以容纳大量的参赛者，由于单败淘汰制竞赛的负方将会出局，所以竞争十分激烈，比赛十分剧烈，但容易出现平局的比赛项目，所以在现实中不太实用。

混合赛制是将淘汰赛和循环赛等方法在比赛中混合使用，最后决出比赛名次的一种赛制。混合赛结合了淘汰赛和循环赛的优点，在一定程度上克服了两者的不足。

佩奇赛制是一种介于淘汰制和双败淘汰制之间的赛制。该赛制首次于1931年澳大利亚维多利亚州足球联赛的决赛被使用，因该联赛专员珀西·佩奇首先倡导使用而被取名佩奇赛制。

扩展赛制是指比赛可以无限期延续下去，不受时间跨度影响的一种比赛方法。其特点是每个参赛者的比赛场次不受限制，没有一名参赛者会被淘汰，比赛对手的选择比较随便，管理较松散，最终的成绩排名不是十分准确。

赛制是体育竞技中的一项重要程序安排，是体育竞技得以顺利进行和公平竞争得以贯彻的运行方式。对体育竞技而言，赛制至少有三个方面的功能。第一，赛制使体育竞技得以有序进行。体育竞技是一种集体性很强的活动，随着人类经济社会的发展，人口的增加，各种体育比赛层出不穷，在有限的时间里，要获得共识性的比赛结果，有序进行比赛是客观要求。有序进行集体活动是人类与动物的重要区别之一，有序进行也是野蛮与文明的重大区别。赛制正是对人类文明活动的一种重要制度安排。第二，赛制是实现体育竞技公平、公正的重要保障措施。体育比赛的公平、公正会受到赛制、气候、场地、裁判、运动员情绪、观众等各种因素的影响，赛制对公平、公正的影响是最客观，也是容易被人察觉的因素。赛制本身的不公平会直接造成体育比赛结果的不公平，比赛结果不仅不能被参赛者接受，也会不被观众和普通民众接受。比赛的有序性是观众接受比赛结果的前提条件，任何一场比赛，如果比赛过程是混乱的，即使结果无比公正，观众也缺失一种接受那种公正的道德心理基础。第三，推动竞赛水平的整体提升和增进体育项目在民众中的关注度。不同的赛制会让参赛者面对不同的对手，在对抗与交流中碰到不同的比赛风格，不同技战术。对不同风格和不同技战术的体会、领悟和应对能够促使参赛各方竞技水平的提高。认识并接受对方的长处，克服自己的短处是每个参赛者持有的基本心态，也是想要取得胜利的必备状态，这个过程客观上能促使参赛者去完善自己，这本身就是一种提升。组织方对同一赛事的不同赛制安排，一方面可以增加比赛的激烈程度，提高比赛的精彩度，激烈程度的增强和精彩度的提升另一方面会吸引更多观众来观看。更多的观众参与，反过来又会增强参赛者的斗志，反向推进竞赛水平，与此同时，观众的增多对体育竞赛的市场有着扩大作用。

2. 赛制的发展与完善

在竞技体育长期的发展中，赛制得到了很好的发展和完善，早期优秀的比赛方法依然焕发着活力，在新的体育竞技项目被不断发明出来的情况下，赛制也出现了一些新的内容。总体而言，赛制经历着一个惯习和重构双重发展过程。

今天体育赛制的高度发达是在漫长的人类进化和人类发展中累积的结果。赛制的发展与完善，赛制的沿袭和重构是一个长期的过程。我们当前无法精准确定每种赛制的诞生时间和被扬弃的每个细节，但从各种文献中，我们可以观察到一些发展轨迹。据史料记载，人类分别胜负的竞赛意识最早可以追溯到旧石器时代，当时已经有了简单的竞技活动，发展到新石器时代时，竞技已经有了较成熟的形式。[①] 大体而言，从动物的“竞逐”

① 全国体育学院教材委员会. 竞技运动（体育学院通用教材）第一版[M]. 人民体育出版社，1990：3.

到人类的“竞技”经历了四个阶段：从“生存技能的传习”到“身体练习的出现”，再到“竞技运动的形成”，然后到“原始赛会的诞生”。[①] 原始赛会的诞生和发展促使了竞赛方法的产生和发展，最终使赛制成为体育竞技的本源性特征之一。

到目前为止，体育竞技中采用得比较多的赛制有循环制、淘汰制、混合制、佩奇制和扩展制等。其中的淘汰制和循环制是赛制中的基本赛制，其他赛制都是这两种赛制的衍生物，混合赛制、佩琪赛制和扩展赛制都是在淘汰赛制或循环赛制的基础发展起来的。后面的各种赛制是对淘汰赛制和循环赛制的沿袭与重构，因此淘汰赛制和循环赛制应该是出现得较早的赛制。新赛制的出现和重构，其目的都是为了发挥淘汰赛制和循环赛制的优点，克服它们的不足，其基本指导原则是使比赛更加公平，赛制的演变蕴含着人类的伦理诉求与伦理精神。

淘汰制和循环制都有着悠久的历史，它们在体育历史长河中的经久不衰是它们的合理性的最好证明。据史料记载，淘汰赛的雏形可以追索到公元前 708 年古希腊第 18 届奥运会，该届奥运会上摔跤比赛规则要求各参赛选手在比赛之前通过抽签来决定竞赛对手。在竞技过程中，比赛选手的膝、肩、胸等部位触地将被判失去 1 分，失去 3 分视为失败，其对手再进行新一轮抽签以决定竞技对象，然后继续比赛，直到剩下最后一位胜者。淘汰制一直沿袭至今，后来通过重构发展成单淘汰、双淘汰、交叉淘汰和附加赛等多种形式。循环制很早就成为人们采用的一种竞赛方式，据传，循环制最早开始于英国一次在公园里举行的轮流签名活动，在公园里进行轮流签名的目的是为显示机会均等，这具有重要的社会意义。活动正在举行时，有一群知更鸟在公园里树上争相鸣叫，后来就直接把这种循环(轮流)制称作“round robin tournaments”，这个英文称号保留至今。这一赛制后来经过重构衍生出双循环、分组循环、积分循环等多种形式。

我们可以推断出，单淘汰赛制和单循环赛制是早期体育竞技中被普遍

---

① 王蒲. 运动竞赛方法研究[M]. 人民体育出版社，2001：1.

采用的两种最基本的竞赛方法，但是随着体育比赛项目的逐渐增多，直至后来的项目繁多以及比赛条件的日渐改善和成熟，再加上参赛人数的大量增加，人们对公平公正的理解和要求越来越高，单纯使用单淘汰和单循环的不足日益显现，争议和冲突越来越多。如人们发现：单淘汰制虽然省时省力，“假球”现象也基本不会出现，但在单淘汰制中，竞赛次序不合理、竞赛名次不完备，这大大影响单淘汰制的合理性。为了克服这些缺陷，人们采用抽签的方法来决定竞赛对象，最大限度避免人为因素干预来解决其无法消除的强机遇性；设立“种子”选手合理放在不同号区以克服淘汰制竞赛次序的不合理性，避免强队或者强手过早相遇致使竞赛结果不合理；当参赛人数不是“2”的乘方数时，运用“轮空”技术以克服比赛次序的不完整性；通过设立附加赛以克服淘汰制竞赛名次的偶然性。总之，随着人们在对赛制的思考越来越深入，淘汰赛制逐步衍生出了单淘汰、双淘汰、交叉淘汰和附加赛等形式。循环赛制衍生出了双循环、分组循环、积分循环以及淘汰制和循环制综合体形式——混合赛制。后来，单淘汰赛制和单循环赛制已经丰富为以下的形式，如图 5-2 所示。

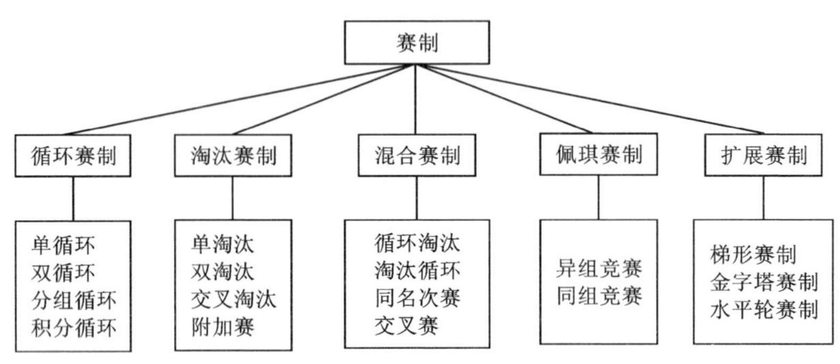

图 5-2 发展后的赛制分类①

上图是在单循环和单淘汰赛制基础上发展出来的赛制状况，其实，时至今日，随着体育运动的发展，项目的极大丰富和人们对赛制的思考，赛

① 张孝平. 体育竞赛组织编排[M]. 北京：北京体育大学出版社，2005：15.

制的运用已丰富多彩起来。人们根据比赛的目的和任务的不同、参赛人数的多少、比赛时间的长短、场地条件的要求、赛事规模的大小等因素，对不同竞赛项目采用不同的赛制。在实践中，也有人把体育竞技分为竞争性项目和对抗性项目，对两者采用不同的赛制，如下图 5-3 和图 5-4 所示。

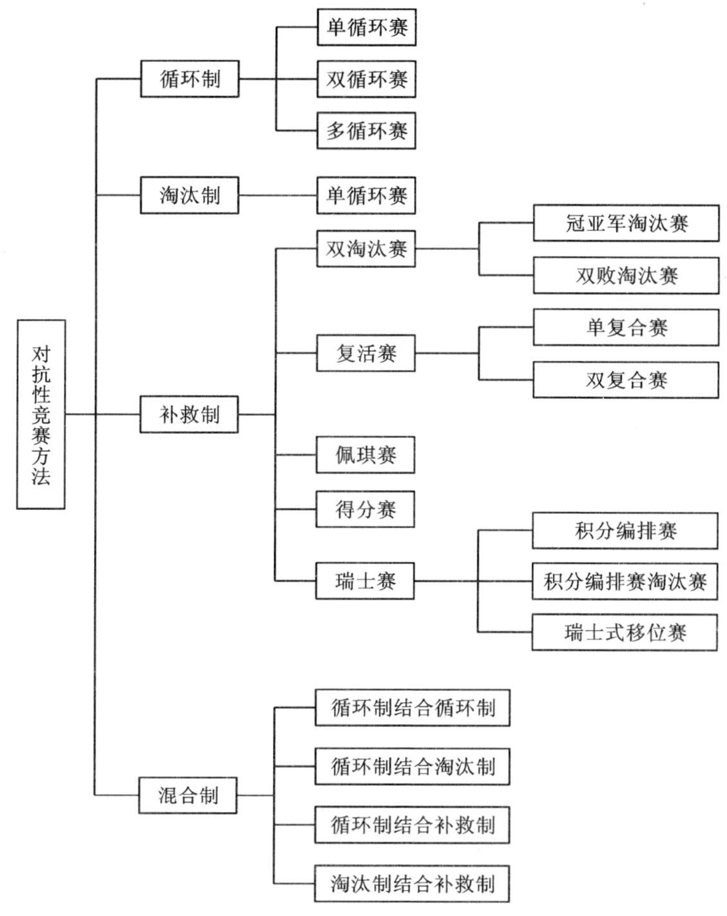

图 5-3　对抗性竞赛赛制分类①

① 王蒲. 运动竞赛方法研究[M]. 北京：人民体育出版社，2001：14.

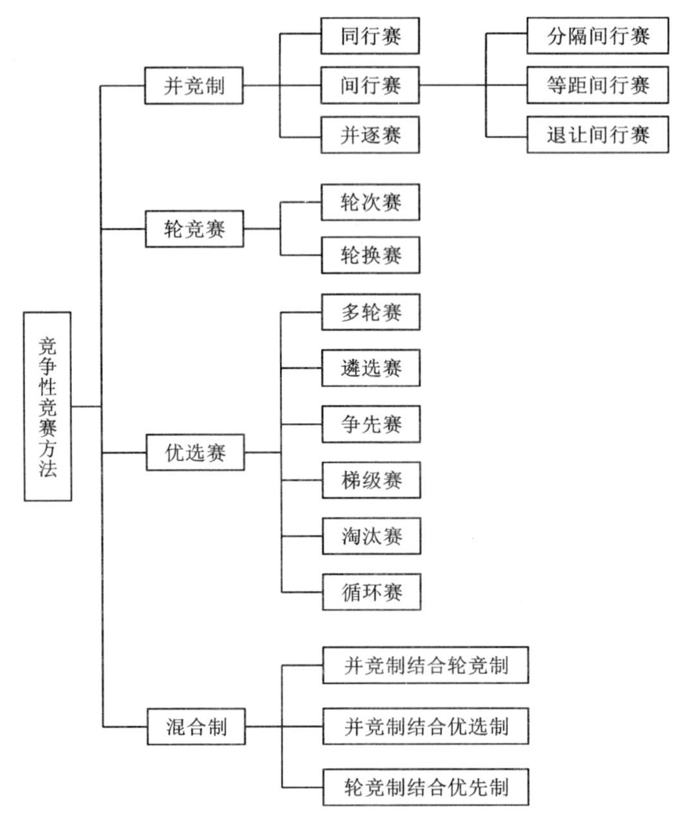

图 5-4　竞争性竞赛赛制分类

从以上图表可以看出，随着社会发展，体育赛事的增多，体育竞技在赛制上有了极大的丰富，这些丰富总体上表现为对最早的淘汰制和循环制的继承、改革和完善，在规程上呈现了变化多端的重构。这种重构是体育竞技变得越来越公平，越来越精彩。

除了不同项目采用不同的赛制外，竞赛规程的惯习与重构还表现在对同一项目赛制的沿袭、改革与完善上。如世界最具影响力的篮球赛——NBA(National Basketball Association，美国职业篮球联赛)的赛制就与一般的篮球锦标赛的赛制不太一样。NBA 共有 30 支球队，东部赛区和西部赛区各有 15 支球队。每支球队一个赛季通常会有 82 场比赛，其中与同一个赛区的其他 14 支球队各有 4 场比赛，即两个主场和两个客场。另外与不同赛区的 14 支球队各有两场比赛(主客场各一场)。NBA 由常规赛和季后赛两个部分组成，常规赛就是每个赛区的排名赛，经过 82 场比赛，每个赛区成绩排名前八的球队继续参加接下来的季后赛。季后赛以淘汰赛制分三轮进行，采取七局四胜的打法，继续分东西两区进行。第一轮的对阵是每个区排名第一对第八，第二对第七，第三对第六，第四对第五。第二轮对阵是每个赛区第一轮的四只胜出球队继续比赛，分出胜负，成绩排名前两位的进行分区冠军赛。第三轮是分区冠军队进行联盟总决赛，同样采取七局四胜的打法，最先获取四场胜利的球队成为总冠军。NBA 赛制经历过从创立时期到扩张时期再到兴盛时期三个阶段的发展与完善，它的赛制变化与比赛规则、运动员管理制度、裁判制度等的发展一起把 NBA 促推为世界最具影响力的篮球赛事。

导致赛制变化的原因可能有很多，如公平、公正、效率、时间、场馆、天气、获利、影响力等，其中，公平与公正是赛制改变的首要原则，只有越来越公平、公正的赛制才会有合理性，才能被越来越多的人接受。

赛制的演变表明，淘汰制和循环制的惯习和重构的目的都在于保证竞赛的公平与公正。竞赛编排方法直接影响竞赛的公平与正义，公平合理的赛制是体育竞技实现公平竞赛和取得公平合理结果的基础。无论是对比赛出现奇数队时，把“0”放末位的右上角还是对循环制和贝格尔编排法进行优化，其目的都是指向比赛公平和竞技正义。赛制要解决的核心问题是每个参赛者的胜出概率是否相同的问题，胜出概率的伦理基础是平等，任何一种赛制，无论其看起来多么美好，但不能使参赛者的胜出概率有最大可能的同等，在伦理上都是不友善的。保障参赛者胜出概率的同等性是体育竞技赛制设计必须解决的程序公正问题。心理学研究表明，信任、情感、效能感等心理变量是影响群体合作行为的重要因素，心理变量在程序公正和合作行为中起着至关重要的中介作用。① 参赛者对赛制的信任与情感恰恰建立在赛制对每个参赛者均有同等的胜出概率这一关键点上。胜出概率的同等性是赛制作为体育竞技这一程序的公正的逻辑起点，规程的惯习与重构是对胜出概率平等性的不断提高的具体实践，是对程序正义的不懈追求。

二、程序的执行与监督

规则的设置和规程的设立都是竞技正义产生的外在机制，竞技正义产生的内在机制是竞技中的对抗模式和体育竞技中现场监督对权力形成的有效制约。

所谓体育竞技的对抗模式是指在一种对抗状态下进行的，以竞技者双方的对抗为基础形成的系列主体结构性关系。对抗是在双方平等的起点上按照一定规则展开争夺，不平等的争夺是欺凌或侵犯。在对抗的状态中，叙事是由双方主体的交互行为来展开的，第三者对对抗的干预被缩小到最低限度。如果不是特殊需要（如对抗双方有违规行为），对抗始终是两个人（两方）的事。体育对抗不是决斗，它不以杀戮为目的，也不以伤害为目的，而是以胜负为目的在身体技巧技能上的比较。体育竞技的对抗性使得参与其中的裁判员处于一种中立的状态，从规则上来看，在对抗关系中，体育竞技的双方执行的主要是建构性规则，裁判员执行的主要是规范性规则。作为第三方的裁判员个人诉求被严格限制在对抗双方的利益之外，这种对抗形式恰恰形成了一种公正的程序。②

对抗制是一种价值中立的技术装置，它隐含着一种实现自然正义的机制。正因如此，古代欧洲流行一种决斗式审判（Trial by battle），也叫司法

① Deo, Snyderm, Dewittes. The less I trust, the less I contribute (or not)? The effects of trust, Countability and self-Monitoring in Social Dilemmas[J]. European Journal of Social Psychology, 2001 (31): 93-107.

② 因为本书在第四章讨论竞技正义的内生性特点时已经对体育竞技程序的公正做了理论分析，此处不再赘述。

决斗，①它是一种通过当事人之间肉体搏斗的胜负来解决纠纷的审判方式。从人类的制度理性来说，人类设立司法机构来对彼此之间的利益纠纷进行解决是一种理想的正义实现方式。但是司法决斗却要借用身体对抗的原始方式，这不能不说体育竞技的身体对抗模式是实现社会正义的典范性模式。

体育竞技源于体育组织对比赛的组织与安排，体育组织在赛前会根据比赛规程确定比赛时间、地点、裁判员、比赛规则、比赛方式和奖励设置，这表明体育竞技的分配正义的起点始于体育组织。体育组织是一种社会组织，它拥有一定程度的公权力。事实上，在整个体育竞技过程中，除了竞技双方的违规影响分配正义外，最可能影响分配结果的就是体育组织，因为它是利益的设定者，也是整个体育竞技的参与者。如何有效切断利益设定者与利益接受者之间不正当的联系是保证竞技正义实现的重要环节。竞技体育为此设立了两道屏障：一是体育组织只设定权利，不参与自己设定利益的分配，同时把裁判权交付给裁判员，这种把设立权和裁判权分立的做法事实使得两者形成了一种权力上的制衡。裁判员在执法的过程中保持中立，独立行使裁判权，这有助于体育竞技中各方的行为沿着正义的方向行进。如果有裁判员为自身或为体育组织谋取利益时，体育竞技中还有第二道防线，那就是观众的监督。舆论监督在西方国家被称为立法、行政、司法之后的第四种权力，这足见舆论监督作为一种社会保障机制在现实社会中的地位与功能。“不平则鸣”是每一个有社会正义感和良知的人的基

---

① 决斗式刑事审判程序为：一方当事人指控另一方当事人实施了犯罪行为，陈述对方涉嫌犯罪的事实，并声称要“以其血肉之躯为据”来证实他的指控内容的真实性；被指控人否认指控的控诉事实，也一样声称要“以其血肉之躯为证”来证实自己的清白。如果法官认为该案件适宜于司法决斗，就会确定决斗的具体地点和时间。当所有事项准备完备后，控辩双方步入格斗场，首先站立于场地的两侧，然后，双方将走向前场对神宣誓他是为正义而战。宣誓完毕后，双方分开，决斗开始。直到一方被杀死或承认自己是懦夫为止。法官将宣告胜利者赢得了诉讼。（参见 Edward L. Rubin. Trial by Battle Trial by Argument. 56Ark L. Rev 261(2003), p. 264.）

本心理状态，也是对人类的具有文化属性的监督现象的形象概括。所谓舆论监督就是把个人或群体的观点、感受和意愿转化成社会舆论，它承载着公众意志，形成一种力量对某些权力的使用进行限制，以推动某个群体或整个社会朝“公正”的方向调整。舆论监督是人类自我完善的文化行为，它通过对具体现象的价值评价来协调和规范社会发展的方向。体育场上的观众对整个体育竞技形成了一种良好的监督，一旦裁判执法上有明显的偏差，观众会做出一定的反应，众多观众的言论和行动在裁判员心里形成一种力量迫使裁判员秉公执法。除现场外，通过媒体传播观看比赛的观众和媒体从业人员就某场比赛的执法不公发表评论，最终致使执法裁判员纠正错误或者被驱赶出裁判员队伍。可见，观众对体育竞技的观赏既是一种对竞技体育的参与活动，又是一种对身体运动的审美活动，还是一种社会监督活动，体育观众是维护竞技正义的一股重要力量。

第六章

竞技正义与社会正义的关系

社会正义是政治学、伦理学、社会学的重要命题，也是对每个社会成员的生活有着深刻影响的关键问题，可以说人类社会的各个群体在各个时段都对社会正义有着密切关注和广泛讨论。人们对社会正义的探讨可以追溯到古希腊的苏格拉底时代甚或更早的荷马时期。英国政治学家戴维·米勒(David Miller)指出，“社会正义”这一概念诞生于19世纪末西方自由社会，19世纪晚期西方的政治制度和经济制度不断受到伦理审查，国家职能不断扩张，社会制度受到挑战是“社会正义”作为专门性问题被人们讨论的时代背景。到20世纪初，社会正义的理论成为政治学家、伦理学家和社会学家的主要关切点。[①]

社会正义是对广义的社会生活中的正义的总称，它包含了人类生活中方方面面的正义状况，既有政治方面的，也有经济、文化、生态等方面的内容。社会正义是社会事物之间的一种秩序或关系，是社会中每个个体对整个社会规范和社会秩序是否公平正义的追问。由于正义是一种与人类实践活动紧密相关的历史范畴，因此，社会正义本质上是一种符合人类历史发展规律，体现人类文明的社会关系。这种社会关系受到政治、经济、文化、社会(狭义)、生态条件的影响。一个正义的社会是一个人与人之间及

① 戴维·米勒. 社会正义原则[M]. 应奇，译.南京：江苏人民出版社，2008：15.

所有事物之间的关系和秩序良善的社会，这种关系和秩序需要社会规范、规则的引导、约束和调控，那些规范、规则的设计和安排需要遵循一定的原则。

社会关系和社会秩序之间有着内在的逻辑关系，社会关系决定了社会秩序，社会关系沉淀下来的状态呈现出了社会秩序，混乱的社会关系呈现混乱的社会秩序，良善的社会关系呈现良善的社会秩序，社会秩序是社会关系的外在表现，它反映了社会关系的样态。某个时段的社会秩序是该时段个体与个体、个体与群体、群体与群体在政治、经济、文化等各领域的关系以及该时段人与自然的关系综合呈现的一种总体样态。

尽管个体与个体、个体与群体、群体与群体之间有着政治的、经济的、文化等各场域的关系，当我们抽离具体的场景，我们可以抽象出集中典型的社会关系，从那些关系中我们可以找寻到构建良善社会秩序的基本原则，即社会正义的原则。

第一节　社会正义的原则

社会正义原则关涉构建良善社会秩序的原则，良善社会秩序取决于良善的社会关系。从错综复杂的社会关系中剖析出基本的关系模式是探寻社会正义原则的有效途径。

一、社会正义原则的根据

对社会正义的讨论可以追寻到人类社会诞生之初，从现存文献的记载来看，在古希腊时期就有了对社会正义的理论构建，越到现当代，对社会正义的讨论就越激烈，而对人类社会关系的富有洞见也颇具影响的系统化阐述在现当代日见清晰。

戴维·米勒为探寻社会正义，从语境主义出发，阐述了他的人类社会的三种关系模式：团结性社群、工具性联合体和公民身份。米勒认为，团结性社群“存在于人们共享民族认同之时，而这种认同是由人们作为具有共同的民族精神的相对稳定的群体的一员来定义的。首先是在人们之间产生相互理解和相互信任的面对面的关系，但它也能超出直接互动的群体，扩展到更大的圈子，这一圈子中的人们既是由亲戚关系（或相互熟识），也是由共同的信仰或文化联系在一起的”。[①] 从米勒的这些阐述看来，家庭可能是团结性社群的典型代表。由于团结性社群中个体与个体之间的关系相对亲密，因此他们之间的分配以“需要”为原则，“每个人都被期望根据其能力为满足别人的需要做出贡献，责任和义务则视每种情况下社群联系的亲密程度而定”。[②] 以经济关系结成的群体是工具性联合体，这一群体中个体以功利为联系方式，工作是个体实现目的的手段，他者是个体追求目的的合我。“每一个人作为具有用来实现其目标的技术和才能的自由行为者加入到联合体当中来。当其所得与其贡献相等时，正义就得到实现了。”[③]米勒认为，在工具性联合体中，“应得”是主要的社会正义原则。在现代民主社会中，上述两种群体模式的个体与同等的公民彼此联系，他们有着政治和法律意义上的同等身份，他们构成“公民身份联合体”，在这个联合体中，平等成为人们之间重要的正义原则。

德国著名社会理论家阿克塞尔·霍耐特（Axel Honneth）在黑格尔的伦理发展的三个阶段理论[④]的基础上，提出人类社会关系的三种形式：家庭、社会和共同体。霍耐特认为，家庭是构成社会的细胞，作为人类主体的家庭成员，个体的社会实践是从家庭开始的，家庭是个体建立自我实践关系

---

① 戴维·米勒．社会正义原则[M]．应奇，译．南京：江苏人民出版社，2008：32.

② 戴维·米勒．社会正义原则[M]．应奇，译．南京：江苏人民出版社，2008：32.

③ 戴维·米勒．社会正义原则[M]．应奇，译．南京：江苏人民出版社，2008：33-34.

④ 黑格尔认为，人类的伦理发展经历了三个阶段：第一个阶段是家庭，家庭体现着“直接的或原始的伦理精神”；第二个阶段是市民社会，市民社会导致原始的或直接的伦理精神的分解。市民社会是独立个体的联合体，这种联合体的建立依赖保障人身和财产安全的法律制度。第三个阶段是国家，“国家”的形成过程使伦理精神由分化而完成统一，国家是伦理精神的充分体现。

的起点。家庭成员关系和家庭环境是个体走向社会化的基础，家庭对人类主体的发展至关重要。家庭生活是一个个体从自然决定中逐渐解放，形成独立的自我，构建了原始的社会关系。规制家庭的规范是“爱”，作为道德规范的“爱”是家庭关系的黏合剂。“爱”使家庭成员相互理解，相互承认，建立起一种亲密的伙伴关系。让个体成为人类主体时拥有了自信，自信为个体走向社会提供了条件。因此，调整家庭关系是道德规范。霍耐特认为，家庭成员形成独立性后，必然走出狭小的家庭范围，进入更大的社会，与他者进行交往，从交往中获得物质条件和精神条件来满足他们的生存与发展的需要。在社会的大范围中，人类事物的领域比起先前的家庭要广泛得多，个体之间会形成广泛而复杂的关系。在面对“普遍化的他者”的情况下，要使所有的人类主体具有个性与独立性，又享有合法要求和同等权利，个体之间需要平等的权利。要维护这种“平等”，需要某种不同于家庭道德规范的规范来规制，那种规范就是法律。在法律规范的调整下，个体才能确认自己得到了他者的尊重。霍耐特所说的共同体实质上指的是国家，国家是一种以“价值”为中心的共同体，在国家这种共同体中，规范注重的是人类主体的自我实现。霍耐特认为，在共同体中，每个主体更关注他的品质对他者生活的贡献和意义。因此，对国家这一共同体来说，有义务为有个性的成员的自我实现提供各种机会。“价值”可以衡量共同体中每个个体所做贡献的大小，为对个体的重视提供可评测的标准。共同体成员只有认同共同的价值观，才能在保持理想的个性特征中，为共同体的整体目标的实现努力做出贡献。与此同时，国家也应对共同体成员的贡献及时做出肯定，让其成员感到自我价值得到认可，从而获得社会的重视。如果社会制度的确立是为了贬低个体的信念与生活方式，必将导致个体丧失让自己的能力为社会增添价值的动力，最终也丧失了个体的自我尊重与社会承认。

无论是米勒还是霍耐特都对人与人的关系进行了归类，米勒的团结性的联合体以家庭为典型模式，这与霍耐特的家庭有着异曲同工之妙；米勒的工具性联合体注重人与人经济利益的联系，这也是霍内特的“社会”中社会主体关系重要的联系纽带。经济利益关系加上公民身份是“国家”中人与人关系的主要内容。如何调配和调控他们的“家庭”“社会”“国家”等领域中的“成员”关系，就会出现相应的社会秩序，正义的社会是个秩序良善的社会，如何使得这些关系处于一种合理的状态，这需要正义的原则来予以指导。无论一个群体选择怎样的结构方式，地处何处，社会正义原则都是该群体存在和持续的道德基础。

英国哲学家、政治家霍布斯认为，在“自然状态”下，每个个体对世界上的每样东西都有着需求，个体自身也有着追求每样东西的权利。然而，世界上“东西”是稀缺的，对于所有人的欲求而言是不充足的，如果按照每个人的意愿来进行获取的话，必然造成“所有人对所有人的战争”，并且这种战争永无休止。

康德认为，每个人都有着理性欲望和感性欲望，有时候理性会成为感性的奴隶，人的自由行为可能只与感性欲望相联系。康德用“非社会的社会性”来表述人的本性。所谓“非社会的社会性”是指人有社会性的一面，又有非社会性的一面。一方面人有着过社会生活的愿望，另一方面人又渴望保持自己的个性，单独过自己的生活。“非社会的社会性”是指人“想要一味按自己的意思来摆布一切，并且因此之故就会处处遇到阻力，正如他凭他自己本身就可以了解的那样，在他那方面他自己也是倾向于成为对别人的阻力的”。① 康德的人的“非社会的社会性”从根本上来说就是人的自私心，人往往希望按照自己的欲望来处理事务，希望别人受到自己的“摆布”。人性中满足个人欲望的一面必然使人在与他人合作的同时又处处设防，因为自己在谋求对他人控制的同时不希望自己被他人控制，这必然引起人与人关系的紧张，造成对抗与冲突。

英国经济学家亚当·斯密（Adam Smith）提出著名的“经济人”（economic man）理论。斯密认为，人的行为动机都源自某种经济诱因，每个人都渴望获得最大的经济利益。人们在获取最大利益的过程中必然导致

① 康德. 历史理性批判文集[M]. 北京：商务印书馆，1991：7.

利益冲突最终引发矛盾与冲突。

无论是霍布斯、康德还是亚当·斯密的思想都指向了一个共同的问题，那就是：人的行为需要加以规范。

社会规范是一种由群体集体确立的行为标准，它指引着个体的言论、思维、行为、行动。所谓社会规范，就是“人们在社会交往活动中应当遵循的活动准则。社会规范的形成是人类基于社会共同生活的需要要求下，在社会交往互动的过程中，相习成风，约定俗成的，社会规范的本质是对社会关系的反映或者由人们共同制定并明确施行的行为准则。社会规范的本质是对社会关系的反映，也是社会关系的具体化”。① 社会规范可以是社会组织正式制定和颁布的，也可以是在社会群体中自发形成的。社会组织制定和颁布的规范往往是成文规范，它包括法律、规章、条例、政策、命令、成文的教规等；不成文规范是没有通过文字颁发的但在群体中通过耳提面授的方式存在的规范，如风俗习惯、道德规范、宗教禁忌等。从社会规范的内容来看，常见有风俗习惯、道德规范、法律规范和宗教规范等。风俗习惯是最普遍和出现最早的社会规范，是人们在长期的社会实践中通过传习和模仿转化而来的行为规范。道德规范是自律性的一种规范，它通过由外而内，内化于心的过程在人的内心形成一定的行为观念，自觉地指导人的行为。法律规范是统治阶级意志的体现，有着很强的强制性和约束力。宗教规范是神化的行为规范，人们通过信仰的方式来约束人的行为。以上多种社会规范既在各自的领域发生作用，又在彼此间产生相互作用，最终形成一个复杂的社会规范体系，调整着形形色色的社会行为，维护着可欲的社会秩序。

规范是社会性的，规范存在的基础是人们之间的共识。只有当人们在交往中达成了某种共识，相互承认、相互认同时才能被确立下来。没有共识的存在，规范就会失去存在基础，即使形式上存在，但对人也没有指导、规诫的效力和意义。作为有着社会特性的规范，总是存在于一定的文化之

---

① 王天玺. 构建社会主义和谐社会手册[Z]. 北京：人民出版社，2005：5.

中，为一定的社会阶级或阶层所掌握，成为一定的阶级或阶层控制整个群体的工具。这些规范凭借自身的力量在政治、经济、文化、社会、生态等领域发挥着指引和驱使作用，使整个群体呈现出统治阶级欲求的那种状态。正义的规范引导人们进入正义的社会，生活在良善的社会状态和社会秩序中；不正义的规范驱使人们进入不正义的社会，生活在恶劣的社会状态和社会秩序中。正义的社会秩序来自正义的社会规范，正义的社会规范的制定和形成必须遵守社会正义的原则。

二、社会正义原则的择出

自人类社会肇始，人们就在探寻社会正义原则，企图以其为指导从而建立起正义的社会。在人类文明的思想史中，寻找社会正义原则有着两条进路。一种是经验主义的，另一种是理性主义的。经验主义者倾向遵循感性经验从现实、传统、历史中寻找社会正义原则的渊源和根据。在经验主义者的视野中，“正义”与“善”是相互独立的，善优先于正义，“正义”依附于“善”，“正义”就是要最大可能地增加“善”。功利主义者认为，社会正义原则就是给最大多数人带来最大“功利（幸福）”的原则；快乐主义认为“快乐”一方面是道德来源，另一方面又是评判道德的标准；社群主义主张正义就是要增进“共同善”。理性主义者认为人具有理性、自由意志、选择能力，正义的根据应从理性和自由意志中获取。至善主义的正义原则就是要最大限度地促进人的自我完善；先验主义者认为正义的道德依据不能求诸所处的现实，也不能求诸人的理性，应在先验的纯粹理性中去发掘，人类最基本的普遍道德原则是检验任何其他原则道德性的标准。

在漫长的寻找社会正义原则的历史过程中，许多的哲学家、伦理学家、政治学家和经济学家在理论上有着重要贡献。他们的理论不仅给人们在心智上进行了社会正义原则的思想启蒙，在推动社会改革与发展的实践活动中也产生过不小的影响。

社会契约论挣脱上帝造就人与人类社会的神学桎梏，通过社会 契约的理性构思推导出人类如何构建正义的社会制度，许多哲学家从社会契约的视角对社会正义和社会关系进行过阐述。

霍布斯认为人的自私、虚荣与嫉妒使得人在自然状态中形成一种所有人对所有人的战争关系，这种缺失法律和正义的无序状态不可能持久，人类应当依照自然法的法则来构建一个可欲的社会。自然法可以帮助人们结束战争进入和平，自然法是迈入正义社会的基本原则，它为正义社会的构建提供了条件。霍布斯认为，人们可以通过转让个人权利给主权者，以主权者为管理者来建造一个理想的社会，主权者为所有的个人提供安全与和平从而获得该社会的道德合理性基础。我们不难看出，霍布斯的“正义”社会的建构目的是对社会个体生命的保全，因此，生命原则是霍布斯建构社会的首要正义原则。

在社会契约主义的道路上，洛克认为，自然状态通常是自由和平等的，人们遵照自然法可以自由行动，只有当人们的利益发生冲突时，个体权利可能难以得到保护，人们需要一个超越个人的组织来维护个体的权利，因此人们自愿出让自己的一部分权利来组建政府和构建社会。个人权利的出让是政府得以产生的基础，政府从所有个人出让的权利中获得了可以控制个人权利的权力，为防止政府对其权力的滥用，需要设计分权制衡的机制来使得政府权力受到其他机构的牵制，最终接受法律的规制。这种被建构的社会的道德合法性基础是每个社会成员的生命、财产和自由。在洛克的理论中，自由成为社会正义的重要原则。

法国社会契约主义者卢梭认为，自然状态是一种充满淳朴、同情、自由和平等的状态。在这种状态中，人们的行动是自由的，人与人之间的地位是平等的，人们之间互相有着同情心。但是有些生存障碍是孤立的个人依靠自身的能力无法克服的，于是人们认为有必要建立社会国家来保护人们。卢梭认为，人们应当无条件地把每个个体的全部权利让渡给集体，使所有人的意志最终形成一个共同意志(公意)，共同意志使社会获得道德合法性。组建社会的根本目的是保障和维护每个人的自由和平等。就自由和平等关系而言，卢梭认为，平等重于自由，没有平等，就没有自由。平等是卢梭的社会正义原则之一。

美国著名政治哲学家、伦理学家罗尔斯在批判功利主义时，运用和发展了霍布斯和康德的社会契约理论。罗尔斯重点在社会制度的领域分析社会正义，他把社会结构作为正义理论的研究对象，他认为，社会是个由个体组成的合作体系，要想使社会稳定与和谐，每个个体之间的贫富差距不能过大。因此，罗尔斯尤其强调平等，甚至认为个人天赋应该成为社会共同财富，与个人无关，因为它是先天存在的，他把自己的正义称为“公平的正义”。他使用“原初状态”和“无知之幕”来设定正义的基础，把个体看成道德人和理性人，罗尔斯的分配正义理论建立在原初状态的假设上，将个体普遍看作是理性人和道德人。在原初状态，“没有人知道自己的社会地位，或在自然禀赋和能力的分配中的自己的状况如何”。① 为了排除偶然因素对个体选择的影响，罗尔斯还提出了“无知之幕”的假设，“一种无知之幕将防止任何人从社会阶级和运气的偶然性中获利或因此变得不利”。②“无知之幕”的假设可以使原初状态中的社会个体处在一种稳定的社会结构里，它较好地排除了其他因素对社会财富的分配造成的不平等。在“无知之幕”中，人们对各自的社会地位、有利条件，甚至是身份都不得而知，处于道德中立的状态，人们之间不会相互嫉妒，彼此计较，没有人会任意破坏规则，不会损害他人利益，只考虑如何改善当前处境，专注于自我价值的实现。因此，所有人不会受到周围其他人的影响从而做出不合理的选择。即使社会制度的相关规定损害了自己的利益，为实现自己利益最大化，人们在权衡之后还是会同意正义原则。在这种理性状态下，罗尔斯提出了他的两个社会正义原则：

(1)每一个人对于一种平等的基本自由之完全适当体制都拥有相同的不可剥夺的权利，而这种体制与适于所有人的同样自由体制是相容的；

---

① 约翰·罗尔斯. 罗尔斯论文全集[M]. 陈肖生，等译. 长春：吉林出版集团有限责任公司，2013：150.

② 约翰·罗尔斯. 罗尔斯论文全集[M]. 陈肖生，等译. 长春：吉林出版集团有限责任公司，2013：150.

(2)社会和经济的不平等应该满足两个条件：第一，它们所从属的公职和职位应该在公平的机会平等条件下对所有人开放；第二，它们应该有利于社会之最不利成员的最大利益。①

从罗尔斯对社会正义原则的表述来看，第一个原则可以看出是平等自由原则。他从社会制度入手，保证社会结构符合正义要求。人们依靠宪法保障其自由和平等，在法律面前，每个个体在社会中的主体地位是平等的。

第二个原则前半部分是机会平等原则。全部个体一起平等地组成社会联合体，联合体应给予每个成员平等的条件和公平的机会，人员通过公平竞争的方式获得劳动机会，参与社会管理，影响机会平等的偶然因素应当尽量排除；后半部分是差别原则，罗尔斯并不要求绝对的平等，国家对社会财富的分配可以存在差别待遇，但是那种差别应当让最少受惠者获得最大的利益。在他看来，差别原则的这种不平等是正义的。② 可见，在罗尔斯的理论体系中，自由、平等、公正应成为社会正义原则。

美国的另一位著名政治哲学家诺齐克认为，正义取决于权利。他将个人权利设为社会正义的基石。权利是每个个体维系自己尊严的核心要素，每个自由人都天生拥有权利，那些权利与他的社会地位和身份无关。诺齐克这里所说的“权利”包含个人的各种具体权利，如自由权、生命权、财产权等。这些权利是天赋的，神圣不可侵犯的，权利是一种“道德边界约束”。他用康德的义务论为权利的不可侵犯和权利是道德边界约束做了辩护，诺齐克指出，“个人是目的，而不仅仅是手段；他们若非自愿，就不能被牺牲或者被用来达到其他的目的；个人是不可侵犯的。”③诺齐克把个人权利放到一个极高的位置，他认为任何国家或权力机构都不能对个人权利

① 约翰·罗尔斯. 作为公平的正义[M]. 姚大志，译. 上海：上海三联书店，2002：70.

② 约翰·罗尔斯. 罗尔斯论文全集[M]. 陈肖生，等译. 长春：吉林出版集团有限责任公司，2013：157.

③ 罗伯特·诺齐克. 无政府、国家和乌托邦[M]. 何怀宏，等译. 北京，中国社会科学出版社，1991：39.

予以干涉，面对个人权利，国家只能是谨慎的中立物。诺齐克明确提出生命权、自由权是核心权利。由于个人权利的神圣性，个人有绝对权利支配自己的身体和财产，如果不是主体自愿让渡权利，订立契约，他就没有任何义务按照别人的要求去行动。在没有经过当事人同意的情况下，他者对当事人做的任何事都是对当事人权利的侵犯，都是非正义的。诺齐克还认为，个人对属于自己的财产具有神圣性，个人财产他人不能侵犯。他还将财产权放置在个人权利的首位并认为财产是个人权利的基础，在不侵害他人权利的情况下，个人转让、赠与、抛弃自己的财产，任何人不能干涉。在此基础上，诺齐克提出他的“持有正义”理论。所谓“持有”是指个体对自己的自由、财产和生命等的合理拥有。诺齐克认为，正义和持有的正当性有着密切关系。具体而言，持有正义包括以下三个方面的规定：(1)一个符合获取的正义原则取得的一个持有人对那个持有是有权利的。(2)一个符合转让的正义原则，从别的对持有拥有权利的人那里获得一个持有的人，对这个持有是有权利的。(3)除非是通过上述(1)与(2)的重复应用，无人对一个持有拥有权利。”①这三个方面分别衍生出它的持有正义三原则：获取正义原则、转让正义原则与矫正正义原则。诺齐克的权利不可被侵犯是对“人”的价值的肯定，从他的理论中，我们不难看出，“权利”应当成为社会正义的一个原则。

从霍布斯、洛克、卢梭、罗尔斯和诺齐克等人的理论梳理中，我们可以获得这样的观念，不同的思想者对社会正义原则有着不同的理解；不同的历史时期，对正义原则的诉求也各有侧重。问题是，我们能否对社会正义原则进行统合或者某种程度的统合？如果在历史长河中各种社会正义原则的内容我们无法进行一定程度统合，找到它们的共同点或交叉点，它们能否被称为原则就会面对“合理性”和“正当性”的考察。

所谓“原则”可以是指某种规范、观念，也可以是指某种行为、思想的

---

① 罗伯特·诺齐克. 无政府、国家和乌托邦[M]. 何怀宏，等译. 北京：中国社会科学出版社，1991：156-157.

理由与信条。社会正义原则应当是不依赖于其他规范原则的规则，是在社会正义规则中处于最高阶位的规范规则。英国政治哲学家科恩(Cohen)认为正义原则是一种基本的正义规则，不依赖任何事实性的信息，只能源自对纯粹的正义的考虑。① 因此，正义原则应是一种高度抽象，能够指导正义行为和正义事实的规范。

社会正义原则具体说来就是能指导社会实现正义的原则，正义可以是一种观念、一种状态、一种行为。但这些范畴有着一种内在的逻辑关系，正义观念指导正义行为，正义行为的结果呈现正义的状态。因此，社会正义原则是正义观念中终极性的信条或理由，它(们)有着形上性、抽象性。

在实践层面，正义的落脚点在于如何公正地对待社会中的每个个体，具体体现在是对个体的一样(同等)的对待，还是对个体加以区别对待。这种对待最直观，最常见的是社会(国家)对所有权利和义务的分配，分配正义是社会正义中最具代表、最为典型的正义形式。人是一种有着同一性和差异性的综合体，分配正义的实现既要体现人的同一性，也要体现人的差异性，这种差异性与同一性在社会正义中可以概括为差异性原则和同一性原则。② 差异性原则指的是在分配正义中某些人因人们共同认可的差异受到了不同等的对待，同一性原则指的是某些人因人们共同认可的同一受到同等的对待。差异性和同一性原则的确定不是一种理论假设，而是立基于现实世界中人们的客观实际情况。

前文所述的各种社会正义原则，从表象看来各有所表，观点各异，但仔细剖析，它们与正义的同一性原则和差异原则并不冲突。霍布斯的生命原则是人类生命的同等可贵，它与同一性原则是吻合的。洛克的自由、卢梭的平等，也都是人作为个体在社会共同需要的理论觉解。罗尔斯与诺齐克的冲突，实际上是同一性与差异性之间的冲突的表现。罗尔斯关注社会的贫富分化，注重缩小分配中人的差异性，他的“公平的正义”倾向于对社

① Cohen G A. Rescuing Justice and Equality[M]. Harvard University Press, 2008: 229.

② 易小明. 分配正义的两个基本原则[J]. 中国社会科学, 2015(3): 5.

会个体同一性的考察；诺齐克关注人的同一性，他的“个人权利”倾向于社会个体的差异性的考察。①

同一性和差异性原则同样可以适用于晚近时期另外一些在社会正义理论方面做出独特贡献的思想家、政治学家。

上文对米勒的正义理论讨论提到，米勒从人的社会关系出发，归纳出团结性社群、工具性联合体和公民身份。团结性社群的分配正义应坚持“需要”原则；工具性联合体适用“应得”原则；公民身份联合体适用“平等”原则。

美国当代著名政治哲学家迈克尔·沃尔泽从不同的理论进路最终得出社会正义应遵守“需要”“应得”“平等”三原则。② 沃尔泽在“简单平等”和“永恒差异”③的基础上提出“复合平等”的概念。对于复合平等，沃尔泽作了进一步的解释，沃尔泽认为：“复合平等意味着任何处于某个领域或掌握某种善的公民可以被剥夺在其他领域的地位或其他的善。”④为阐明他的复合平等，沃尔泽构建了一个社会图景，在该社会中，社会成员追求的一切东西都属于社会益品，每种社会益品构成相对独立的分配领域，在这个领域中，社会成员根据已经达成的共识确定对该益品进行自主分配的方式。在该社会中，不会有任何一种社会益品如地位、权力、金钱等成为支配其他益品的手段，因为这是一个有着复合平等的社会。复合平等实质上

---

① 易小明. 分配正义的两个基本原则[J]. 中国社会科学，2015(3)：6.

② 姚大志. 分配正义的原则：平等、需要和应得——以沃尔策为例[J]. 社会科学研究，2015(2)：115.

③ “简单平等就是每一个人对每一个事物都拥有同等的份额。”(德沃金. 原则问题[M]. 张国清译. 南京：江苏人民出版社，2012：273.)沃尔泽认为，“简单平等”是短暂易逝的，“差异”确实永恒的。平等总是在一定范围内的平等，超过一定范围，如数量、地点、时间等就没有任何平等可言。在某个范围内看起来人与人之间是平等的，但扩展到所有人时，必然产生差异，差异是永远存在的。(沃尔泽. 正义诸领域——为多元主义和平等一辩[M]. 褚松燕，译. 南京：译林出版社，2009：2-4.)

④ 沃尔泽. 正义诸领域——为多元主义和平等一辩[M]. 褚松燕，译. 南京：译林出版社，2009：21.

是在描述人与人之间的一种社会关系，沃尔泽特别强调复合平等是要维护和确保人们的人格与尊严的平等。

与米勒、柯亨和麦金泰尔一样，沃尔泽也认为“应得”是社会正义的原则之一，而且是分配正义的核心原则。沃尔泽的“应得”与约翰·凯克斯的“应得”十分相似，“应得是相对于行为者而言的……它的基础是关于行为者的事实……是行为者的某种特性、关系、协议或行为。”[①]沃尔泽进一步提出，无论在什么的社会，应得都是客观存在的。

沃尔泽在《正义诸领域——为多元主义和平等一辩》中还提出“每个政治共同体都必须根据其成员集体理解的需要来致力于满足其成员的需要；所分配的物品必须分配得与需要相称；并且这种分配必须承认和支持作为成员资格基础的平等。”[②]“需要”对每个个体成员资格具有重要意义，当社会个体的“需要”不能得到满足时，他的成员资格就会受损。因此，沃尔泽强调，满足需要是不容商榷的，但是满足需要也应控制一定的限度。

米勒和沃尔泽的“平等”和“需要”原则是每个社会个体都需要的，对每个社会个体来说存在某种共性，都可以归入同一性原则之中，“应得”是根据每个社会个体的贡献来确定的，个体之间的区别很大，可以归入差异性原则。

考虑到社会原则的高度概括性和抽象性，我们认为，可以择出“自由”“平等”“需要”和“应得”作为社会正义原则。这些正义原则在社会的政治、经济、文化等各个领域中以社会制度和社会习惯等规则方式表现出来。

---

① 约翰·凯克斯. 反对自由主义[M]. 应奇，译. 南京：江苏人民出版社，2003：162.

② 沃尔泽. 正义诸领域——为多元主义和平等一辩[M]. 褚松燕，译. 南京：译林出版社，2009：93.

第二节　社会正义的维度

人类以社会群体的方式存在于世界，每个社会个体总是生存和生活在一定的社会组织（如国家）中，那些社会组织由一定政治制度、经济制度和文化制度构建而成，这些制度的制定、遵守与维护是社会组织得以维系、运行和保全的基础。只有自身正义（合乎正义原则）的政治、经济和文化制度方能运转长久，才能保证一个社会处于正义的状态和保持良善的秩序。以正义为基点，我们可以把政治、经济和文化看成正义的几个重要维度。易言之，要实现社会正义，实现每个个体在社会中有着公正的对待，需要各个个体在政治、经济和文化等维度上均有着公正的对待。

一、社会正义的政治维度

建立一个有着普遍正义的社会需要两个基本条件：其一是“社会基本制度安排”或“社会基本结构”的普遍公正；其二是正直的个体道德，具言之，社会个体普遍具有“善观念”和“正义感”，并且个体之间有着广泛的社会合作和社会参与。正义的社会结构和社会制度安排仅仅是政治实现普遍正义的重要前提条件，它提供了规则正义和原初正义，它是确保社会正义的起点。可见，关注社会正义就必须关注“社会基本结构”，而社会基本结构是通过社会政治制度得以实现的。政治哲学中的社会基本结构是指社会分配基本权利和义务的主要制度决定社会合作所产生的利益之划分方式，具体而言，“所谓社会基本结构，是指社会的主要政治制度、社会制度和经济制度，以及它们是如何融合成为一个世代相继的社会合作之统一体系。”①只有当支撑一个社会基本结构的原则是正义的，这个社会才可能是

① Rawls J. Political Liberalism [M]. New York: Columbia University Press, 1996: 11.

正义的。

要使一个政治社会成为一个正义的社会需要解决两个基本问题：一个是选择一个怎样的正义原则来建立自己的基本结构；另一个是那些正义原则是否具有可行性。罗尔斯的正义理论为我们较为明确地提供了一种正义原则的参考，尽管他的两个正义原则遭到诸多理论家的批判，他的两个正义原则也确实存在着这样或那样的不足，但它的基本精神是合理的。① 并且迄今为止，没有任何一个理论家的正义原则比他的正义原则更具有说服力。他建立在“无知之幕”和“原初状态”下的正义原则对正义社会的实现有着重要的理论价值。这里我们需要进一步阐明的是，他的正义原则在社会中如何可行。

罗尔斯的社会正义原则的可行性以三个重要观念为基础：“正当的优先性”“公共理性”和“重叠共识”。

“正当”与“善”的关系是政治哲学和伦理界中颇具争议的问题，具体表现为“正当”与“善”何者优先的问题。在这个问题中，有人又把它分解成内部优先和外部优先问题。在某些特定的伦理学中，两者的优先性问题还是一个基本问题，不解决这个前置性问题，就不能对行为做出合适的评价。我们评价人的行为时，通常有两种标准，一种是“善标准”，一种是“正当标准”，这两种标准并不是孤立存在的，两者之间存在关联性，其中一种标准从属或依赖于另一种标准，换言之，两种标准相对而言，其中一种标准有着优先性。就优先性而言，功利主义者一直认为，“善标准”优先于“正当标准”；义务论者认为，“正当标准”优先于“善标准”。“正当优先于善”意味着：在对行为的判断中，行为的合理性首先应当满足“正当标准”，然后再满足“善标准”，并且“正当”对“善”构成了限制。罗尔斯沿袭了义务论者“正当优先于善”的观点，而且，在罗尔斯的理论中，“正当”就是他的两个正义原则。罗尔斯的“正当优先于善”有着以下三层涵义：

“正当优先于善”意味着正义原则对社会个体或群体的行为设定了限

① 姚大志．打开“无知之幕”——正义原则与社会稳定性[J]．哲学文化，2001(3)：67.

制。任何人，无论他是追求形而下的利益还是形而上的理想都不能逾越那些限制。尽管“正当”与“善”彼此间有着相辅相成且互为补充的关系，但是“善”观念应当服膺于正当性的限定。譬如，社会个体可以追求他所喜爱的生活方式，当正当性为各种可能的生活方式设定了限制时，越过该限制的个人目标和理想都是不可取的。

“正当优先于善”意味着个体在社会政治生活中的“善观念”应当是“政治的观念”。政治是管理众人的事业，政治行为具有公共性。因此，政治的善是种公共善，该种善可以为社会中每个自由而平等的个体所共享。因此，罗尔斯在他的正义原则下设定了“基本善”并罗列了目录。那些基本善包括自由、平等、机会、权利、职位、财富等，任何正义的社会都应当设法满足个体的这些基本善。

“正当优先于善”还意味着对社会个体的各种追求，无论是利益还是理想，国家都应持有“中立”的立场。这种“中立”体现在：社会个体可以自由发展自己喜爱的善观念，国家应保证个体间拥有平等的机会；国家不得袒护个体任何特别的追求，也不支持任何人的特别追求；国家不使用任何方法来使人们接受一些特殊观念而排斥另一些观念。罗尔斯的“正当优先于善”的观念是在政治目的上设定了限制，它保证了目的是公共的或政治的。

罗尔斯认为，公共理性是“民主制度下人民的共同特征，它是公民的理性，是那些共享平等公民身份的人们的理性，而公共理性的目标是公共的善。”①公共理想的概念意味着个体不能单纯从个人愿望去思考政治问题，个体应当在政治正义观念的框架中进行政治讨论，政治讨论中的各种范畴与推断都应当是被公共认可的。作为理性的社会个体，他们具有在政治讨论中诉诸公共理性的义务，且每个社会个体都应该合理期待与被期待遵守这一义务。

尽管“正当优先于善”和“公共理性”限制了行为目的和推理的公共性或政治性，但还不能完全排除人们对个体利益的计算，它们还不能保证人

---

① Rawls J. Political Liberalism [M]. New York: Columbia University Press, 1996: 213.

们对正义原则达成共识。所以罗尔斯提出了第三个概念“重叠共识”。由于每个社会都存在着各种各样的学说，如道德学说、哲学学说、宗教学说，那些学说的多元性部分还将长久存在。一个政治社会想要获得长期的稳定，想要长治久安，某种处于统治地位的学说必须获得社会上绝大多数人的支持。这种绝大多数人共同支持的某种学说就是人们之间的“重叠共识”，它是在各种纷繁复杂的道德学说、哲学学说、宗教学说之间就社会基本结构或社会正义原则所达成的共识。“重叠共识”依赖于“政治的正义”观念，这种观念隐含着：政治的正义独立于那些道德学说、哲学学说和宗教学说，但是可以与那些学说相容。当正义原则体现的政治价值与其他学说价值发生抵牾时，政治价值对社会个体的生存与福利有着更为重要的意义，公共理性引导人们用政治价值压倒其他价值。可以说，在政治社会中，政治价值高于一切。

“无知之幕”“正当优先于善”“公共理性”“重叠共识”的观念为建立一个能够实现普遍正义的政治社会奠定了基石。这些观念为构筑一个合理的基本社会结构，为保证一个社会的正义性设定了条件。也为评价某种社会制度的合理性和正当性提供了理论参考。

社会基本制度的公平正义，特别是社会政治制度的正义性安排，是一个良序社会的基本条件和基本要求，是社会基本制度建设的目标与成就。罗尔斯认为正义是社会制度的首要美德，社会制度的创建是人类进入文明社会的根本标准。人是一种社会存在物，正如亚里士多德指出的那样，人是“政治动物”。社会是人类的基本生活空间，社会地生活或组成社会是人类生活的必然选择方式。设立规范和建立制度对人的行为进行适当的约束是人类的社会生活成为可能的基础。离开制度与规范，人的社会生活秩序就会遭到严重破坏。我们不能忽视甚至否定社会基本制度所具有的规范性对建立社会良善秩序和维持和谐状态的重要意义，只有在正义的社会秩序中，人的自由和平等等价值追求才能得以实现。

二、社会正义的经济维度

人的生存离不开物质基础，从个体的视角出发，人的生存离不开物质财富的赚取；从社会的视角出发，人的生存离不开社会对物质财富的分配方式。每个社会个体能否在社会物质财富的分配中得到公平合理的对待，是社会正义在经济领域的具体体现，我们可以用“经济正义”一词来表达这一含义。

所谓经济正义，是指人类经济生活或社会经济领域中的正义问题，是将社会正义原则和价值理念导入经济活动，对社会经济活动和社会经济行为进行制度规范和正义评价，最终使经济活动处于良善（正义）的秩序之中。经济正义作为社会正义在经济领域的表现形式，是正义理念的一个重要内容和有机成分。经济正义是社会正义原则和价值理念在经济领域的渗透、扩延与发展，社会正义原则和价值理念在经济领域最终以经济制度规范的外在形式约束和指引着整个社会的经济活动和个体的经济行为，使之趋向于正义状态。它的核心在于在经济领域中寻求体现合理公正的规范秩序和伦理精神。

正义是个综合体，它自身显示着多种人类价值的特性，不同的人、不同的时期对正义的解读可能都有所不同。美国法理学家博登海默认为正义有着一张普罗透斯的脸，他的意思并不是说正义变化莫测，难以捉摸，而是正义以各种形式示人。换言之，正义存在于人类生活的政治、经济、文化等各个领域，其中，因为人的身体需要物质基础，物质生产和分配与每个社会个体息息相关，因而经济领域中的正义对社会个体来说显得尤为重要。

万俊人先生认为，“最一般地说，正义就是对社会权利和义务的公平分配或安排，以及与此种分配或安排相适宜的道义品质”。[1] 古希腊先贤

① 万俊人．寻求普世伦理[M]．北京：商务印书馆，2001：362.

柏拉图认为正义是各得其所：每个人处于其应该占有的地位从事适合他的工作领取他应得到的那份财富。亚里士多德在阐述他的正义思想时，把交换正义、矫正正义与分配正义放到一起讨论并侧重于矫正人们在交换中出现的“非义”行为。霍布斯认为正义集中体现为交换者在交换、雇佣、买卖、借贷及其他经济活动中正当履行契约的行为方式。如果说在此之前的哲学家们对经济正义的论述多表现为一种个人美德的话，在现当代政治哲学家的眼里，人类经济行为的正义性的社会意义更为重要，他们更加注重探讨社会经济领域中制度的伦理含义和经济秩序规范的维度。当代重要的政治哲学代表之一的罗尔斯认为，“一个组织良好的社会，或一个接近正义状态的社会，其目标是维持和加强正义制度。”①经济正义的理论话语开始追问社会经济合作秩序，这有利于彰显社会组织在经济正义中的重要作用，有利于营造更好的社会个体经济生存空间。

人的生活世界是一个复杂的存在系统，人的最常见、最基本的行为是经济行为，它不仅包括人们之间的物质交换、经济合作、利益分配以及人与自然之间的物质交换，能量转换等错综复杂的内容，还包括人们对经济活动的合目的性以及人的存在意义等形而上学的思索内容。这些活动的有序展开依赖于合理的经济制度安排和设计，经济制度对社会经济活动有基础性意义。经济制度一方面是人们经济行为和经济活动的规范，它可以调整和规范人们之间的经济利益和经济关系，保护合理的经济行为，遏制不良、任性的经济行为，还可以起到价值导向的作用。经济制度的正义性、经济正义的实现不仅是社会正义实现的具体形式，更是社会正义实现的基础。

经济制度正义是以正义的价值尺度对经济制度、经济规则进行合理性乃至合目的性的追问与评测。经济制度正义需要满足下列要求：

在形式上，经济制度正义应当做到经济正义的制度化和经济制度符合程序正义的根本要求。经济正义制度化要求让经济正义价值原则和经济正

---

① 罗尔斯. 正义论[M]. 何怀宏，译. 北京：中国社会科学出版社，1988：359.

义理念成为制定经济制度与政策的指导原则与理念，使它们渗透经济制度和经济政策的方方面面，并成为一种外化的可操作的规则，从而使经济制度插上正义的翅膀，朝着实现社会正义的方向“飞翔”。经济制度符合程序正义的规范是指经济制度在运行的过程中，坚守程序正义和规则正义，采取有利于经济实体正义得以实现的恰当程序。

从内容上来说，经济由“实体”“观念”“活动”等基本内容构成。实体是指经济制度与经济体制，观念是指经济思想，活动是指经济活动。经济正义首先体现在经济制度和经济体制上，只有当经济制度内在地具有道义性、正义性，该制度和体制才可能被全体社会成员所接受至少被绝大多数或大多数社会成员所接受，从而使该制度运行下呈现的经济秩序得以维持。正如美国学者贝尔指出的，“任何社会都是一种道德秩序，它必须证明它的分配原则是合理的；它必须证明自由和强制的兼而并用对于推行和实施它的分配原则来说是必要的，是天经地义的。”①

合乎伦理道德的经济活动总能体现一定程度的经济正义。经济活动通常包含生产、交换、分配与消费等活动环节，当这些环节都以正义为指导原则且经济行为主体都有着正义追求时，此时的经济正义便会具体表现为生产正义、交换正义、分配正义和消费正义。其中的生产正义、交换正义和分配正义又与社会经济制度紧密相连，但经济活动的具体开展取决于活动主体的行为选择。因此，经济正义的实现除了经济制度和体制的正义性和道义性外，还有一个重要的影响因素，即经济主体的伦理道德意识。经济主体恪守相应的伦理道德是实现良善经济秩序的另一个重要条件，经济正义蕴含着经济主体对其经济行为的价值承诺和责任承担。在具体的经济活动中，经济主体除了不违背经济制度外，还应当具有公平竞争，平等交易，诚实守信，履行契约等道德品质。

总之，以经济制度、经济活动、经济主体的行为选择为综合内容的经济正义若要得以实现，不能违背以下几个原则：

---

① 贝尔. 资本主义文化矛盾[M]. 上海：三联书店，1989：309.

其一是自由原则。经济关系本质上是一种人与人之间的关系，经济关系通常发生在市场之中。因此，可以说经济关系是一种经济主体之间的平等互利关系。经济主体具有一定的独立性，他能否自由地进入市场，并根据自己的需要来自由做出行为选择决定着经济活动的广度和深度。在经济活动中，经济主体之间发生怎样的交易，进行怎样的合作，以何种方式进行合作，只要那些行为不违背法律规定，主体应当拥有充分的自由。再有，自由体现了人的固有本质，是人拥有的神圣而崇高的权利。自由的有意识的活动是人的类特性，历史是人类追求自由目的的活动过程。经济活动是人类特有的证实人类本质力量的方式，人们在经济活动中不断扩展着自由的力量。正如经济学家阿玛迪森·森指出的那样，自由是经济发展的首要目的，也是人类发展的重要手段。

其二是平等原则。经济正义实质上反映了人们在经济活动中的利益关系和社会地位。经济正义要求每个经济主体之间有着独立平等的人格，每个主体在享受正当权利的同时，也要承担尊重他人，平等待人的义务。在经济主体的人身关系上，经济正义是单个主体权利和义务的统一。在个人与社会的关系上，经济正义表达着每个主体对其所在群体对利益分配和制度安排有着合理期待，也反映着群体对利益分配的尺度与标准。经济正义的平等原则有着两个层次：基本需要上的绝对平等和超过基本需要上的比例平等。所谓基本需要是指所有人作为同一物种的成员所应当拥有的东西。人类的需要可分为两类，一类是人无论在何种情况下都必不可少的绝对需要，如食物、衣服等，我们称其为基本需要；另一类是满足人优越感的无止境的需要，如奢侈品，我们称其为超过基本需要的欲求。上述两个平等原则中的第二个原则服从第一个原则，社会的首要任务是满足每个社会成员的基本需要，对第二个原则的限制有利于避免经济冲突和引发经济矛盾。

其三是秩序原则。秩序是人和事物行为规则的重要目标，同时又是行为规则的重要规范。经济正义需要秩序与人类活动的客观需求是一致的，经济活动是人类社会活动中最普遍、最基本的部分，在个体与个体、个体与群体、群体与群体的各种经济活动中，人们之间形成了错综复杂的利益关系，离开了秩序，那些关系可能杂乱无章，整个社会会陷入某种混乱状态，人类生活会回到丛林时代。著名人类学家库利指出，社会生活显然存在某种秩序，如果人类生活中不存在秩序，那么任何人都不可能有能力做好自己的事情或满足自己最基本的需要。① 良好的经济秩序是经济活动顺利开展的前提条件。离开良好的经济秩序，人们就无法预见其经济行为的结果，经济活动也无法产生理想的效益。经济秩序需要依靠政治制度、经济制度、法律、道德舆论和行业规则来维持。

三、社会正义的文化维度

文化是一个族群的精神名片，也是该族群中族民生存的精神家园。文化承载着与一个群体的政治、经济、社会和生态相关的诸多内容。文化是一个内涵丰富的词汇，从中国传统文化中对其进行追根索源，文化意为“文治教化”；②西语中的“文化”一词有“栽种植物、照看动物”“心智训导”“心灵陶冶”等意思。中西方的文化词义表面看来区别不小，但从深层思考，也不难找到“从内心进行育化”这一共性。人类学的发展对“文化”内涵的阐述大为丰富，“人类学之父”泰勒认为，文化或文明，从其广泛的民族志意义上而言，它是一个错综复杂的总体，包括知识、信仰、艺术、道德、法律、习俗和人作为社会成员所获得的任何其他能力和习惯。③ 广义上的文化包括整个民族的生活方式、思维方式及精神表现方式。④

从广义文化的范畴，我们可以看出人是不能脱离文化的，人是一种文化的存在。文化正义不是从狭义文化中引申出来的“人文教化”正义，而是从文化形成和存在的角度去探讨正义的外在与内在涵义。通常说来，文化正义包含文化发展的制度，如国家文化发展的战略选择，文化交往的政治

---

① 查尔斯·库利. 人类本性与社会秩序[M]. 北京：华夏出版社，1989：278.

② 《易·彖传》云：“观乎天文，以察时变，观乎人文，以化成天下。”

③ Burnett T E. The Origins of Culture[M]. New York：Harper and Row，1958：l.

④ 郑祥福. 文化批判与后现代马克思主义[M]. 北京：中国社会科学出版社，2008：47.

认同，文化批判与评价的公认标准等基本内容。当然，文化正义也包含着涉及文化自由、文化平等、文化发展与人的发展的关系的理论问题和实践问题。但这种具体化，狭义化的“文化”正义问题与本书的旨趣不合，因此，对这一进路不予选择。本书旨在从主体正义、制度正义、交往正义三个文化正义的面向诠释政治认同的隐喻，换言之，是要探寻一种文化公民身份的认同与承认的正义。

文化正义具有主体正义、制度正义和交往正义三位一体的结构。因此，文化正义应当是主体正义、制度正义和交往正义的复合建构。[①] 主体正义关涉作为主体的人，它是文化正义的核心要素；制度正义关涉社会制度，它是文化正义得以实现的保障；交往关涉社会实践，是文化正义得以实现的基础。

人是文化的主体，也是文化正义的主体。人的类型的不同影响文化正义内容的差异。从主体的类别来看，可以分为类主体，即把人看成自然社会的一个物种；群主体，即部分人的集合；个体主体，即单个的人。类主体文化正义强调人类的共同价值和普遍价值，如“自由”“平等”“安全”“民主”“和平”“发展”等。群主体文化决定着群体文化正义的价值追求，在现实中，人只是以一定的群体方式生活在一起，这些群体呈现出一定的生活与发展共同体，如血缘共同体、职缘共同体、族缘共同体、命运共同体等。所有的共同体都建基于群体成员共同认可的信仰、价值、意义之上，如在价值层面的“信任”“分享”“共存”“分权”“共荣”等。个体主体的文化正义即是个体文化正义，每个社会个体都有其自己坚持的某种价值，如“自由”“自在”“平等” “平权”“快乐”等，建立在这些价值观念上的个人的正义感、责任感、公益心和同情心等是个体文化正义的重要内容。当然，在现实世界类主体文化正义、群主体文化正义和个体主体文化正义不是独立存在的，它们之间相互渗透，相互交融，相互影响，相互依存。从存在论视点出发，个体主体总是在个体与群体以及类之间寻求共生共存，在个体与

① 杨竞业. 论“文化正义”概念[J]. 理论月刊，2013(5)：52.

群体的主体关系中，人类文化经历着一个从“占有”“统治”向“对话”“承认”转变的正义追寻过程。

文化正义中的制度正义的使命在于推动社会公平。诺思认为，制度是一系列被制定出来的规则、守法程序和行为的道德伦理规范。① 制度是在一定原则的指导下被制定出来的约束人的思想和行为的规范，它立基于共同理念，导引着人们的价值选择，蕴含着特定的文化基因，制度和文化的律动注定会指引和型塑社会发展的方向和样态。人们建构制度的目的是要形成规范，确立秩序，保证品质、提高效率和创造某些优势，最终推进社会公平。要实现这些目的，制度本身就要具有正义性。

制度是文化正义的重要介质，制度的匮乏会导致文化正义的失序或文化正义的中断。制度匮乏会导致主体应当获得的生活和发展需要的规范条件与制度保障与现实需要发生难以调和的矛盾，使主体生活与发展的现实状况趋向恶化。在制度匮乏的情况下，主体很难获得安全的环境，无法快乐地工作，更谈不上幸福地生活。人们对生存的文化环境表现出信心不足，信仰缺失，诚信被虚假挤兑，社会存在失范的危险。相反，制度的明晰与创新将彰显文化正义的力量，制度的明晰让人们对自己的社会行为所产生的结果有着可信的预判，人们会根据制度的规定选择有利于自己和有利于社会的行为，规避对自己不利的行为。在制度规定的文化环境中充分行使自己的权利与自由，使社会处于一种繁荣而不繁乱的状态。制度创新会展现主体向上的力量和理想，制度创新在文化层面上可以化育人和提升人，它有着促使社会从不合理走向合理，从陈腐走向新生。

当然，制度明晰和制度创新的前提是制度本身的正义性基础，这意味着制度建构的前提是坚守制度的规范性和属人性的统一。规范性是制度的天然属性，设立制度的目的就是为了规范，所谓没有规则不成方圆说的就是这个意思。因此，失却规范性的制度从一开始就不是制度。制度的属人

① 道格拉斯·C.诺思. 经济史中的结构与变迁[M]. 陈郁，译.上海：上海人民出版社，1994：52.

性是指制度以人为本的德性，它要求在创设制度的原点上必须把“人”放在本位上，放在核心位置。制度属人性要求制度在规范人的同时，在人的文化发展过程中，制度在解放人、发展人和提升人。制度正义要以制度的公平规约突破和化解文化空间中人的等级化和非对称性，以空间正义的意识唤起人的觉醒让人们走进正义的文化空间，进行文化交流与文化共享。这样，主体在寻求自我与共同体之间“共享”与“承认”的历程中感受到政治认同，彰显着社会公平正义的基本价值。

制度正义对人的解放、承认和提升作用在人类文明发展的历程中我们可以找到清晰的脉络。在奴隶制社会里，奴隶主对奴隶有着绝对的占有权，奴隶在社会中的地位近似于牲畜，毫无自由、平等、利益等文化权利可言，即使他们的生命也没有任何保障，他们可以被随意买卖甚至处死。到封建制社会里，社会中的下层群体解除了被“占有”的肉体的关系，相对奴隶社会，人有了一定程度的解放，但一部分人因为土地的私有和独占而使另一部分人对其有着人身依附关系，人们因生存而无法逃离对土地的依存，客观上封建主对平民有着掠夺行为，社会呈现着一种强势阶级与弱势阶级的不公平的对峙状况。人类迈入资本主义社会后，封建的人身依附关系被打破，人们表面上获得了自由，但是工人阶段因为资本逻辑运行的主导，资本家虽然没有占有工人的人身，却占有了工人的劳动。社会运动陷入了一种人的异化和人与人关系的异化状态。直到社会主义社会，以公有制为主导的经济关系的确立最终将人全面解放出来，人们当家作主的理念被确立在政治、经济、文化等各领域的制度设计和制度运行中，自由、平等、公正、分享等文化价值在所有人中普及开来。制度创新对人的文化关照在这一历史进程中清晰可见。

文化学者约瑟夫·奈认为，文化从来都不是静止的，不同文化以不同方法相互影响。[①] 社会文化根植于人的社会实践活动，人们在生活实践中的交往活动的形式决定着社会文化的交往方式和文化交往生态。文化交往

---

① 约瑟夫·奈. 权力大未来[M]. 王吉美，译.北京：中信出版社，2012：120.

正义是指人们在交往活动过程中的文化正义，交往正义的基础是交往合理性，它要求人们在交往活动中的交往行为具有真实性、真诚性、自由性、平等性和互动性。交往的模式包括个体与个体的交往，个体与群体、群体与群体的交往。个体的人总是生活在一个共同体之内，个体在交往中的地位的平等性，交往的有效性反映着文化交往的正义状态。个体在交往中的平等性越高，有效性越高，交往中的文化正义就越发被彰显出来。在社会交往活动中，有一种现象不容忽视，即异质文化间的交往，一个政治社会对异质文化的承认与认可，异质文化能否收到同等对待是交往正义中另一个重要的检测指标。它反映着文化中普适性正义。异质文化间的正义交往可以增进价值共识，也反映着族群认同、政治认同和国家认同的趋向。

文化正义是个有着多种面向的复合体，人们在交往中的基本理念成为公共理性时才能出现最佳的交往方式，即“对话—商谈”式的交往，这时，交往中的文化才能接近和吻合政治经济学和伦理学向度的双重正义。文化交往的真实性和真诚性最终以促进“人类福祉”和走向“最大的公共善”为旨归，人们在公共理性的指导下在公共领域就“公共善”展开平等的商谈式对话，在平等、互动、共享中促进社会的价值共识才能真正实现文化正义。

第三节　竞技正义与社会正义的映像性关系

对竞技正义研究的目的是要揭示它与社会正义的关系，探讨竞技正义对社会正义带来的可能性影响。体育作为一个与社会有着千丝万缕联系但又有着独特性的领域，从共性上来看，体育就是一个小社会，他有着社会普遍存在的各种主要关系，如身份关系、经济关系、文化关系、伦理关系等。在一定意义上，竞技正义与社会正义存在着一种映像性关系，竞技正义中的分配正义、矫正正义、程序正义、形式正义、实体正义都是社会正义在体育竞技中的具体体现；社会中自由、平等、公正、效率、共享、竞争等各种价值在体育竞技中都有投射。

一、社会制度与竞技项目的同构性

表面看来，我们似乎难以找到社会制度与竞技项目的同构性，但当我们站在规则的基点，从制度和竞技项目的产生方式、构成要素、功能与作用，约束机制上逐步展开，我们还是可以找到两者的共通点。

社会制度和竞技项目的产生方式基本是相同的。社会制度和竞技项目都不是天然物，即不是自然存在物，人们无法通过“发现”来找到社会制度和竞技项目。社会制度和竞技项目都是人的创造物，都是人们根据某种需要创设出来的。

制度在《辞海》中被定义为：(1)要求成员共同遵守的、按一定程序办事的规程或行动准则。(2)在一定的历史条件下形成的政治、经济、文化等方面的体系。《辞海》对制度的第一种定义是从规则意义出发的，第二种定义是从社会意识形态意义出发的。制度的内涵可以从以下几个方面展开：制度是一种组织行为，制度经济学派著名代表康芒斯认为，“如果我们要找出一种普遍的原则，适用于一切所谓属于制度的行为，我们可以把制度解释为‘集体行动控制个体行为’”。[①] 制度是一种规范体系，我国学者郑杭生认为，“社会制度指的是在特定的社会活动领域中围绕一定目标形成的具有普遍意义的、比较稳定和正式的社会规范体系”。[②] 制度是一种博弈规则，美国经济学家诺思认为，“制度是一个社会的博弈原则，或者更规范地说，他们是一些人为设计的、型塑人们互动关系的约束”。[③]

从以上对制度的定义和内涵的阐释中我们可以得出一个结论，从建构论的视角观察：制度是一种人理性的设计，制度是为规范人的社会行为而创制的规则体系。

---

① 康芒斯. 制度经济学(上)[M]. 北京：商务印书馆，1962：87.

② 郑杭生. 社会学概论新论[M]. 北京：中国人民大学出版社，1987：253.

③ 道格拉斯·诺思. 制度、制度变迁与经济绩效[M]. 郑航生，译. 上海：上海人民出版社，2008：3.

体育竞技的基础是竞技项目的确立，没有竞技项目做依托，体育竞技只能存在于理论或想象中。竞技项目的诞生源自人的理性设计，离开人为的设立，竞技项目不会自行出现。即使最为简单的体育竞技项目也是人为建构出来的。例如短跑项目，它不需要任何体育器械，凭借人的双腿足以完成。动物也能奔跑，有时也可能一起比快慢，但动物间的比赛我们不能将其称为体育竞技，主要原因不是因为参赛主体不是人，而是因为动物的奔跑比赛没有规则，既没有起跑线，也没有终点线，更无纪录。在奔跑的过程中随意性很大，抢跑、任意变道等时有发生。体育竞技项目是一个规范性体系，它有场地规则、行为规则、纪录规则、奖励规则等，所有的规则都出自人的理性设计。所以，从发生论来看，制度和竞技项目的产生方式是相同的。

在构成的要素上，我们更容易找到制度和竞技项目的相似性。尽管制度涵盖的面非常宽广，它包含政治、经济、文化、社会、生态、管理等众多内容，而竞技项目的内容相对单一，通常是某个具体竞技活动的各种规定。但是在构成要素上，它们都以规则为核心要素。新制度经济学派就坚持制度是一种规则的观点，该观点得到越来越多人的认同。制度是一种规则有两层含义，一是总体上制度表现为一种规则，通过综合性的规范以期获得制度制定初期的目的；二是制度本身就是由具体的小规则构成的一个规则体系。

诺思在《制度、制度变迁与经济绩效》中提出制度就是游戏规则，这种规则相当于“系列约束”。同时，诺思还提出存在两种不同的制度，一种是由习俗、惯例和伦理规则组成的制度，这种制度是一种“非正式约束”；另一种是法规，是由权力机关或权力机关授权的机关通过特定程序制定出来制度，是一种“正式约束”。马克斯·韦伯在《经济与社会》中认为“制度应是任何一定圈子里的行为准则”。① 在我国，大多数相关的专家学者也倾向或赞同以规则来解释制度。

在前文对伯纳德·休茨的体育哲学理论的阐述中提到，体育的本质是游戏，游戏有四大要素，游戏目的、游戏方法、游戏态度和游戏规则，游戏

---

① 马克斯·韦伯．经济与社会（上卷）[M]．北京：商务印书馆，1997：345.

规则是游戏存在的基础，由于体育是由游戏规则构建出来的，休茨把构建游戏和体育的规则称为建构性规则。竞技项目中的规则主要规定竞技者在比赛中哪些行为可以做，哪些不可以做，违规后怎样处理等内容。体育竞技项目从一定意义上来说就是一个竞技者的行为规则体系。

设置社会制度的目的隐含着社会制度的价值和功能，在充分发挥社会制度功能的情况下，实现制度目的是顺理成章、水到渠成的自然结果。制度想要实现目的，最终将落实到具体的人的行为上来，当制度涉及每个主体的行为都按照制度的规范得以落实，制度规定的义务都被履行，应当行使的权利得到了充分行使，制度预期的目的就会实现。制度的功能和作用总的说来就是保障和维护人的权利和利益，这是制度内在的天职，有着无条件性，如果制度在良好运行的状态下却不能实现保障和维护人的权利和利益的功能，制度本身的合理性或制度自身正义性就会遭到质疑。制度实现保障和维护人的权利和利益的功能可能有着两种方式：一种是直接的保障和维护，制度明确社会主体的利益应当予以保护；另一种是对侵害、损害他人权利和利益的行为进行约束或惩罚。在这两种方式中，保障和维护是目的，约束和惩罚是手段。

与制度一样，竞技项目在构建具体活动的同时，体育规则对竞技者的具体行为有着明确规定，如在竞技过程中哪些行为是被允许的，哪些行为是被禁止的。一方面，体育规则像制度一样，对人的安全、自由和尊严予以保障；另一方面，为实现竞赛的目的，体育规则要构建一些与具体运动相匹配的行为，如篮球的运球、传球、投篮等动作是受到保护的。但在剧烈的角逐中，违反规则的行为在所难免，那么，对犯规行为的适当、合理的处理成为必要。体育规则也采用同样的方法来保护竞争对方的合理权益，那就是设置违例和处罚规则，如篮球中的罚篮，足球中的黄牌警告等规则。

制度的是为了对社会进行有效管理，使每个个体的社会性行为合乎一定的规范，让整个社会处于一种人尽其才、物尽其用、货畅其流的良好秩序中，最终让每个人各得其所，各美其美。同理，体育竞技的目的是使每个竞技者在竞技活动中各尽其才，各得其所。

二、体育竞技与社会法治的通约性

体育竞技是一项人与人之间身体性技能的竞争和较量活动，它有着娱乐性、挑战性、竞争性和不确定性等特点。法治是一种制度性社会管理的方法与手段，它是迄今为止人类探索出的社会治理的一种较好的管理模式。表面看来，体育竞技与法治两者之间没有什么关联性，更难说有相似性，但是当我们拨开“表面的覆盖物”从深层次加以考究，还是可以找到它们之间的“亲缘性”。人类社会是一张复杂的“文化之网”，竞技体育是这张“网”的微缩版。它能代表同一类型特征的具体而微的东西，意味着竞技体育的特征和人类社会的各种特征有着共通之处。法治是一种人类社会管理的制度文化，是整个人类社会“文化之网”中的组成成分。竞技体育中可以看到法治的影子。

1. 竞技与法治都是规则之治

规则是人类社会发展不可或缺的行为规范，是对自身行为的规律的总结；规则是人类社会文明化、理性化的重要标志。邦格说：“规则是对行动方式的规定，它说明要实现预定的目标应当如何去做。更明确地说，规则就是一种要求按一定顺序采取一系列行动以达到既定目标的说明。”人类发展的历史经验无数次表明：没有规则，或者规则不被遵守，人们就会在自身利益的驱使下无理性地展开动物般的本能竞争，那种竞争必然导致整个社会的混乱和无序，最终使人类社会遭受损害。因此，人们有必要制定和遵守一些共同的活动规则以便构建一个有益于所有人（至少是绝大多数人）生活的良善社会。这些人类活动的规则包括法律规则、道德伦理规则和宗教规则等。整个社会在规则的调控下呈现的有序状态就是规则之治。规则之治蕴含三重内涵：一是规则之治的公平性。公平性是实现规则之治的前提与基础。它一方面要求规则自身的公平，即一般情况下，不能根据人的不同身份、不同职位、不同地位等制定不同的规则；另一方面要求规则适用的公平。即执行规则的人在应用规则时也必须遵守规则，不能为实现执行者自身的利益而滥用规则。二是规则之治的相互性。规则的相互性要求规则不仅约束当事人，也约束仲裁者、法官或裁判者。① 三是规则之治的持续性。规则需要一以贯之，此一时彼一时的规则容易导致管理者依照个人意志进行的“人治”状态。在当前人类的实践活动中，表现较好的规则之治就是社会的法治和体育竞技。体育竞技是一种规则性极强的游戏，竞技项目的设立、运行和结果的产生都离不开规则，因此对体育竞技的规则制定、规则执行、规则解释、规则修改等各方面都提出了很高要求。可以说，体育规则是竞技体育存在的基础，没有体育规则就没有竞技体育；体育规则也是体育竞技得以顺利进行的保证，离开体育规则竞技体育就不能付诸实践。竞技体育是一种使用建构性规则规定的手段和方法参与体育运动的一种文化活动。体育规则限定了竞技者参与时所使用的手段、竞赛程序和获胜的方式，并要求所有参与者一视同仁地遵守。体育规则至少要实现三大功能。一是体育规则应当阐明参与者必须做什么，能够做什么。如排球运动中的发球、垫球、扣球；篮球比赛中的运球、传球和投篮等行为。二是确定体育竞技项目要达到什么样的目的，其中最重要的是要明确前游戏目的。如足球的目标是将球踢入对方球门；篮球的目标就是将球投入对方球篮；排球竞赛的目标就是使球落在对方的场地等。三是规则应当禁止不法行为，即违反建构性规则的行为。如篮球中的带球走，足球中危害对方身体的铲球，排球中的连击动作等。体育规则的三大功能保证了体育竞技活动的顺利完成，最终实现整项体育活动的目标。整个的竞技比赛过程是一个严守规则的过程，它不仅要求赛场上的运动员要严守规则，还要求裁判员、教练员、体育官员甚至观众等都要遵守各自的规则，否则就很难保证比赛顺利进行，更难保证比赛过程的公平性和比赛结果的公正性。

法治强调的是法律主治，它是一种社会治理的制度性措施和方法。法治要求法律切实地反映社会主体的共同意志和根本利益，社会主体应当赋

---

① 杨其虎. 试论体育竞技与法治的通约性[J]. 贵州工程应用技术学院学报，2015(4)：138.

予法律至高无上的权威。法治要求社会所有事务的管理必须要依靠明确、稳定、权威的法律规则，而不是依靠任何人的特权或人格威力。实践表明，人类社会发展到今天，法治是管理社会或国家的最合理、最有效和最完善的治理方式。

法治作为一种社会管理手段，它体现着法与政治的关系。事实上，法律与政治具有内在的相关性，法律是一种体现统治阶级意志的行为规范，这种规范具体表现为规则，是公民社会活动和社会生活的行为的依循和准绳，作为独立存在物，法律是一种社会规则性现象。自然法学派代表人物富勒认为“法律是使人的行为服从规则治理的事业。”政治是选择和运用规则管理众人的活动，因此，法治是选择和运用法律规则来建立统治阶级意欲实现的社会秩序的公共治理活动。对政治本原认识，自然法学派认为，政治需要依赖自然理性，而自然理性来自宇宙的自然法则，政治的规则性源于自然的规则性。人类政治是宇宙或神赐予自然规则、准则和人类正义的结果，人类只要认识这些准则和规则并依照它们行动就自动产生了政治。人本主义政治者对政治本源的认识有所不同，他们认为，政治不是源自自然的理性，而是源自人的自然和理性。政治的规则性是人自身规则性的表现，人的本能中有着遵守规则一面，它能引导人谋划有秩序的社会生活，于是产生了政治。人是规则动物，哈耶克认为，人不仅是一种追求目的的动物，而且在很大程度上也是一种遵循规则的动物。从自然法学派和人本主义政治者的讨论中我们可以看到，无论哪种观点都承认这样一个事实：政治需要规则，政治是有规则性的，规则对政治极为重要。

规则主义法治观认为法治就是规则之治，在一个法治国家，也许可能有皇帝，但皇帝不是最高权力者，最高权力属于法律规则，皇帝不能以自己的意志为国家意志，更不能自以为是。法治是在人类理性基础上依照逻辑自足的法律规则开展的国家治理。法律规则的逻辑自足就是法律规则内在的逻辑合理性，是指法律规则自身普遍性，明确性和可操作性。自洽的法律规则会预设一套社会秩序，生活在该秩序中人们对自己的社会活动和社会生活有着较好地预测，他们不用担心自己的行为结果被社会组织或他人任意裁判，在他们眼里，法官就像法律“自动售货机”，当人们向其投入事实和证据时，它依照法条和程序输出相应的判决。规则主义法治的出现是人类对人类社会演进中的各种治理经验进行理性比较与选择的结果。人类在早期阶段几乎处于纯粹的人治状态，一旦有人掌握了某些特殊权力或最高权力，其他人就会成为那些权力的受害者。人难免会心存偏私，难免感情用事，在政治治理中，人们也同样难免混入私欲，而法律恰能消除权力者个人私欲的影响，让人回复理性，因此法治比人治要更加优裕，法律规则始于理性，规则至上引导和促使社会远离人治。

严格奉行规则主义是法治的首要任务，但规则主义法治把法律规则放在高于一切的地位，严格奉行法律规则就产生了一些先决性问题，即法律规则在形成之时自身是理性的；规则制定后，它应受到普遍的、高度的尊重；对规则的准确适用需要一支高素质的职业队伍和一套良好的实施机制。那只高素质的职业队伍就是检察官和法官，在竞技体育中与之相当的就是裁判员。无论从规则制定的理性，还是对规则的尊重，还是对规则的执行主体，体育竞技和法治都有着相似甚至相同的理念与逻辑。①

2. 体育竞技与法律活动有着形神之似

体育竞技与法治除了在理念和逻辑上有着相同或相似性外，它们在形式上也有相似之处。法治离不开科学的法律活动，法律活动与竞技体育都蕴含着仪式、传统、权威和普遍性的要素。竞技体育源起于先民的祭神仪式，是祭祀仪式中的重要环节，是仪式的一个组成部分。随着竞技体育的不断发展，它自身也衍生出了不少相对独立的仪式，其中一些仪式一直流传在世，今天，奥林匹克运动会依然有着点燃圣火，火炬接力，入场仪式，开幕式、运动员、裁判员宣誓，升降旗帜，闭幕式，交接会旗等一整套的仪式，这些仪式使竞技体育显得隆重、庄严、神圣，体育仪式对运动员、裁判员、观众有着很好的心灵净化作用，在这种作用下，竞技体育在人们内心

---

① 杨其虎. 试论体育竞技与法治的通约性[J]. 贵州工程应用技术学院学报，2015(4)：139.

中不再是可以漫不经心的游戏，而是一件严肃的事情。

法律同样有着显明的仪式性，美国法学家伯尔曼认为，法律仪式通过形式性的法律程序客观地表现出来，法律并且以一种法治形式主义的方式向人们的日常生活渗透。法律仪式在西方的法庭审理中有着清晰呈现：法官入场和入座时，法庭中的人全体起立以示尊重，法官头戴假发，身着法袍，肃然神圣；律师也身着制服，头戴假发，无比慎重；证人作证要手按《圣经》，对主忠诚(这形似于运动会上运动员的宣誓)；涉诉人员出场和发言有先设性秩序；法庭布置肃然庄重。这一切给法律增添了不少的神圣性和威严感，法律裁判事关生死，意义重大，法官角色近乎上帝，法庭上的氛围一样会净化人的心灵，它可以使法官不忘自己的特殊身份，他们必须忠于法律，忠于规则；当事人对法律满怀信心，对法官充满崇敬。

体育竞技和法律的另一个共同要素是传统，竞技体育已有数千年的传承。从古代奥运会的诞生与发展到现代奥运的复兴和传播，有着丰厚的传统积淀。具体说来，其中既有体育精神的赓续与扬弃，也有体育项目的承继与完善，如摔跤、标枪、跑步等古老项目在当下仍然散发着青春活力。更快、更高、更强的体育拼搏精神依然激励和鼓舞人心，体育传统使优秀的体育文化得以延续和保存。法律传统通过法律习俗形成一套独特的系统，并以法律语言、法律著作等形式得以传承，海洋法系中的“遵循先例”原则更是遵守传统的典型代表。从权威性来看，竞技体育与法律更显亲近。无论是体育竞技还是法律活动，都是规则性极强的活动，它们都在规则的严格调控下开展。法律规则要么来自立法，要么来自惯例，法律惯例经过长时间的实践检验，获得立法部门的认可，为绝大多数人接受。法律权威一方面来自法律渊源，另一方面来自司法机构的专业性和专门性。通常说来，立法权都由国家最高权力机关履行，各国都有专门立法机关，立法机构代表着统治阶级和人民群众的意志，体现着至高无上的权威。体育规则的形式渊源是早期的游戏规则，那些规则不断在人们的体育运动实践中得到改进，日臻成熟与完善。到了近现代，体育规则主要由专门的组织来进行制定或认可，其中较为常见有国际奥委会国际单项体育联合会，如国际田联、国际足联、国际体操技术技巧委员会。在国家层面上有国家奥委会、国家篮协、国家足协等。这些机构在规则的制定中扮演的就是体育“立法机构”的角色，它们的权威性赋予体育规则的效力。

普遍性也是经竞技体育和法律的共同要素之一。所谓普遍性，是指规则对所涉人员的普遍适用，任何人在规则面前一律平等，同样的行为应受到同等的裁判与对待。竞技体育中的体育精神激励着所有运动员尊重对手，服从裁判，顽强拼搏，不断超越，体育规则一视同仁，普遍适用。法律的普遍性一方面表现为它包含了象征法律与真理之间联系的普遍有效性，法律价值与法律原则合乎人性并符合社会秩序的要求，如契约应当履行，损害应当赔偿，代理人应当善意等；另一方面，与体育规则一样，法律规则也具有普遍的适用性，法律面前人人平等，不允许所涉人员有任何超越法律、不受法律约束的行为。①

竞技体育与法律在运行方式上也具有共通性，同时，体育竞技的运行模式对法律实施有较好的借鉴意义。体育竞技和法律诉讼都是对某种归属尚未确定的利益进行判定。竞技过程与诉讼过程的运行方式相似度颇高，我们只要把足球比赛和民事审判加以比较，其相似性立现。在参与主体上，足球比赛的双方就像民事审判中的双方当事人，教练员就像代理人，裁判员就像法官，场内的观众就像审判庭旁听席上的听众，体育局、足协就像立法机构，足球规则就像国家法律。比赛双方以足球为介质，以获胜为目的展开争夺，他们行为的正当性和合理性与否，会受到裁判员的严格评判和观众的严厉监视，评判的主要依据就是足球竞赛规则。在民事法庭上，诉讼双方以某种利益为纽带，以获得该利益为目的展开辩论，他们行为的正当性和合理性受到法官的严格评判，法官最终以事实为依据、以法律为准绳进行判定。二者几乎异曲同工，形神俱似。相对于复杂的法律活动，体育竞技有着以下几个方面的优越性：一是体育竞技中的裁判员通常为第三地人员，与竞赛双方的关系疏远，且裁判员人选充足，选择性大，

① 杨其虎. 试论体育竞技与法治的通约性[J]. 贵州工程应用技术学院学报，2015(4)：139.

裁判员容易保持中立。而法官由于属地管辖、机构设置、人员偏少等问题，很难做到像体育竞技那样尽量避开各种影响因素。二是体育竞赛通常有主客场制，以保证双方在场地选择上的公平性，那样可以尽量发挥各队的实际技能，将影响比赛成绩的偶然性因素在最大程度中予以排除。三是竞技体育的观众对比赛的监督性很强，裁判员的不恰当的判罚会当场遭到观众的反对，这种异议的即时性能有效地遏制裁判员徇私枉法，迫使其保持中立。四是体育竞技都是当场出宣布或宣示比赛结果，而很多法律审判都不能当庭宣布判决结果，留下一些缺乏监督的真空，即使判决十分公正，但在人们的心理上可能存在一定程度的质疑。①

3. 竞技与法治存在共融的实践

在司法的实践中存在一种司法竞技主义的做法，有学者将其称为竞技式司法，意为在诉讼程序中的双方就像在进行一场体育比赛，当事人之间始终处于对抗地位。在整个诉讼过程中，一方当事人会竭尽全力，使出浑身解数去战胜另一方，双方剑拔弩张，一决高下。我们认为，这种方式被称为竞技式司法，与它的英文描述不无关系，在英文中，上述程序被称为sporting theory of justice，从词源学来说，这种称谓借用了竞技体育的术语，其中肯定蕴含了竞技体育的某种元素或某些特征。

司法竞技主义具有如下特点：一是诉讼双方就像竞技体育中的参赛双方，彼此出于平等地位，依照法律规定，各自在法庭上发挥自己的全部能力开展一场唇枪舌剑的辩论之战。从表现看来，双方彼此之间充满“敌意”，都想获得一个“你死我活”的诉讼结果。二是在庭审中，法官不追问事实真相，事实真相交给当事人澄清，法官只注重法律的适用，法官就像体育比赛中的场上裁判，他(她)只关注双方原有的约定以及双方是否遵守法律规定的程序。法官适时地把过度的偏激行为拉回法定的程序与理性的状态中，对违规行为予以遏制与制裁。三是受托律师完全忠诚于委托人，

---

① 杨其虎. 试论体育竞技与法治的通约性[J]. 贵州工程应用技术学院学报，2015(4)：140.

以坚定不移的态度与决心投入战斗式的辩护，以实现委托人的最大利益为终极目标。辩护律师凭借自己的专业知识协助当事人就像一支参加决赛的球队中的教练员，充分发挥自己的知识与技能，不断调整改变战略战术，与运动员紧紧捆在一起，为本队的获胜齐心协力，不懈奋斗。在刑事性的竞技式司法活动中，诉讼活动实际上是在控辩双方当事人主导下开展的审判模式。在审判中，法官通过逻辑、经验与法律推理等理性方法裁决犯罪事实是否成立。在该程序中控辩双方不仅在审判中占有主导地位，还有权决定一定的实体事务和程序性事项，如当事人可以自愿认罪，有权决定是否提出指控，证据调查的范围、方法和顺序等。为了保证双方当事人在对抗式刑事审判中的公平地位，整个审判必须加以严格规范。为防止当事人使用不正当手段获利，竞技式刑事审判程序具有高度结构化的特点，在这种结构中，律师辩护是必要条件，没有律师参与辩护情况下是不能开庭审理的。在判别犯罪事实是否成立时，法官必须尽量排除非理性因素的干扰，只能根据证据，运用逻辑经验和推理加以判断。竞技式司法把体育竞技的优点揉入法律诉讼，使体育活动与法律活动走到了一起，这彰显了体育竞技与司法审判共融的一面。

有学者考证，在古希腊，诉讼活动就像一场竞赛，在户外进行，法院是在公共场域的一块圈地，法官就是围在周围的民众，这和体育比赛在形式上别无二致。伟大的思想家苏格拉底就是在那种公众审判模式中被判有罪的。直至今天，体育竞技场上的裁判员和法庭上的法官在英语中还在共用“judge”一词，人类的智慧在数千年漫长的文明演变中足以发明不知无数词汇来分别称呼裁判员与法官，然而实践还是用同一词汇来表达两者，这在一定程度上揭示他们之间内涵与本质一致性，揭示了法治与体育竞技之间存在某种内在的共同逻辑。尽管随着人类的演进与发展，法治和体育竞技呈现出多姿多彩的样态和形式，但是当我们透过表面现象往深层探析时，还是可以找到它们之间的通约性。①

① 杨其虎．试论体育竞技与法治的通约性[J]．贵州工程应用技术学院学报，2015(4)：141.

第七章

竞技正义对当代中国社会发展的观照

竞技正义是集分配正义、程序正义和矫正正义为一体的复合正义，竞技模式给社会竞争提供了一个可供参照的范式。体育竞技为公开与公平的良性竞争提供了一个演绎场，它把公开与公平相互依赖、相互影响的理论变成“看得见、摸得着”的社会实践。这种“看得见”的公平与公正就像竞技正义的“镜面”，我们可以用其来反观中国当前的社会正义状况。

第一节　竞技正义视野中的当代中国社会公正

社会公正也就是社会公平正义，社会公正对一个社会的良序运行至关重要。社会公正是国家治理的指导原则，也是国家治理的价值取向和目标追求。从竞技正义这一复合正义的视野观察，我们可以清晰地看到当代中国正在把社会公正作为治国理政的理念，整个社会处于政治、经济、社会、文化和生态领域“五位一体”的正义空间的建设之中。

党的十六大以来，党对我国的社会公正问题更加关注，在国家的重大决策中就社会公正问题均有特别强调。为促进社会公平和正义，中国共产党在2004年第十六届四中全会的《中共中央关于加强党的执政能力建设的决定》提出了构建社会主义和谐社会。[1] 胡锦涛2008年在纪念改革开放30周年大会上的重要讲话中进一步指出："必须把提高效率同促进社会公平结合起来，实现在经济发展的基础上由广大人民共享改革发展成果，推动社会主义和谐社会建设。……实现社会公平正义是中国特色社会主义的内在要求，处理好效率和公平的关系是中国特色社会主义的重大课题。"[2] 2013年党的十八届三中全会《关于全面深化改革若干重大问题的决定》提出"全面深化改革的总目标是完善和发展中国特色社会主义制度，推进国家治理体系和治理能力现代化……让发展成果更多更公平惠及全体人民"，把"促进社会公平正义、增加人民福祉"作为全面深化改革的出发点和落脚点。[3] 从当代中国的发展来看，党的领导集体对中国社会公正问题越来越重视；党的领导集体对中国社会公正的关注从先前的单一经济视角转向经济、政治、文化、社会、生态等多维视角。

一、规则至上的法律尊严

法律是规定人的权利和义务的行为规范，它通过保护人的权利来规范整个社会的良善秩序。它通过对国家权力的运行，依靠国家的暴力机构来强迫人们履行法定义务的方式来实现立法的根本目的。在整个法律体系中，宪法位于最高阶位，是一个国家的根本大法，是立国的基础，通常规定了一个国家的公民的基本权利、国家机构的设立等重大事件。宪法在国家中地位和权威在一定程度上体现了一个国家的法治状态和秩序状态。

从理论上上来说，宪法"位高权重"，在法律体系中位居首位，但是由于它的规定通常是原则性的，指导性的，在法意表达上相对宏观，它较少作为某种具体权利的参照标准，在人们的日常生活中适用得较少，久而久

---

① 中共中央关于加强党的执政能力建设的决定. 2004-9-19.

② 胡锦涛. 在纪念改革开放30周年大会上的讲话[N]. 人民日报, 2008-12-18.

③ 关于全面深化改革若干重大问题的决定. 2013-11-15.

之，会减弱它在人们心中的权威性，尤其是在国家公职人员心中的权威性。因此，弘扬宪法权威，强调依宪治国是法治的重要环节，提倡宪法宣誓在新的历史时期有着重要的政治和法律意义。

站在新的历史起点，为完善宪法结构，充实宪法文化，弘扬宪法权威，2014 年党的十八届四中全会审议通过了《中共中央关于全面推进依法治国若干重大问题的决定》，该决定指出："建立宪法宣誓制度，凡经人大及其常委会选举或决定任命的国家工作人员正式就职时公开向宪法宣誓。"第十二届全国人民代表大会常务委员会第十五次会议通过《全国人民代表大会常务委员会关于实行宪法宣誓制度的决定》；2018 年 3 月，第十三届全国人民代表大会审议通过宪法宣誓制度载入宪法的决定。

宪法宣誓制度要求"凡经人大及其常委会选举或者决定任命的国家工作人员正式就职时公开向宪法宣誓"。[①] 宣誓誓言为：忠于中华人民共和国宪法，维护宪法权威，履行法定职责，忠于祖国、忠于人民，恪尽职守、廉洁奉公，接受人民监督，为建设富强、民主、文明、和谐的社会主义国家努力奋斗！[②]

宪法宣誓制度的建立有利于增强公职人员宪法观念，激励公职人员忠于和维护宪法，极大地彰显宪法在公职人员心中的权威，同时也有利于全社会增强宪法意识、树立宪法权威。[③]

宪法作为根本法，一个国家的万法之源，它的内容更多地着眼于社会

---

① 我国《宪法》规定，宣誓主体包括下列人员：(1)国家主席、副主席；(2)全国人民代表大会常务委员会的组成人员；(3)国务院总理及副总理、国务委员、各部部长、各委员会主任、审计长、秘书长；(4)中央军委主席和中央军事委员会其他组成人员；(5)地方各级人民代表大会代表，地方各级人民代表大会常务委员会主任、副主任、秘书长和委员；(6)地方各级人民政府组成人员，包括省长、副省长、自治区主席、副主席、市长、副市长、自治州州长、副州长、县长、副县长、镇长、副镇长、乡长、副乡长；(7)最高人民法院、地方各级人民法院和专门法院院长、副院长、审判委员会委员；(8)最高人民检察院、地方各级人民检察和专门检察院检察长、副检察长、检察委员会委员。

② 全国人民代表大会常务委员会关于实行宪法宣誓制度的决定. 2018-2-24.

③ 关于《中共中央关于全面推进依法治国若干重大问题的决定》的说明. 2014-10-28.

规范的宏观方面，主要是对权力的设定和规制。权力通常是由国家机关或一定的组织所拥有，由国家公职人员代为行使，因此我们常称其为公权力，与个人的(私)权利相比，公权力很容易被行使者滥用。法治不仅意味着一个国家的法律制度是否完备，更意味着国家公职人员和公民的守法程度。如果没有宪法的约束，一些权力可能会“肆无忌惮”与“放荡不羁”，在某些时候严重损害人们的利益。因此，强化公职人员的法律意识，尤其是宪法意识，是法治的重要环节。通过宣誓这一重要仪式，对提高国家公职人员的宪法意识、法律意识、法治意识和规则意识意义重大。

作为公权力的行使者，如何运用权力，如何使用法治思维和法律方式来处理社会问题与宪法观念和法治意识息息相关。国家公职人员的宪法观念、宪法意识的强弱不仅影响其宪法素养和法律素养，也影响整个社会的治理能力和社会的公正状态。尽管我国在较早时期确定了“有法可依、有法必依、执法必严，违法必究”的法制理念，但在现实生活中，公职人员在行使公权力的过程中，在一定范围和一定程度上还存在以权压法、以言代法甚至徇私枉法的现象，这与他们的宪法观念、法治意识不强和法律素养不高有重要关系。

宪法观念是有关宪法意识、宪法观点、宪法心理和宪法思维等众多要素的统称，宪法观念的核心内容包括：宪法至上、依宪执政、权力受监督。

宪法至上要求国家公职人员牢记宪法权威，忠于宪法，信仰宪法。宪法的生命力在实施，宪法的权威也在实施。所谓宪法实施，就是要求公职人员在行使公权力时，要时时想到自己的行为不要违背宪法，把宪法的基本精神落实到每个公权力行为中去。在宪法精神的指引下，避免出现以权代法，以权压法，徇私枉法等行为的出现。“领导干部都要牢固树立宪法法律至上、法律面前人人平等、权由法定，权依法使等基本法治观念。”①

依宪执政主要是指中国共产党将自己独有的执政方式由宪法予以确

① 习近平.领导干部要做尊法学法守法用法的模范带动全党全国共同全面推进依法治国[N].人民日报，2015-02-03.

认，并以宪法精神、原则和制度实现党对国家的领导。① 依宪执政落实到每个公职人员的具体行为上表现为行使公权力时不能违背宪法规定与宪法精神，应当树立人民主权的基本理念，依宪执政是依法执政的深化。

权力受监督要求按照宪法基本原则和宪法精神加快监督制度建设，将权力关进制度的笼子。在民主集中制的原则下防止“一言堂”现象的出现，对公权力的行使者要实现全方位、立体式的监督体系。对公职人员的权力来源，权力行为纳入宪法规范之中。

宪法宣誓将有助于强化与落实依法治国理念。依法治国是我国的基本方略。宪法宣誓过程以仪式的神圣感将依法治国的理念植入宣誓者的头脑，让依法治国的方略在公职人员中内化于心，增强他们的法律意识，使他们在公权力的行使过程中依法行事，避免权力不任性恣意。

宪法宣誓有助于尊重和保障人民权利。中华人民共和国的一切权力属于人民，宪法宣誓可以促使公权力的行使者清楚地认识到自己的权力来自人民，公权力应当服务于人民。公权力以保障人民权利为己任，决不允许公职人员擅自利用公权力，让其个人利益凌驾于人民的权利之上。

宪法宣誓有着良好规制功能和凝聚功能。宪法宣誓是一种特殊的法律程序，它通过特定的仪式、语言、行为、场景对就职人员身份的转换予以认可，对就职行为赋予法律效力，对国家权力转移进行公示和规制。宪法宣誓彰显了国家权力的交接不是秘密的、任意的，而是公开的，神圣的。公众作为宪法宣誓的观看者、聆听者、见证者，通过宣誓程序知晓公职人员的职权，同时唤醒对公民权利的认知，有利于实现人民对权力的监督。社会共识是一个社会被凝集在一起的基础，各种社会制度的建立依赖于社会共识。从法律上对某种价值达成重叠共识不仅有利于制度的优化，更有利于制度执行的有效性，使制度在创造一个公正社会的作用中更富有意义。

---

① 姜金珠. 论党的依宪执政的内涵及其在依法执政中的核心地位[J]. 法制与社会，2018(8)：3.

二、市场主体的平等"参与"

"市场经济以交换为基础，而交换这种流通过程本身是平等权的充分表现，平等是市场经济流通过程得以顺畅的前提和关键。"①经济主体通常包含自然人和法人及其他组织，它们在经济市场中能否有着平等地位关系着市场的平等竞争和公平竞争。市场主体公平竞争是主体平等的直接体现，也是主体平等的内在要求。主体平等是公平竞争的前提和条件，没有平等就没有公平可言。无论是体育竞技还是市场竞争，平等与公平的逻辑关系都是一样的。

在市场经济领域中，有些经济主体不像自然人一样，有着独立的生命与肉体，但作为竞争主体资格，它们一样拥有独立性，因此，它们在经济活动中，理应拥有如自然人一样的独立人格。独立人格是所有经济主体存在与发展，并发挥其独特价值的基础。

公平竞争权源自经济主体的平等权，市场公平竞争要求经济主体在经济竞争中彼此有着平等地位，即无论经济主体的行业、性质，经济实力大小，财产多寡如何，它们的主体资格和法律地位是平等的，它们在市场中享有的权利和义务是相等的。经济主体平等参与市场竞争，享受平等的市场待遇，自负盈亏，独立生存与发展。

公平竞争权是任意经济经营者与别的市场主体平等竞争并获得竞争收益的权利，包含正当竞争权和自由竞争权。事实上，经济主体的公平竞争权从自由竞争权演化而来，是自由竞争权在经济领域的具体体现，蕴含着自由、平等、竞争、公平等市场法治理念。

公平竞争权作为权利范畴，它包含着平等竞争和公平竞争两种具体权利。竞争是市场的最大特点，可以说有市场就有竞争，有竞争才有市场。市场是商品交换的主要场所，交换的基本原则是等价。等价是对商品交换

① 陆岸. 论市场经济主体平等权的宪法保护[J]. 理论与改革，2008(5)：24.

的要求，要使得商品实现等价交换，势必要求市场主体具有平等地位，在垄断、霸市的状态下，等价交换是很难实现的。经济主体是市场的主要主体，因此，无论经济主体的规模大小如何，所有制结构如何，在市场中应当处于同等地位，它们都是市场上平等的产品交换者。只有这样，市场的真正价值才能得到体现，社会才能出现稳定的经济市场。公平竞争是经济主体公平竞争权的另一个重要含义，平等与公平虽然紧密相关，甚至有重合之处，但是就市场竞争来说，平等更多地体现在主体资格和市场准入方面，公平倾向于经济主体进入市场后，主体的经济行为是否受到公正的对待。如在不同时期对某种所有制主体的政策倾斜；对某些主体经济行为的临时性限制等。公平竞争是市场经济发展的高级形式，促进公平发展是国家治理的重要目标。

在我国经济发展的过程中，存在一个从计划向市场转型的过程。计划经济对国民经济发展有着明晰的计划，在市场准入中较多地采用正面清单的管理方式，但在市场经济条件下，市场准入的正面清单与负面清单相比，在经济主体积极参与市场竞争，激发主体活动方面等相对较弱。为保持我国经济稳步发展、向好发展，一段时期以来，国家多次强调要建立我国市场准入的负面清单制度。

新中国建立以来，我国经济发展经历了两个发展阶段，一个是计划经济阶段，另一个是市场经济阶段。两种阶段都有相关的法律制度来对经济政策予以认可和保护。市场准入问题的提出始于改革开放之初，在市场准入的规则规范方面，相关法律制度建设大致经历了四个阶段：市场准入法律制度恢复发展时期，大致时间为 1978—1992 年；市场准入法律制度起步发展时期，时间为 1992—2002 年；市场准入法律制度探索与快速发展时期，时间为 2002—2012 年；市场准入法律制度重大变革时期，时间节点为 2013 年以来。[①]

在市场准入法律制度重大变革时期，我国推出了一系列重大举措来改

① 王兵兵. 市场准入法律制度研究[D]. 郑州：郑州大学，2016：23.

革市场准入制度，使之更加合理，更加公平。2013年中国共产党第十八届中央委员会第三次全体会议通过《中共中央关于全面深化改革若干重大问题的决定》，该决定明确提出要“实行统一的市场准入制度，在制定负面清单基础上，各类市场主体可依法平等进入清单之外领域。探索对外商投资实行准入前国民待遇加负面清单的管理模式”。① 2014年7月国务院颁发《国务院关于促进市场公平竞争维护市场正常秩序的若干意见》(以下简称《意见》)，《意见》指出，“制定市场准入负面清单，国务院以清单方式明确列出禁止和限制投资经营的行业、领域、业务等，清单以外的，各类市场主体皆可依法平等进入……探索对外商投资实行准入前国民待遇加负面清单的管理模式”。《意见》具体提出了市场准入简政放权、依法监管、公正透明、权责一致、社会共治原则。《意见》确定了我国建立市场准入负面清单制度的目标：立足于促进企业自主经营、公平竞争，消费者自由选择、自主消费，商品和要素自由流动、平等交换，建设统一开放、竞争有序、诚信守法、监管有力的现代市场体系，加快形成权责明确、公平公正、透明高效、法治保障的市场监管格局。② 随后，国家发改委把“制定实行市场准入负面清单制度的指导意见和负面清单草案，出台负面清单制度改革试点办法并开展试点”作为2015年的重点改革任务。③

我国在最近几年的市场准入制度的变革是为了实现从以正面清单为主的管理方式向以负面清单为主的管理方式全面转型。在当前经济发展态势下，市场准入正面清单在某些方面不利于我国经济的快速发展。正面清单制度主要为了防止“市场失灵”，但正面清单没有考虑到政府有时也有“失灵”。要达到防止“市场失灵”和“政府失灵”，市场准入负面清单制度要求“除关系国家安全和生态安全、涉及全国重大生产力布局、战略性资源开发和重大公共利益等项目外，一律由企业依法依规自主决策，政府不再审

① 中共中央关于全面推进依法治国若干重大问题的决定. 2013-11-15.

② 国务院关于促进市场公平竞争维护市场正常秩序的若干意见. 2014-7-8.

③ 关于2015年深化经济体制改革重点工作的意见. 2015-5-18.

批”。①

市场准入负面清单制度从主体资格授权方式、主体资格授予主体、市场准入标准三个方面进行变革。在主体资格授权方面，“正面清单”规定：经济主体进入市场前必须经过法律法规或规范性法律文件的明确许可，否则不能进入相关市场进行经营活动。“负面清单”规定：只要法律和规范性法律文件没有明确禁止或限制该经济主体进入市场，主体可以进入市场进行经营活动。在主体资格授予主体方面：“正面清单”规定准入资格和入市后能够从事何种经营必须有明确的授权主体，如工商部门、卫生行政部门等。“负面清单”规定主体入市后能够从事何种经营通过法律规范和法律准则来确定。在市场准入标准设定原则方面，无论是主体资格还是经营行为，“正面清单”都采取“严格限制”的标准；“负面清单”则以“为市场主体营造宽松的环境，给投资主体更多进入市场的机会”为原则。②

市场准入负面清单制度是在我国市场准入门槛整体过高，市场准入管理的法律法规庞杂，市场准入管理体系复杂，市场准入公平性不够，市场准入透明度不高的情况下提出的增加经济主体平等权的具体规范，负面清单制度解除有些领域不当准入限制，让不同身份的经济主体拥有同等的市场参与资格。尤其在我国金融、保险、石油、电信、教育、卫生、铁路、电力、广播电视等领域的主体资格，为民营企业进入这些领域和行业打破“玻璃门”“弹簧门”。市场准入负面清单制度实现了全国统一的市场准入标准，打破各种地方保护主义和市场分割局面，为经济主体在全国范围内提供了一个公平的市场环境。

三、裁判中立的政府放权

体育竞技能够保证以一种公正的状态进行和结束与竞技中裁判员的中

① 中共中央关于全面推进依法治国若干重大问题的决定. 2013-11-15.

② 郭冠男，李晓琳. 市场准入负面清单管理制度与路径选择：一个总体框架[J]. 改革，2015(7)：32.

立是分不开的。如果在某场竞技活动中，裁判员既是运动员也是执法裁判员，比赛结果恐怕很难想象，即使比赛过程客观上很公正，但是比赛结果也很难让运动员和观众接受。因为那种安排在程序上就已经不再公正。在经济活动中，尤其是市场活动中，竞争是市场经济的特点，经济竞争如何进行，政府在经济活动的角色定位异常重要。在一般的纯经济性质的市场竞争活动中，政府的主要角色是组织者和裁判员。政府一是要给各个市场主体提供一个平等、宽松的市场环境；二是对市场主体的行为进行监管，对违背市场法律规范、管理规范的行为进行合理的处理以维护市场的正常秩序。政府本身不应成为市场主体，直接参与市场的经营性活动。政府进行宏观调控和引导，监督各市场主体间展开各种合作与竞争，各主体自主经营，自负盈亏。

在管理方面，政府还应理清对经济管理的边界，对市场经济来说，政府管得过紧，经济主体的自由度不够，经济主体的创造性会受到影响。在尊重经济规则的前提下，既有效发挥政府的调控和监管作用，又能让经济主体最大可能地发挥其灵动性和创造性，在我国当前的经济发展阶段，还有必要进行一定程度的改革。这种改革当然包括上文讨论的市场准入问题，也涉及政府简政放权的问题。

“简政”指精简机构，精简人员，精简政务，简便行政管理程序和减少行政管理事务；“放权”指政府解除对下级行政机关、社会和市场的约束，换言之，即将权力下放给下级政府、社会和市场。简单说来就是简化政府行政部门对经济活动的管理实务以放宽行政权对经济的管制。要充分发挥政府的调控和市场的活力，搞好简政放权，首先要处理好政府、市场和社会三者的关系。社会治理的历史经验表明，政府、市场、社会各自有着不同的治理思路，在总的社会治理中，它们各自的功能是不一样的。在市场经济条件下，政府的主要功能表现在市场监管、公共服务、经济调节和社会管理上；市场的主要功能在于在自愿、平等、诚信、公正的原则下平衡各种供求关系，实现商品交换、价值传递和信息传递以及进行合理的利益分配；社会的主要功能集中体现在导向、交流、继承、整合、发展方面。政府、市场和社会三者在总体上各司其职才能激发市场主体的创新潜力，释放社会的经济活力，否则就会相互影响甚至相互妨碍。因此，当前的简政放权需要遵循市场逻辑和社会逻辑一道展开。

党的十八届三中全会确认了市场在资源配置中起决定性作用，并要求充分发挥社会组织的作用，激发社会活力。[①] 这需要政府转变角色，适应社会发展潮流和经济发展规律。政府角色转变的重要内容之一就是各级政府的简政放权。政府主要负责经济运行和发展的宏观政策和做好社会发展的导向性工作，让市场在资源配置中起决定性作用。只有在政府和市场之间既形成各司其职又有着合作互补的关系时，方能有效促进社会、经济的良序运行与快速发展。反之，如果政府长时间过度干预市场或放任市场，市场就不能充分发挥自身的作用，就容易出现经济危机、风险或经济秩序混乱的情况，最终阻碍经济规模的提升和经济发展水平的提高。[②]

人类社会经济发展历史表明，经济发展的早期是自发性，后来国家出现后才开始对经济进行干预和管控。在较长时间中，由于国家对经济的管控过严，人类的经济活动不太活跃。到了资本主义时期，政府放松了对经济的管控，转而充当“守夜人”的角色，经济力量得到前所未有的释放，社会经济获得了长足的发展。由于政府的过于放纵，加之市场的盲目性和自发性等特点，出现了大规模的经济危机。这提醒人们，政府在经济发展中不能完全坐视不管，应当有着适度的调控，以克服自发发展中的“市场失灵”问题。政府对经济管理的过紧与过松都不利于经济的健康发展。因此，人们总结出政府的经济职能主要是保持宏观经济稳定、加强市场监管、维护市场秩序、弥补市场失灵、提供公共服务、保障公平竞争、推动可持续发展和共同富裕。[③]

政府简政放权还要处理好政府与社会之间的关系。在打造一个强干、

---

① 中共中央关于全面深化改革若干重大问题的决定．2013-11-15.

② 马力宏，刘翔．变化中的政府与市场关系及其影响[J]．理论探讨，2013(5)：73.

③ 张旭．“政府和市场的关系”与政府职能转变[J]．经济纵横，2014(7)：21.

高效政府的同时，培育相对独立、自治的社会也很有必要。相对自治的社会可以在社会管理中发挥良好的作用，社会组织由于建基于社会环境，它们更加熟悉社会事务的运行规则和发展逻辑，更加熟悉每个社会行业的行业规矩。在处理社会事务时容易驾轻就熟，迎刃化解社会矛盾。政府在现代社会管理中，政府更加适宜扮演的角色是为全社会提供公共产品，评判社会纷争，维护社会公平正义。在社会事务管理中，如果社会组织发育不成熟，社会自身就不能充分发挥其应有的作用，这势必需更多的政府干预和管理。但是总体说来，由于政府的精力、物力、财力和权力有限，它很难处理好全部的社会事务，更很难处理好某些特殊性质的事。因此在社会事务的管理中，有必要给社会组织留下一定的空间，让那些社会事务在社会组织的自我服务和自我管理中得到解决。①

改革开放以来，我国非常重视政府的角色转变问题，尽量让政府脱离具体的市场经济行为，让自己在社会经济事务的管理中回到体育竞技裁判员的位置上。从开放之初到当前，为顺应我国经济发展的形势，我国共经历了七次较大规模的政府机构改革，总体思路就是要简政放权。1982 年的政府机构改革目的是要完善行政管理体制，明确部门职数，精简各级领导成员，规定干部任职年龄，干部队伍年轻化。这次改革前后历时三年，取得了一定的成果，但没有真正实现政府职能的转变；1988 年的机构改革在减少工业部门与专业经济管理部门等方面取得了一定进展，但后来因为某些原因终止了；1993 年的政府机构改革提出了改革与建设社会主义市场经济体制相适应的要求并指出改革重点是转变政府职能；1998 年的政府机构改革的重要目标建立办事高效、运转协调、行为规范的政府行政管理体系，提出公务员专业化、高素质的建设措施。在政府职能转变方面取得了重大进展；2003 年机构改革把建设服务型政府作为根本目标，通过政府社会职能和经济职能的全面履行来促进政治建设、经济建设和社会建设；

① 柳新元，杨腾飞．简政放权：当前政府职能转变的一个路径选择［J］．黑龙江社会科学，2017（1）：25．

2008年的机构改革以精简、统一、效能为原则，协调和制衡决策、执行和监督三种职权。规范机构设置，优化组织结构，完善运行机制；2013年政府机构改革的目标是理顺关系、优化结构、转变职能、提高效能，进一步完善大部制。总之，改革开放以来的这些政府机构改革通过政府机构的裁撤、合并等措施精简政府机构，在一定程度上推进了政府职能的转变，使政府朝服务型政府迈进。但是这些改革在处理政府、市场和社会三者关系方面并没有达到预期的目标。还存在政府审批过多，民间投资渠道狭窄，市场准入过严等问题。2013年后，我国继续推进政府机构改革和政府简政放权，而且力度超过以前。2013年来，中央政府相继取消了360多项行政审批项目；取消了49项非行政许可审批事项；84项非行政许可审批事项调整为政府内部审批事项。2014年，国务院将134项前置审批的工商登记事项改为后置登记事项，取消了134项职业资格许可和认定事项。到2015年10月，国务院已经下发了简政放权文件多达八次，这些充分表明了党和国家推行简政放权的决心。

简政放权不是地方政府对中央政府的分权，而是个体恢复自由行动的权利，这大大调动了市场主体的积极性，激发了企业家们的创造力。简政放权实质上是努力把政府从既做运动员又做裁判员的状态中脱离出来，使政府尽量当好裁判员。

四、“五位一体”的正义空间

正义作为一种价值理念，它可以是高屋建瓴，形而上学的，它可以跨越时空，成为人类社会的追求目标。但正义作为社会治理的具体原则，它必须与各种社会群体的现状相结合，渗透到该群体的生活的方方面面，引导各个领域的实践，最终才能保证正义的实现。

人的生活从来就不是单一的，人的生活包含着政治、经济、社会、文化、生态等各个方面。这些方面相互影响，相互依存，人不能生活在没有经济基础的政治生活中，也不能生活在毫无政治内容的经济生活中；人的社会性确定了人不可以脱离社会背景和文化而独立存在。晚近以来，随着人类活动对生态的影响，尤其对资源的无节制的攫取，对环境肆无忌惮的破坏，人的生活又增加了“生态”维度。要实现一个社会群体的最终的正义，正义必须走进政治、经济、社会、文化和生态的每个领域。实践表明，任何一个单一领域的正义追求最终都无法实现整体性的社会公正。

当下的中国，正处于一个全面建设小康社会的关键时期，小康社会是个正义的社会，离开了正义，一个社会再如何发达，它都无法呈现一种良序的状态，人们的生活很难获得幸福感。因此，我们党在社会发展的新阶段，审时度势，高瞻远瞩，提出了“四个全面”和“五位一体”的重大战略布局和发展总体布局。

“五位一体”是指在社会发展中统筹经济、政治、文化、社会、生态文明五个方面的协调发展，整体推进。“五位一体”总体布局是一个有机整体，经济建设是根本，政治建设是保障，文化建设是灵魂，社会建设是条件，生态文明建设是基础。① 党的十九大指出，只有贯彻新发展理念，建设现代化经济体系，才能实现更高质量、更有效率、更加公平、更可持续的发展；只有健全人民当家作主制度体系，发展社会主义民主政治，才能体现人民意志、保障人民权益、激发人民创造活力；只有坚定文化自信，推动社会主义文化繁荣兴盛，才能激发全民族文化创新创造活力；只有提高保障和改善民生水平，加强和创新社会治理，才能使人民获得感、幸福感、安全感更加充实、更有保障、更可持续；只有加快生态文明体制改革，建设美丽中国，才能形成人与自然和谐发展现代化建设新格局。②

“五位一体”发展总体布局的提出不是凭空想象或突发奇想，而是建立在我国社会发展的历史经验之上的。早在“五位一体”之前，随着我国经济社会发展的步伐，我们党在不同的发展阶段，及时总结经验，创新管理，曾经提出过“两个文明”“三位一体”“四位一体”的发展理念，“五位一体”

① 胡锦涛. 在中国共产党第十八次全国代表大会上的报告. 2012-11-8.

② 习近平. 在中国共产党第十九次全国代表大会上的报告. 2017-10-18.

以前面的发展理念为基础，它与“两个文明”“三位一体”“四位一体”是一脉相承的，同时是对它们的发展和完善。

1982 年党的十二大首次提出“建设有中国特色的社会主义”，并厘清了物质文明和精神文明的科学内涵及两种文明的建设互为条件，又互为目的关系，从而提出“两个文明一起抓，是建设社会主义的战略方针。”①随后几年里，“两个文明”布局基本形成，这是探索建设中国特色社会主义的最初布局。”1987 年党的十三大明确提出建设“富强、民主、文明”的中国特色社会主义，“三位一体”的总体布局初步形成。1997 年党的十五大从政治、经济、文化三个维度确定了中国共产党在社会主义初级阶段的基本纲领。党的十六大提出：“发展社会主义民主政治，建设社会主义政治文明，是全面建设小康社会的重要目标。”②至此，“三位一体”的总体布局得以确定。2005 年，胡锦涛在中央党校省部级主要领导干部提高构建社会主义和谐社会能力专题研讨班上指出“随着我国经济社会的不断发展，中国特色社会主义事业的总体布局，更加明确地由社会主义经济建设、政治建设、文化建设三位一体发展为社会主义经济建设、政治建设、文化建设、社会建设四位一体”。③ 党的十七大报告将我国社会主义现代化建设的目标从“富强民主文明的社会主义现代化国家”上升为“富强民主文明和谐的社会主义现代化国家”，标志着“四位一体”总体布局的最终形成。2008 年，胡锦涛在全党深入学习实践科学发展观活动动员大会暨省部级主要领导干部专题研讨班开班仪式上的重要讲话中指出：“必须走生产发展、生活富裕、生态良好的文明发展道路，全面推进社会主义经济建设、政治建设、文化建设、社会建设以及生态文明建设，努力加快实现以人为本、全面协调可持续的科学发展。”④生态文明建设第一次与经济建设、政治建设、文化建设和社

---

① 十二大以来重要文献选编(上)[M]. 北京：人民出版社，1986：356.

② 十六大以来重要文献选编(上) [M]. 北京：中央文献出版社，2005：389.

③ 胡锦涛. 论构建社会主义和谐社会[M]. 北京：中央文献出版社，2013：157.

④ 胡锦涛. 全党深入学习实践科学发展观活动动员大会暨省部级主要领导干部专题研讨班开班仪式上的讲话[N]. 人民日报，2008-09-19.

会建设并列出现，标志着“五位一体”总体布局的初步形成。2012 年，党的十八大明确提出了“建设中国特色社会主义的总布局是五位一体”的科学论断。十八届五中全会提出了创新、协调、绿色、开放、共享的五大发展理念，统一贯通于“五位一体”总体布局之中，它是在当前经济社会发展新形势下对“五位一体”总体布局的深化。

“五位一体”是党中央站在时代的制高点，牢牢把握我国社会主义初级阶段的基本国情，把正义思想融入国家的政治建设、经济建设、社会建设、文化建设和生态文明建设之中，是对马克思主义正义思想的继承和发展。尤其是在习近平中国特色社会主义新时代，五位一体的总体布局被提到一个前所未有的高度，五位一体中的正义思想变得更加深刻而广泛。

在经济正义方面，坚持经济建设为中心，深化收入分配制度改革，经济发展秉持共享发展理念。丰富的物质财富是实现公平正义的基础，“我国现阶段必须紧紧抓住经济建设这个中心，推动经济持续健康发展，进一步把‘蛋糕’做大，为保障社会公平正义坚定更加坚实物质基础”。① 经过几十年的发展，我国已经解决了人们的温饱问题，正朝着全面建设小康社会的道路行进，要进入小康社会，就要求全体国民的普遍脱贫，当前的脱贫攻坚战表明我们必须毫不动摇地以经济建设为中心的信念，只有经济基础足够坚实，社会的公平正义才能有着有力的保障。在我国，由于城乡“二元经济”结构，垄断行业收入过高，税收制度、工资制度不够完善，贪污腐败、灰色收入在一定范围内还存在，它们影响社会的分配正义。针对这些状况，党中央、国务院对收入分配制度改革更加重视，“不断健全体制机制和具体政策，调整国民收入分配格局，持续增加城乡居民收入，不断缩小收入差距。”②社会主义社会的收入分配应做到“各尽所能，按劳分配”。2013 年的《关于深化收入分配制度改革的若干意见》指出，着力创造

① 习近平. 关于《中共中央关于全面深化改革若干重大问题的决定》的说明[N]. 人民日报，2013-11-13.

② 习近平主持中共中央政治局第二十八次集体学习[N]. 人民网，2015-11-25.

公开公平公正的体制环境，坚持按劳分配为主体、多种分配方式并存，坚持初次分配和再分配调节并重。再分配是对初级分配不合理部分的一种矫正，坚持初次分配和再分配并重就是要实现社会分配正义和矫正正义。

在政治正义方面，发扬社会主义民主，全面推进依法治国，全面从严治党。我国是人民民主专政的国家，这种政治制度决定了我们应当坚持人民当家作主的原则。习近平总书记谈到人民民主时认为“在中国社会主义制度下，有事好商量，众人的事情众人商量，找到全社会意愿和要求的最大公约数，是人民民主的真谛”①。民主的实现与否要其是否符合“四个要看”的标准：“要看人民在选举的时候有没有投票的权利；也要看人民在日常政治生活中是否有持续参与的权利；要看人民有没有进行民主选举的权利；也要看人民有没有进行民主决策、民主管理、民主监督的权利。”②

政治正义需要法治作为制度保障，司法公正是政治正义的根本要求。党的十八大明确提出全面推进依法治国，加快建设社会主义法治国家。习近平总书记要求大力推进法治中国建设，确保依法治国、执政、行政的有机统一。他在中央政法工作会议上强调：“公平正义是政法工作的生命线，司法机关是维护社会公平正义的最后一道防线。政法战线要肩扛公正天平、手持正义之剑，以实际行动维护公平正义，让人民群众切实感受到公平正义就在身边。”③实现司法正义，要对司法体制进行改革，铲除其中的非正义因素，进一步优化司法环境，让百姓切实感受到司法正义带来的便利与公正。

从严治党是维护社会正义的重要举措，腐败不仅造成干部队伍的堕落，更造成社会收入的严重不公。十八大以来，中央出台了八项规定，严治“四风”，推行“三严三实”专题教育。在惩治腐败中既打“老虎”，又拍“苍蝇”，弘扬社会正义，狠杀歪风邪气，为社会公平正义的实现提供了有

---

① 十八大以来重要文献选编（中）[M]. 北京：中央文献出版社，2016：73.

② 十八大以来重要文献选编（中）[M]. 北京：中央文献出版社，2016：73.

③ 习近平. 习近平谈治国理政[M]. 北京：外文出版社，2014：148.

力的政治保障。

社会正义方面，深化以改善民生为重点的社会体制改革，构建全民“共建共治共享”社会治理新格局。切实改善民生，就是要改善民众最关心最现实最直接的利益。教育不仅关系到国家的发展，也关系到每个百姓的家庭幸福，教育公平是社会正义在教育领域的体现。“教育公平是社会公平的重要基础，要不断促进教育发展成果更多更公平惠及全体人民，以教育公平促进社会公平正义。”①健康是人们快乐生活的基础，也是一个民族不断壮大的前提。民众能否公平地享有基本医疗卫生服务体现着社会正义的发展程度。十九大报告指出“完善统一的城乡居民基本医疗保险制度和大病保险制度”②。“要坚持基本医疗卫生事业的公益性，不断完善制度、扩展服务、提高质量，让广大人民群众享有公平可及、系统连续的预防、治疗、康复、健康促进等健康服务。要坚持提高医疗卫生服务质量和水平，让全体人民公平获得。”③住房是人们的基本生活条件，是人们安居乐业的基础。面对当前的国内住房情况，党中央要求促进房地产市场健康平稳发展；加快城镇保障性住房建设；推进棚改货币化安置，改造棚户区住房；对刚需群体合理购房的信贷政策、税收予以政策性鼓励，建立租购并举的住房制度。

文化正义方面，大力推进文化资源建设，推进少数民族文化发展。文化发展程度体现着一个社会的文明化程度，也是一个民族或国家强盛的标志。十九大报告强调“深入挖掘中华优秀传统文化蕴含的思想观念、人文精神、道德规范，结合时代要求继承创新，让中华文化展现出永久魅力和时代风采”④。少数民族是我国重要的民族构成部分，保证少数民族与汉民族的平等、协调发展是社会公平的必然要求。因此要大力倡导和发展少数民族文化。

① 努力把我国基础教育越办越好[N]. 人民日报(海外版)，2016-09-10.

② 习近平. 党的十九大报告[N]. 人民日报，2017-10-19.

③ 让人民享有公平可及的健康服务[N]. 人民网-人民日报，2016-08-24.

④ 习近平. 党的十九大报告[N]. 人民日报，2017-10-19.

生态正义方面，我国强调既要关注代内正义，也要关注代际正义。生态正义中的代内正义是指现实生活着的人之间的生态利益分配与生态责任分担。它包含两个层面，一是一个国家内不同阶层之间的生态利益与责任问题，另一个是发展中国家与发达国家之间存在的生态利益与责任分担问题。① 十九大强调指出“推进绿色发展，着力解决突出环境问题，加大生态系统保护力度，改革生态环境监管体制”②。要改善城市生态，保护农村生态，增强“绿水青山也是金山银山”的生态保护观念。自然是人的生存依托，人与自然有着永恒的关系，生态正义的代际正义要求人们处理好当代人与未来人之间的生态利益和责任问题。在当代人充分发展的同时，不能给子孙后代留遗憾。要把“生态文明建设融入经济建设、政治建设、文化建设、社会建设各方面和全过程，形成节约资源、保护环境的空间格局、产业格局、生产方式、生活方式，为子孙后代留下天蓝、地绿、水清的生产生活环境”③。生态保护是功在当代，利在千秋的事业。

第二节　竞技正义对当代社会秩序的引导作用

“无论是本体的安全、认识的基础，还是价值的源泉，人们需要秩序就在于人们存在的需要。”④秩序是任何人类群体的基础价值，是人类群体公共生活的前提，离开秩序就没有人类社会，人类就会重返“丛林”。从一定意义上说，人类文明史就是人类秩序的演变和发展史。无论是先民的原始社会，还是有了国家作为统治工具的奴隶社会、封建社会、资本主义社会及社会主义社会，每个阶段都呈现出一定的秩序特征和秩序追求。有人就有竞争，只要有两个人共存的地方就需要某种秩序。竞技体育作为一种群

① 段雪君. 习近平的公平正义思想研究[D]. 无锡：江南大学，2018.

② 习近平. 党的十九大报告[N]. 人民日报，2017-10-19.

③ 习近平致生态文明贵阳国际论坛2013年年会的贺信[N]. 人民日报，2013-07-21.

④ 沈湘平. 理性与秩序[M]. 北京：北京师范大学出版社，2003：35.

体性活动，它不仅需要秩序，还有着它自身的特殊秩序。

一、竞技体育中的秩序

由于秩序与人类生活形影不离，息息相关，人们从很早的时候就对“秩序”有了体会和理解。在古代汉语中，“秩”的意思是“常规”，“序”的意思是“次序”，“秩序”就是“常规的次序”。在今天看来，秩序已然被看成一个系统范畴，具体指某个事物处于一种规则的状态之中，在这种状态下，该事物自身形成了一个系统，尽管该系统中的各要素都有着自己的运行特点和存在样态，但各要素间在自身存在和运行的过程中形成了一种既具有相对稳定性，彼此之间又相互影响，相互依存的关系状态。当要素间的关系失去了长久的协调性或规则性，该系统就失却了协同性，这个系统就会出现紊乱，我们把这种状态称为无序状态。秩序是世界上一切系统的稳定性的标准，小到一个电子元件，大到整个宇宙状态，都遵守这一秩序规则。系统处于秩序状态意味着该系统的续存，系统失去秩序陷入无序时，如在一定的时限内无法恢复有序状态，体统就会瓦解甚至毁灭。当代科学提出了系统论的观点，系统论认为，事物有着一定的时间和空间关系，事物的空间和时间结构具有一定的功能，秩序就是能够体现一定功能的时空结构。“秩序问题应该看成是时间—空间伸延的问题”，①吉登斯认为秩序的关键在“系统如何‘束集’时间和空间，包容并整合在场与不在场”。② 因此，有学者指出，秩序是事物存在的一种有规则的关系状态，规则所束缚的主要是一种时间和空间上的结构顺序；人们所需要获得的是藉此时间和空间上的结构顺序使整个系统能够实现彼此一一协同的功能，分享自然和社会的稀有资源，以保障自己的存在和发展。③

---

① 吉登斯. 现代性的后果[M]. 南京：译林出版社，2000：12.

② 吉登斯. 社会的构成[M]. 上海：三联书店，1998：285.

③ 赵永平. 竞技的秩序意蕴研究——竞技体育的政治学分析[D]. 长春：吉林大学，2008：23.

体育竞技作为人类的一种特殊的文化形式与秩序之间有着深度的关联性，一方面，体育竞技需要在一定的社会秩序中得以开展，正如其他的社会活动一样，离开“秩序”，它便失去依存的基础。另一方面，体育竞技自身又在培育“秩序”，即在体育竞技开展的过程中，体育竞技本身从无到有，从构建到竞技活动的完成产生了某种特定的秩序，这种秩序在别的领域是不存在的，或者是偶然才出现的。我们可以将这种独特的秩序称为“竞技秩序”。竞技秩序有着独特的内涵，又有着鲜明的秩序个性，这种秩序是在各种竞技规则中应运而生的，它包含着使竞技活动得以展开的心理文化和外部制度。

大体而言，体育竞技中蕴含着两种秩序，一是体育竞技的自发性秩序，二是竞技体育的建构性秩序。体育竞技的自发性秩序是指由竞技体育内部与竞技相关规则的引导与制约下而出现的秩序。这些内部规则主要有各单项运动的建构性规则，包括竞赛规则和体育竞技的惯例和习惯、运动员的职业道德、道德情感等。竞技体育的建构性秩序是指国家通过法律和行政法规的方式对竞技体育的管控使竞技体育呈现出的秩序。由于法律规则和行政规则有着很强组织性和目的性，它体现着国家和国际组织的某种意志，这些规则目的是要通过规则的规范作用来实现某种特定的目的秩序，这种秩序可能与体育竞技的内在目的不同甚至违背，但体育竞技毕竟是在国家或组织内进行的，它必须服从国家或国际组织的调控。

当然，有一个需要澄清的问题是，体育竞技不是自然产生的，竞技项目是由人设计出来的，是一种建构性的游戏活动。因此，我们容易认为，竞技活动产生的是一种建构性秩序而不含有自发性秩序。这种观点有失偏颇，因为自发秩序不是自然秩序，自发活动是人的行为的结果，它是在人与人的行为和交往中产生的，它与纯粹的动物界的自然活动是有区别的。人是目的性很强的高等生物，人的行为往往含有某种目的，自发秩序是在人的有目的的行为中产生的秩序。自发的社会秩序比自然界的自发秩序更为复杂和独特。体育竞技项目的设计和构建与竞技活动产生的秩序是既有联系又有区别的概念，它们的联系在于竞技通过构建的项目展现出来，项目只是竞技的方式或手段，竞技秩序是结果。就像人类的市场竞技中的产品竞争，产品是人为构建的，但是市场竞争却是自发的。因此，自发秩序是在社会中自发形成的，它不是完全依靠理性建构或设计的结果。这种秩序不是人们预先为其行为设定的终极目的叠加交错而成的有序系统。在体育竞技秩序中即使包含着人的意志、预期与目的，但该秩序并不是对那些意志的简单统合，个人的意志在秩序中存在人的理性不及的空间，竞技秩序是一种出乎意料的竞技活动的结果。竞技秩序的自发性还体现为竞技是运动员和体育组织等主体出于自利的动机，通过与既存的竞技规则的互相调适最终出现的结果状态。指导竞技行为的规则除竞技项目的建构性规则外，还有运动员在一般意义上的竞技活动中产生的相互尊重、公平竞争、友好交往(如友谊第一，比赛第二)等重要原则。

体育竞技的自发秩序的最简单和最具体的形式就是“公平竞赛(fair play)”它是一种通过运动员、裁判员和观众对体育规则的自律性遵守而出现的秩序状态，体育竞技的自发性秩序可以说是体育的内部秩序。公平竞赛的秩序不仅来自“竞赛规则”“竞赛规程”“裁判员规则”，还来自运动员和裁判员以及观众的道德操守和体育精神。缺失运动员、裁判员的道德操守和体育精神的体育竞赛是难以完成的，更谈不上有可观赏性的价值。

体育竞技的公平竞赛秩序是建立在自由、一般性规则和竞争的前提之上的。自由是体育竞技自发秩序产生的重要条件，如果运动员在竞赛过程中行动是不自由的，他的比赛行为就不是出于自己的意志，比赛就不可能有公平可言。参加体育竞技是人追求自我价值实现的一种方式，自由为人的交往和互动提供了可能性。在竞技比赛中，每个人能在规则允许的范围内自由发挥是竞赛结果充满不确定性的基础，如果在竞赛过程中，有些运动员的行为受到限制(不自由)，其他的不受限制(自由)的运动员就肯定会胜出，比赛结果就会被预先确定下来，竞赛结果就不是自生自发的结果。

体育竞技中的一般性规则是指一种调整竞赛参与者竞赛行为的规则。在竞赛的过程中，运动员的行动必须是受“适当”的规则的调整。我们把这种规则称之为“一般性规则”，原因在于这些规则平等适用于竞赛中的任何人和任何的情势，而不是适用于某个具体对象。竞争是体育竞技的本质要求，通过竞争产生优胜劣汰，在竞争中促进人的发展是体育竞技的内在价值。竞争可以使人们发现自身的不足和他者的优秀，促进人的完善与上进。体育竞技秩序是一种竞争的秩序，竞争使体育竞技拥有了社会价值。

竞技体育的建构性秩序是指体育竞技的外部秩序，建构性秩序源自体育竞技的外部规则。“指那种只适用于特定之人或服务于统治者的目的的规则。尽管这种规则仍具有各种程度的一般性，而且也指向各种各样的特定事例，但是它们仍将在不知不觉中从一般意义上的规则转变为特定的命令。它们是运作一个组织或外部秩序所必要的工具。”①换言之，建构性秩序就是人们对规则的某些因素或各种因素进行特意的安排或者指明某些因素的特定功能而出现的秩序。建构性规则设定了某个特定的目标，规则规范的行为必须为该设定的目标服务，组织者的目标和知识决定着秩序的产生。建构性秩序是一种“人造”的秩序，是人们利用自己的理性，刻意创造的秩序。在人类的社会实践中，政治体制、经济制度、法律制度、行业标准等就是这种建构规则，这些规则调控出来的秩序就是建构性秩序。

竞技体育的建构性秩序主要依赖国家和体育行政部门的法律规则和行政规则（政策、命令等）得以产生。笼统地讲，法律规则和行政规则都属于国家或某个群体组织的管理规则，这些规则的执行最终都要落实到公权力行使者具体的行为上，我们可以大致的统称为体育行政行为。这些规则是从体育竞技的外部对竞技体育施加影响，以便创造国家或政府期待出现的某种秩序。竞技体育的外部规则与内部规则在建造体育秩序上有重叠的地方，如维护公平竞赛，也有不同的地方，如对竞技体育的产业发展的调控，对体育赌博的限制或禁止，对体育犯罪的惩处等。竞技体育的外部秩序是内部秩序的延伸或补充，竞技体育中的有些行为可能超出了内部规则的调

① Hayek F A. New Studies: in Philosophy, Politics, Economics and the History of Ideas[M]. Routledge & KeganPaul, 1978: 77.

控能力，内部规则已经无法维护公平竞赛的局面，或者内部规则的处罚不足以维护社会公正，这时，外部规范的介入不仅显得必要，而且更是必须。如对造成严重后果的体育暴力行为，体育官员、裁判员的受贿行为，等等。

由于在一般情况下，体育竞技的秩序都可以在内部规则的调控中得以维持，因此体育竞技的自发性秩序是竞技体育的一般秩序。这种“公平竞争”一般秩序的常态化表达了体育内部规则的有效性和高效性，它充分地体现了竞技正义的内生性，使得对竞技正义的研究具有了重要的社会意义。

二、竞技体育秩序对社会秩序的范导意义

秩序是一个有着多层次内涵的概念，在人类文化范畴中，它有着宏观、中观和微观的内容，大到宇宙秩序、人类社会秩序和自然界秩序等；中观层面有国家政治秩序、经济秩序、生态秩序等；微观层面有家庭秩序，会议秩序、就餐秩序等。竞技秩序相对于社会秩序来说，它是社会秩序的一个组成部分，但又是整个人类社会秩序的一个缩影。它是以竞技这一特殊方式表征着人类对社会秩序的理性和现实张力的关系。

竞技秩序既是理想的，又是现实的。竞技秩序相对于狭义的政治秩序、经济秩序、社会秩序、文化秩序、生态秩序而言，它是一种理想化的秩序，因为竞技抽离了许多的非常态因素，把秩序产生的条件限定在少数的定律和公理之上。如在体育竞技过程中，竞技主体被设定在同一起跑线上，排除了性别、年龄、种族、身高、体重等可能影响竞技结果的因素。即使是像体重这种对某些项目竞技结果影响极大的竞赛活动，也通过对体重的分级来划分新的“起点”。这种做法使得体育竞技以一种特殊的逻辑推演方式让竞技者站在公平竞争的原点，竞技以一种理想化的状态使竞技活动进入公平的秩序中。这种理想性在政治、经济、文化、社会、生态秩序中是很难实现的。政治秩序中可能有暗箱操作、间谍活动、权力身份等；经济秩序中可能有垄断、倾销、合同欺诈、强买强卖等复杂因素；文化秩

序中有文化霸权主义、和平演变、种族隔离、文化蔑视等因素。这些与竞技秩序的公平公开、裁量权威不可等量齐观，不可同日而语。

竞技秩序又是现实的，竞技秩序不是童话中的秩序，不是虚拟的秩序，因为它客观存在于我们的社会中，存在于不同地区、不同人群中，在世界范围内普遍存在着。在国际范围内影响整个世界的竞技活动并不罕见，如国际奥林匹克运动会、世界杯足球赛、各种国际锦标赛等，它们以人们看得见、摸得着的方式见证着公平竞赛带来的体育秩序。

正是竞技秩序对理想和现实的双重维度使得它对社会秩序有着范导作用。纯粹理想的秩序因为其“虚幻”而让人感到遥不可及；过于现实的秩序又让人感觉“深陷其中”而无法超脱。只有竞技秩序既让人站在现实的起点，又清晰看到理想的终点。因此，竞技秩序为人类的其他秩序的不断优化有着重大的借鉴意义。

第一，竞技秩序对经济秩序的范导作用。

经济秩序是在国家宏观经济政策、经济运行规则和市场规则调控下形成的经济发展状态，其中市场秩序是经济秩序的主要表现形式。竞技秩序对经济秩序的借鉴性主要表现在两个方面：一是理顺经济主管部门、市场、市场主体之间的纵向关系；二是理顺市场主体之间的平等交往关系。体育竞技之所以能够呈现一种公平状态，重要原因之一就是裁判员、运动员、观众之间的关系是空间性，职责是分明的，裁判员是监管者，运动员是竞技的主体，观众是观赏者和监督者。运动员是竞技的第一主体，运动员可以按照竞技规则和赛程自由竞技，运动员的相互角逐在整个竞技活动中起着主导作用。裁判员的作用主要表现在运动员犯规时对犯规动作的矫正上。市场秩序混乱的重要原因之一就是市场监管部门与市场主体之间没有明晰的权利边界，有时市场监管主体干了市场主体的货，甚至是监管主体直接参与市场经营活动。这在竞技活动中无异于裁判员一边做裁判，一边以运动员身份参加场上的竞技。这种情况很难保证竞技结果的公正性，也严重地违背了程序正义原则。在竞技活动中，裁判员、运动员的权利边界是由体育规则来予以确定的。因此，良善的市场秩序需要完善市场规则。国家对经济的调控最有效力的方式是加强对经济发展的立法和执法，换言之，市场经济是法治经济，市场呼唤法治。以法律方式廓清监管主体与市场主体之间的权责关系与权利边界是市场秩序得以保证的首要事务。只有这样，才能充分发挥市场这只“看不见的手”的作用。在处理市场主体的平等交往方面，体育竞技也做出了典范，运动员之间平等竞争是竞技正义的根本保障，体育竞技通过划分年龄段，如青年组、中年组、少年组等；划分性别组，如男子组、女子组；划分重量组，如拳击中的公斤级的区别等措施有效地保证了竞赛主体间的平等性，遏制了竞技主体的不适当的优势地位。市场只有保证主体间的平等地位，才能有效维护平等交往、平等竞争、等价交换的经济活动。市场主体的平等性要求一是经济立法要能有效遏制垄断市场，垄断资源的现象出现(为维护国家安全的情况除外)；二是要降低市场准入标准，使更多的市场主体参与市场竞争，有利于激发市场活力；三是及时打击和严厉打击违反市场竞争规则的行为，体育竞技的顺利展开，不是不存在犯规行为，而是对犯规行为的及时和有力的矫正。

第二，竞技秩序对社会秩序(狭义)的范导作用。

社会秩序是社会个体在社会活动中遵守法律规章、道德规范、行为规则呈现出来的动态平衡的社会状态。良好的社会秩序的维系一方面需要有健全的法律制度，另一方面每个社会个体有着一定的公民意识和公共理性。在体育竞技中，竞技运动的顺利开展并不是完全依赖于体育规则的强力约束和裁判员的严厉处罚，更多情况下都是依赖运动员的竞赛意识和体育精神对运动员的内心自律。如果运动员没有与其他社会个体不同的职业伦理，再多的裁判员也不能维护一场竞技顺利进行。在社会秩序中，社会个体的道德素养越好，自律能力越强，这个社会的秩序就越良好。在实践中，我们无法保证每个社会主体都拥有高尚的道德情操，但可以增强每个个体“人之为人”的伦理底线，这种伦理底线需要培养每个社会主体的公民意识。

公民意识是指公民对自己在国家和社会中依法享有的权利以及应当承担的责任与义务的认知，公民意识主要包括国家意识、主体意识、权责意识、公德意识等具体认知。① 在公民的这些意识当中，最底线的是公民的公德意识。社会公德在个体上反映着他对自己的社会责任和对其他社会个体的基本态度。因此，社会公德意识是个体生存于群体中最起码的道德意识，个体脱离了公德意识，在一定意义上他就失去了人的资格，他的存在就会与动物无异。公民意识第二个重要方面是规则意识。公民的规则意识即公民应当意识到人的社会存在的规则约束性，公民遵从规则的要求而选择自己的行动，它是一种公民自己发自内心的、以规则为行动准绳的意识，具体包括规则认知、遵守规则的愿意、规则行为以及规则内在需要等。② 人只要进入社会，就不可避免地与其他社会主体发生交往，他就会生活在一种交互行为当中，自己的行为会影响他人，他人的行为也会影响自己。每个人都随心所欲地行动最终会导致每个人都无法行动。因此，规则成为社会个体之间相互行为的基本条件，他表征着社会个体与社会现实之间不可分割的关系，没有规则意识的社会个体最终将会被社会遗弃。

第三，竞技秩序对国际秩序的范导作用。

体育竞技是一项跨地域、跨国界、跨文化的活动。体育竞技从一开始就能在不同国别、不同文化之间实现竞技正义，维持着一种独特的国际竞技秩序。

据史料记载，奥林匹克运动会起源于公元前的古希腊。奥林匹克运动的诞生离不开古希腊城邦政治制度，在古希腊的城邦制中，人们坚信，尽管每个社会成员存在着辈分、年龄、地位、财产等诸多差异，但是从人格上来说，都是平等的。在这种理念下，人们在物质交换的过程中，人与人之间是一种对等的、契约式的关系；人们在情感上是相互尊重和相互友爱的。信仰凝聚着古希腊人的精神，法律约束着古希腊人的行为。这种政治秩序和社会观念融入古希腊奥林匹克运动会中，古希腊人不分长幼不分尊卑在奥林匹克运动会上的同一起跑线上公平竞争。希腊文管局总监亚罗尔

① 王璐. 转型时期我国公民意识提升的路径选择[J]. 发展研究，2018(8)：9.

② 周兴国. 公民的规则意识与培养[J]. 广西师范大学学报(哲学社会科学)，2018(5)：60.

斯认为，奥林匹克的神祇们不仅仅是为了竞技才发起运动会，他们创建运动会是为了反对那些无秩序和反理性的力量。[①] 奥林匹克运动会在吸收了人类各种秩序中的优点，以公开的身体竞争活动的方式实现了对社会现实秩序的扬弃。即使在国与国的战争期间，人们也会通过奥林匹克运动会这种方式来实现“休战”，实现和平，让不同国别、不同肤色、不同文化的人们欢聚在一起，在身体活动中享受和平、友好的国际交流与秩序。奥林匹克运动会创造的国际秩序对在和平和发展成为世界主题的今天，无疑有着重要的借鉴价值。

国际秩序是一种追求国际社会的基本或主要目标的行为格局，那些目标包括保障国家本身的生存，维持国家应有的自身体系；维护国家的独立主权和世界和平，信守国际承诺及抑制破坏性暴力等。维系国际秩序的手段包括均势、外交、国际法、战争以及大国的作用等。[②] 无论从赫德利·布尔对国际秩序的定义还是国际社会的实践，我们不难看出要有一个良好的国际秩序，首先要有一个良好的国家政治秩序。国际政治秩序需要各国之间互相尊重主权，尊重领土完整，维护世界和平。正如在体育竞技中一样，每一个竞技者之间都是平等、自由的，比赛地位和资格是相同的。国际秩序取决于国际体系的状况，国际体系由国际格局、民族国家和行为规则三个要素构成，其中，行为规则是国际秩序和国际体系的核心要素。国际秩序本身又由国际规范、主导价值观念和制度安排构成，国际体系中的行为规则具体表现为国际规范和制度安排。其中，国际规范是基础，离开国际规范，作为国际行为主体的民族国家或国际组织就会无章可循，它们的行为就会失去依据，国际秩序的生成也失去了条件。这与体育竞技的建构性规则的存在逻辑是一致的。制度安排主要涉及国际行为主体违背国际规范时应当受到适当的惩罚，如果没有适当的惩罚，国际规范就会形同虚设。惩罚性的制度安排正像体育竞技中的规范性规则，对违规行为有着良

① 赵永平．竞技的秩序意蕴研究——竞技体育的政治学分析[D]．长春：吉林大学，2008.

② 赫德利·布尔．无政府社会[M]．张小明，译.北京：世界知识出版社，2003：204.

好矫正功能。

国际秩序除了在政治上的主权尊重和设立达成共识的国际规范和制度安排外，在具体的交往中更多体现在经济互通和文化交融层面。要实现世界各国的经济互通，势必要承认各国在世界市场中的平等主体地位，各国之间应当承认他国的国际市场主体地位，在国际规范的框架下拆除国际贸易的壁垒，平等互利，合作共赢。在文化上应当包容世界各地文化，允许其共荣共存，允许异质文化的相互碰撞，文化没有优劣之分，只有旨趣之不同。在文化共存的局面中“各美其美，美人之美”才能带来世界文化的大繁荣。国际奥林匹克运动会的宗旨是通过没有任何歧视、具有奥林匹克精神——以友谊、团结和公平竞争精神相互了解的体育运动来教育青年，从而为建立一个和平和美好的世界作贡献。这个宗旨表达了世界人民公平竞争，崇尚和平的共同心声。随着科学技术的高速发展，全球气候变暖，环境问题成为世界性问题，各国人民从来没有像当前这样面临着共生共荣，休戚相关的生存和发展问题。现实告诉我们，不管我们是否知晓，人类已经形成了命运共同体，一荣俱荣，一损俱损。人类只有像四年一度的国际奥林匹克运动会那样，在友谊、团结、和平、公正的价值引导下构建一个良好的国际秩序，人类才会有光明、美好的未来。

参考文献

一、中文著作

[1]华洪兴.体育伦理学[M]. 南京：河海大学出版社，1999.

[2]颜天民.竞技体育的意义：价值理论研究探微[M]. 北京：北京体育大学出版社. 2003.

[3]颜绍泸.竞技体育史[M]. 北京：人民体育出版社. 2006.

[4]于涛.体育哲学研究[M]. 北京：北京体育大学出版社，2009.

[5]刘湘溶，刘雪丰.体育伦理：理论视域与价值范导[M]. 长沙：湖南师范大学出版社，2008.

[6]李培超.绿色奥运：历史穿越及价值蕴涵[M]. 长沙：湖南师范大学出版社，2008.

[7]龚正伟.当代中国体育伦理建构研究[M]. 北京：北京体育大学出版社，2009.

[8]熊文.竞技体育与伦理[M]. 上海：华东师范大学出版社，2008.

[9]杨其虎.追寻竞技正义：竞技体育伦理批判[M]. 长沙：中南大学出版社，2015.

[10]章淑慧.竞技体育伦理基础理论和核心价值观研究[M]. 长沙：湖南师范大学出版社. 2012.

[11]斯蒂芬·伯特曼.破译古希腊神话：奥林匹斯山之巅[M]. 韩松，译.上海：复旦大学出版社，2005.

[12]黄莉.中华体育精神研究[M]. 北京：北京体育大学出版社，2008.

[13]王祖爵.奥林匹克文化[M]. 北京：中国水利水电出版社，2005.

[14]曹湘君.体育概论[M]. 北京：北京体育大学出版社，1995.

[15]董进霞.奥林匹克文化概论[M]. 北京：北京大学出版，2008.

[16]于可红.体育文化[M].桂林：广西师范大学出版社，2003.

[17]马卫平.体育与人：一种体育哲学[M].长沙：湖南师范大学出版社，2010.

[18]刘欣然.生命行为的存在：体育哲学历史与文化的线索[M].北京：北京体育大学出版社.2014.

[19]周哲伟.体育的真义[M].上海：上海大学出版社，2009.

[20]詹姆斯·托马，劳伦斯·查里普.国际体育管理[M].王艳，等译.北京：人民体育出版社，2002.

[21]黄志剑.优秀运动员的职业变迁与人生发展[M].北京：北京体育大学出版社，2006.

[22]王蒲.运动竞赛方法体系的建构暨对抗性竞赛方法的研究[M].北京：北京体育大学出版社，2007.

[23]席焕久.体育人类学[M].北京：北京体育大学出版社，2002.

[24]童昭岗，孙麒麟.人文体育：体育演绎的文化[M].北京：中国海关出版社，2002.

[25]体育史教材编写组.体育史[M].北京：高等教育出版社，1987.

[26]卢元镇.中国体育社会学[M].北京：北京体育大学出版社，2000.

[27]杨文轩，陈琦.体育原理[M].北京：高等教育出版社，2004.

[28]罗时铭，谭华.奥林匹克学[M].北京：高等教育出版社，2007.

[29]陈立基.论奥林匹克运动发展观[M].北京：北京体育大学出版社，2007.

[30]汉斯·乌尔里希·古姆布莱希特.体育之美：为人类的身体喝彩[M].丛明才，译.上海：上海人民出版社，2008.

[31]班秀萍，郑树文.奥林匹克道德启示录[M].北京：北京体育大学出版社，2007.

[32]李力研.解读体育文化[M].北京：中国科学出版社，2004.

[33]郑小九.《论语》之道与奥林匹克伦理精神[M].北京：光明日报出版社，2009.

[34]肖金明，黄世席.体育法评论(第一卷)[M].济南：山东大学出版社，2008.

[35]肖金明，黄世席.体育法评论(第二卷)[M].济南：山东大学出版社，2009.

[36]基托.希腊人[M].徐卫翔，黄韬，译.上海：上海人民出版社，2006.

[37]石敏敏.希腊人文主义：论德性、教育与人的福祉[M].上海：上海人民出版社，2003.

[38]狄金森.希腊的生活观[M].彭基相，译.上海：华东师范大学出版社，2006.

[39]高乐田.神话之光与神话之镜[M].北京：中国社会科学出版社，2004.

[40]罗尔斯.正义论[M].何怀宏，译.北京：中国社会科学出版社，1988.

[41]罗尔斯.作为公平的正义：正义新论[M].姚大志，译.中国社会科学出版社，2011.

[42]石里克.伦理学问题[M].北京：华夏出版社，2001.

[43]黄显中.公正德性论：亚里士多德公正思想研究[M]．北京：商务印书馆，2009.
[44]沈晓阳.正义论经纬[M]．北京：人民出版社，2007.
[45]易小明.社会差异研究[M]．长沙：湖南人民出版社，2008
[46]汪丁丁.自由与秩序[M]．北京：中国社会科学出版社，2002.
[47]奥古斯物·冯·哈耶克.自由秩序原理[M]．邓正来，译．北京：三联书店，1997.
[48]舍勒.哲学人类学[M]．刘小枫，译．北京：北京师范大学出版社，2014.
[49]休谟.人性论[M]．关文运，译．北京：商务印书馆，1996.
[50]休谟.道德原理研究[M]．曾晓平，译．北京：商务印书馆，2007.
[51]康德.实践理性批判[M]．邓晓芒，译.北京：人民出版社，2003.
[52]康德.道德形而上学原理[M]．苗力田，译.上海：上海世纪出版集团，2005.
[53]麦金泰尔.追寻美德[M]．宋继杰，译.南京：译林出版社，2003.
[54]柏拉图.理想国[M]．郭斌和，张竹明，译.北京：商务印书馆，2009.
[55]亚里士多德.尼各马可伦理学[M]．廖申白，译.北京：商务印书馆，2008.
[56]马克思.1844经济学哲学手稿[M]．北京：中央编译局，2000.
[57]摩莱里.自然法典[M]．黄建华，姜亚洲，译．北京：商务印书馆，2009.
[58]边沁.道德与立法原理导论[M]．时殷弘，译.北京：商务印书馆，2009.
[59]富勒.法律的道德性[M]．郑戈，译．北京：商务印书馆，2007.
[60]穆勒.功利主义[M]．徐大建，译.上海：上海人民出版社，2008.
[61]史蒂文·卢坡尔.伦理学导论[M]．陈燕，译.北京：中国人民大学出版社，2008.
[62]雅克·蒂洛，基思·克拉斯曼.伦理学与生活[M]．程立显，刘建，译．北京：世界图书出版公司，2008.
[63]摩尔.伦理学原理[M]．长河，译.上海人民出版，2005.
[64]昂格尔.现代社会中的法律[M]．吴玉章，周汉华，译.南京：译林出版社，2001.
[65]黑尔.道德语言[M]．万俊人，译.北京：商务印书馆，2005.
[66]亚当·斯密.道德情操论[M]．王秀莉，译.南京：译林出版社，2008.
[67]王海明.伦理学原理[M]．北京：北京大学出版社，2009.
[68]万俊人.寻求普世伦理[M]．北京：北京大学出版社，2009.
[69]左高山.战争镜像与伦理话语[M]．长沙：湖南大学出版社，2008.
[70]唐凯麟.伦理大思路[M]．长沙：湖南人民出版社，2000.
[71]泰勒.自我的根源：现代认同的形成[M]．韩震，译.南京：译林出版社，2001.
[72]曾钊新，李建华.道德心理学[M]．北京：商务印书馆，2002.

[73]科尔伯格. 道德发展心理学：道德阶段的本质与确证[M]. 郭本禹，译. 上海：华东师范大学出版社，2004.

[74]格雷马斯. 符号学与社会科学[M]. 徐伟民，译. 广州：百花文艺出版社，2009.

[75]于立深. 契约方法论[M]. 北京：北京大学出版社，2007.

[76]卢梭. 社会契约论[M]. 何兆武，译. 北京：商务印书馆. 1963.

[77]肯·宾默尔. 博奕论与社会契约第 1 卷：公平博奕[M]. 王小卫，钱勇译，上海：上海财经大学出版社. 2003.

[78]E. 博登海默. 法理学：法律哲学与法律方法[M]. 邓正来，译 . 北京：中国政法大学出版社，2017.

[79]约翰·奥斯丁. 法理学的范围[M]. 刘星，译. 北京：中国法制出版社，2002.

[80]孙国华. 法的形成与运作原理[M]. 北京：法律出版社，2003.

[81]弗雷德里克·波洛克. 普通法的精神[M]. 杜苏，译 . 北京：商务印书馆. 2015

[82]庞德. 社会法理学论略[M]. 陆鼎揆，译. 上海：商务印书馆. 1933.

[83]葛洪义. 法理学(第三版)[M]. 北京：中国政法大学出版社. 2017.

[84]刘晨光，等. 希腊四论 [M]. 上海：华东师范大学出版，2006.

[85]张秀. 多元正义与价值认同[M]. 上海：上海人民出版社. 2012.

[86]陈宜中. 何为正义[M]. 北京：中央编译出版社. 2016.

[87]杰弗里·罗伯逊. 正义的游戏[M]. 印波，陈朗，译 . 北京：中国政法大学出版社. 2015.

[88]张国清. 智慧与正义[M]. 杭州：浙江大学出版社. 2012.

[89]艾丽斯·M. 杨. 正义与差异政治[M]. 李诚予，刘靖子，译 . 北京：中国政法大学出版社. 2017.

[90]王利. 国家与正义：利维坦释义[M]. 上海：上海人民出版社. 2008.

[91]黄玉顺. 中国正义论的形成[M]. 北京：东方出版社. 2015.

二、中文论文

[1]任海. 论体育现象[J]. 天津体育学院学报，2008(4).

[2]王苏杭. 我为什么跑得那么快——体育哲学漫谈之一[J]. 体育文化导刊，2004(3).

[3]陈德旭. 竞技体育社会功能论析及其文化价值新解[J]. 山东体育学院学报，2015(6).

[4]杨国庆，韩风月. 竞技运动——社会价值的反映[J]. 武汉体育学院学报，1990(2).

[5]陈利红. 论民族传统体育对族群建构的文化意义——以仡佬族、彝族和傣族为例[J]. 体

育文化导刊，2017(11).
[6]宋旭.论体育文化的多元化生[J]. 体育文化导刊，2005(8).
[7]张吾龙.体育行为根源的社会生物学探索[J]. 体育文化导刊，2005(5).
[8]谢小瑛，黄晓灵.文化人类学视角下体育赛事价值的历史变迁[J]. 吉林体育学院学报，2015(3).
[9]程卫波，张志勇.自我认同与竞技体育解释的范式转换——基于查尔斯·泰勒哲学人类学的考察[J]. 上海体育学院学报，2016(5).
[10]阚军常.奥林匹克运动的哲学内涵[J]. 苏州大学学报(哲学社会科学版)，2008(5).
[11]陈婷婷.从"哲学思维"的角度解读中西体育观[J]. 广州体育学院学报，2012(4).
[12]王振成，李亚英，刘少华.当代体育哲学文化反思之四：体育、身体与"狂欢"[J]. 体育文化导刊，2005(1).
[13]刘志敏，解毅飞，凌青东.对竞技体育"公平竞争"的哲学阐释[J]. 体育与科学，2002(1).
[14]李艳娜.古代希腊神话中的人文主义[J]. 鲁东大学学报(哲学社会科学版)，2008(3).
[15]陈村富.古希腊奥林匹克赛会考[J]. 浙江大学学报(人文社会科学版)，2008(2).
[16]浦永春.古希腊哲学家与奥运会[J]. 世界哲学，2008(5).
[17]金富赞.韩国体育哲学的形成过程及展望[J]. 北京体育大学学报，2007(5).
[18]杨韵.后哲学文化演进中的体育哲学——基于理查德·罗蒂哲学思想的探究[J]. 体育科学，2011(3).
[19]马景芹，于涛.论近代西方哲学对体育哲学的影响[J]. 体育文化导刊，2005(12).
[20]杨弢.论中世纪基督教对竞技体育的影响[J]. 南京体育学院学报，2003(2).
[21]杜德全.论中西体育的主体间性[J]. 体育文化导刊，2008(5).
[22]牛亚莉.浅论体育哲学的范畴——对身心关系的认识[J]. 甘肃社会科学，1997(2).
[23]马德浩.身体的谱系——基于西方哲学的构建[J]. 体育科学，2010(3).
[24]马德浩.体育的哲学内涵——基于尼采哲学的探究[J]. 体育科学，2010(11).
[25]王学锋.身体教育与竞技运动的哲学思考[J]. 体育学刊，2007(4).
[26]赵承磊.生命视域中的体育竞技散议[J]. 上海体育学院学报，2011(4).
[27]郜峰，何艳华.哲学视野下的竞技体育本质解读[J]. 北京体育大学学报，2011(5).
[28]任钊，林春源.新规则的变化对蹦床运动技术发展的影响研究[J]. 西安体育学院学报，2007(5).
[29]刘欣然，李亮.游戏的体育：胡伊青加文化游戏论的体育哲学线索[J]. 体育科学，2010

(4).

[30]高强."灰色"的哲学理论与"常青"的体育之间——体育哲学研究中引入哲学人类学方法探析[J]. 体育与科学, 2013(6).

[31]耿兆起, 高强. "深层游戏" 概念与中国体育社会学反思性研究[J]. 体育文化导刊, 2007(11).

[32]高强, 董超. 拜占庭体育史的重现——基于文化逻辑的思考[J]. 上海体育学院学报, 2015(5).

[33]高强. 从"技艺"到"体育技艺"——基于神话学与当代"认识论—本体论"理论的考辨[J]. 西安体育学院学报, 2016(2).

[34]高强. 古希腊竞技审美的"历史困境"解析与突破[J]. 上海体育学院学报, 2016(5).

[35]高强. 古希腊竞技与神话——对"历史穿越"式研究的历史学与人类学反思[J]. 上海体育学院学报, 2015(1).

[36]高强. 古希腊竞技运动的盛与殇哲学人类学式的追问与对"现代解读"的反思[J]. 上海体育学院学报, 2015(3).

[37]高强. 古希腊体育运动的实践智慧及其当代意义[J]. 体育与科学, 2012 年(2).

[38]高强. 论现代体育之"超越"品格——从身体整体论到身体个人主义[J]. 成都体育学院学报, 2014(1).

[39]高强. 体育、身体、知识——体育哲学的认识论维度[J]. 武汉体育学院学报, 2012(3).

[40]高强. 体育学与哲学: 基于学科关联的历史考察[J]. 体育与科学, 2016(6).

[41]高强. 体育与健康——基于对人类身体意识的考察[J]. 体育学刊, 2016(1).

[42]高强. 体育运动知识之惑: 基于当代认识论争议的分析[J]. 成都体育学院学报, 2013(5).

[43]高强. 游戏与知识: 对胡伊青加游戏观的反思与发展[J]. 体育与科学, 2013(3).

[44]宋震昊. "体育"本体论——体育哲学宣言[J]. 南京体育学院学报, 2006(2).

[45]钱钧, 史兵. 本体论游戏观与体育教学的关系[J]. 体育学刊, 2007(5).

[46]李龙, 黄亚玲. 竞技体育文化的动态和谐理论阐释[J]. 西安体育学院学报, 2008(6).

[47]柏慧敏. 竞技体育文化的社会理性互动研究[J]. 上海体育学院学报, 2006(1).

[48]周茗. 董昱. 竞技体育文化论[J]. 体育文化导刊, 2012(7).

[49]马冠楠, 刘桂海. 竞技体育政治功能新探[J]. 体育文化导刊, 2011(7).

[50]靳明. 文化的继承、拼合与自觉——文化学视野下中国竞技体育发展的思考[J]. 中北大学学报(社会科学版), 2011(1).

[51]王广进.文化人类学视野中的游戏、体育与民族传统体育[J].体育与科学，2010(1).
[52]杨志敏.现代竞技体育困惑的文化反思[J].成都体育学院学报，2001(4).
[53]谢荣.英国竞技体育的崛起探源及其启示[J].南京体育学院学报，2017(1).
[54]王尉.竞技体育对于运动员的意义[D].昆明：云南大学，2014.
[55]杨国庆，杨月凤.竞技运动——社会价值的反应[J].武汉体育学院学报，1990(2).
[56]胡小明.体育人类学概论[J].体育与科学，2000(3).
[57]姜庆和.体育异化现象的人类学及哲学思考——兼论中国体育文化发展[J].沈阳体育学院报，2014(3).
[58]陈德旭.竞技体育社会功能论析及其文化价值新解[J].山东体育学院学校，2015(6).
[59]张晓军.奥林匹克竞技观与我国当代竞技观之构建[J].吉林体育学院学报，2011(5).
[60]邹千江.奥运竞技的社会价值及其完好展现[J].成都体育学院学报，2009(6).
[61]刘佳.超越生存竞技的文化引领——竞技教育学的新思路[J].武汉体育学院学报，2010(11).
[62]张志勇、程卫波.当代竞技体育本真价值检视[J].北京体育大学学报，2011(8).
[63]刘霞.道德竞技——竞技人性的复归[J].体育世界学术版，2012(3).
[64]缪佳.德国体育和竞技体育发展的特点研究[J].体育与科学，2010(6).
[65]周兵.电子竞技运动的伦理学思考[J].体育科技文献通报，2009(8).
[66]谢陶，杨文贤，陈敏.动物竞技解读[J].武汉体育学院学报.2011(4).
[67]刘卓，李伟民，张志勇.对经典竞技规范伦理学的反思[J].上海体育学院学报，1997(3).
[68]王学锋，田玫，彭成，等.对体育概念的基本认识与思考——兼评《体育与竞技一现代导言》(英文版)[J].体育学刊，1996(3).
[69]程云峰.对现代奥运会与古代奥运会竞技体育职业化的比较研究[J].哈尔滨体育学院学报，2000(1).
[70]常立飞.法律视角下的竞技体育社会化[J].北京体育大学学报，2011(7).
[71]刘欣然，高雪峰.古罗马角斗体育竞技研究[J].首都体育学院学报，2009(1).
[72]刘欣然，陶国新.古希腊《荷马史诗》中的体育竞技[J].体育学刊，2009(1).
[73]王洪，杨晓龙.从规则变化分析竞技健美操的发展趋势[J].首都体育学院学报，2006(1).
[74]邓正龙.古希腊 4 大竞技赛会的文化差异[J].体育学刊，2009(5).
[75]王润斌，曹卫华.古希腊的植物崇拜与竞技文化[J].体育与科学，2010(4).

[76]李刚. 古希腊竞技体育发展的现实选择——完人教育理想的破灭与重塑[J]. 体育学刊, 2009 (10).

[77]胡春雷. 古希腊竞技习俗早期流传和演变问题考[J]. 郑州大学学报(哲学社会科学版), 2010(2).

[78]陈思伟. 古希腊竞技职业化刍议[J]. 北京体育大学学报, 2009(4).

[79]秦霞. 国外竞技体育发展的社会学研究[J]. 体育成人教育学刊, 2009(5).

[80]金仁祥, 石先彬, 袁海强. 观赏性竞技运动的精神价值[J]. 中国西部科技, 2006(17).

[81]何元国. 荷马社会中的体育竞技[J]. 体育文化导刊, 2007(7).

[82]王选强, 孙玮. 竞技"起点说"综述及其与"游戏说"的勾连[J]. 吉林体育学院学报, 2011(4).

[83]张军献, 沈丽玲. 竞技本质游戏论——本质主义的视角[J]. 体育学刊, 2010(11).

[84]蒋国勤. 竞技表现的特征[J]. 武汉体育学院学报, 2008(3).

[85]路云亭. 竞技的本质[J]. 天津学院报, 2007(6).

[86]赵永平, 宋健, 左均升. 竞技对秩序的追求——国家和谐竞技观构建研究[J]. 体育学刊. 2008(8).

[87]蒋国勤. 竞技认识及其辩证运动过程[J]. 江汉大学学报(自然科学版), 2010(3).

[88]程飞, 孙晓伟. 竞技体操价值论美学的哲学基础研究[J]. 体育科技文献通报, 2009 (9).

[89]张其富, 王林. 竞技体育——人类体育先导——读《竞技体育的意义——价值理论研究探微》有感[J]. 竞技论坛, 2013(6).

[90]王岗, 张大志. 竞技体育悲剧意识的现代阐释[J]. 成都体育学院学报, 2006(2).

[91]刘湘溶, 刘雪丰. 竞技体育比赛中的欠公平状况及其合理性评判[J]. 湖南师范大学教育科学学报, 2007(3).

[92]王林. 竞技体育的教育价值研究[J]. 首都体育学院学报, 2006(5).

[93]薛静丽, 田吉明. 竞技体育犯罪: 法律与伦理的双重审视[J]. 成都体育学院学报, 2010 (12).

[94]赵昆. 竞技体育公平竞争的概念界定[J]. 北京体育大学学报, 2011(4).

[95]杨丹. 竞技体育行为的正当化[J]. 体育学刊, 2005(1).

[96]夏尧远. 竞技体育价值论[J]. 北京体育大学学报, 2007(3).

[97]熊文, 张美江, 包雪鸣. 竞技体育伦理的理论界定及与相关概念的关系[J]. 西安体育学院学报, 2007(4).

[98]熊文，王泽应. 竞技体育伦理及其研究之意蕴[J]. 北京体育大学学报，2004(4).

[99]熊文，赵涛. 竞技体育伦理价值的赋予和确立[J]. 体育文化导刊，2007(7).

[100]熊文，马有保. 竞技体育伦理研究述评[J]. 体育文化导刊，2008(3).

[101]熊文. 竞技体育发展中的新理念——更真、更善、更美[J]. 西安体育学报，2004(5).

[102]熊文. 伦理对竞技体育发展运行的价值评价和把握——伦理对竞技体育宏观层面的作用[J]. 成都体育学院学报，2008(1).

[103]熊文，朱咏贤. 竞技体育之人文社会学研究的若干反思[J]. 西安体育学院学报，2003(6).

[104]柏慧敏，金桥. 竞技体育文化的社会行为互动探微[J]. 体育科研，2007(6).

[105]刘纯献. 竞技体育与中国的和平崛起[J]. 河南师范大学学报(哲学社会科学版)，2007(5).

[106]曹文斌. 竞技体育运动境界及其欣赏浅析[J]. 攀登(汉文版)，2008(4).

[107]缪佳. 竞技体育在社会主义核心价值体系中的独特作用[J]. 体育科研，2012(1).

[108]胡小明. 竞技与体育[J]. 广州体育学院学报，2003(2).

[109]张波，姚颂平. “以德引争”：中国古代体育竞赛的秩序关怀及其当代价值——以射礼为例[J]. 成都体育学院学报，2018(5).

[110]龚正伟. 国家体育道德责任研究：价值秩序与实现机制[J]. 上海师范大学学报(哲学社会科学版)，2016(5).

[111]陈彩燕. 竞技与体育的差别——读科克利的《社会上的竞技：问题与争论》[J]. 体育学刊，2006(5).

[112]胡亦海. 竞技运动起源辨识、历程断想、功能启迪[J]. 武汉体育学院学报，2009(5).

[113]赵建新，王浩，杨永晶. 竞技运动与竞技体育差异分析[J]. 体育研究与教育，2011(6).

[114]周爱光. 竞技运动与竞技运动文化[J]. 体育科学，1998(2).

[115]马明非. 篮球规则的演变与篮球运动发展的关系初探[J]. 哈尔滨体育学院学报，2002(2).

[116]杨玉峰，赵斌. 论竞赛规则的变迁对散打技术发展的影响[J]. 成都体育学院学报，2009(11).

[117]孙玮. 竞技政治化的历史审视与本质批判[J]. 体育学刊，2012(1).

[118]孙玮. 历史视域下的宗教竞技及其与游戏属性的勾连[J]. 体育科学，2011(5).

[119]孙玮. 竞技运动中的“游戏精神”[J]. 北京体育大学学报，2011(5).

[120]刘哲石，刘雪丰. 功能、意义和价值——关于体育文化建设的哲学思考[J]. 湖南大学学报(社会科学版)，2013(6).

[121]颜天民. 竞技体育的价值研究[J]. 体育科学，2000(1).

[122]温兴满，王飞. 论现代体育产生之必然性[J]. 山东体育科技，2005(2).

[123]甄嫒圆，缪佳. 论英国文化传统对现代竞技体育的影响[J]. 南京体育学院学报，2015(4).

[124]谭勇. 科技与伦理的断想——竞技运动发展之路的抉择[J]. 伦理学研究，2010(3).

[125]余胜茹，谭刚. 论“竞技—社会安全阀”功能说[J]. 南京体育学院学报，2007(1).

[126]叶羽. 论“竞技育人”[J]. 体育与科学，2010(1).

[127]黎珍. 论公共利益的实现——兼谈社群主义的公益政治理论[J]. 科教文汇，2009(2).

[128]田麦久，熊焰，石岩，等. 论竞技参赛的基本原则[J]. 北京体育大学学报，2012(3).

[129]金英爱，韩相春. 论竞技的人文性[J]. 延边大学学报(自然科学版)，2004(2).

[130]陈淑奇. 论竞技体育的生命特性[J]. 山西师大体育学院学报，2010 (6).

[131]高健，颜天民. 论竞技体育对主体需要的满足[J]. 河北体育学院学报，2011(2).

[132]叶羽. 论竞技状态[J]. 江苏理工大学学报(社会科学版)，2001(3).

[133]李少丹. 论竞技状态的复杂性[J]. 北京体育大学学报，2009(6).

[134]姜丽萍. 论社群主义的发展及其对现代社会发展的启示[J]. 学术纵横，2012(1).

[135]黄洁，黄玉珍，胡科. 论身体教育亦是向善，竞技运动也可求真——兼与王学锋商榷[J]. 体育学刊，2010(5).

[136]任雅琴，龙秋生. 竞技体育秩序中“自由”与“自律”解读[J]. 广州体育学院学报，2017(3).

[137]邹炳彦，靳小雨. 论公信力视域下的体育赛场秩序[J]. 体育文化导刊，2018 (1).

[138]许振刚. 论体育“秩序”——“谁的问题”和“先后问题”[J]. 体育学刊，2012(3).

[139]李志军. 浅释竞技起源与审美[J]. 辽宁广播电视大学学报，2008 (1).

[140]赵岷，李翠霞. 人类表演学视角下的古希腊祭祀竞技赛会[J]. 成都体育学院学报，2010(1).

[141]范叶飞，马卫平. 体育价值分类探究——基于人与社会的价值结构统一的视角[J]. 北京体育大学学报，2015(3) .

[142]沈建华，张晓龙. 从抢跑规则的改变看竞技赛场的程序正义[J]. 体育科研，2007(2).

[143]王增鑫. 关于体育竞技制度的正义性研究[J]. 体育世界(学术版)，2010(8).

[144]柏立华，宋健强. 竞技、运动与法治[J]. 北方论丛，2003(5).

[145]刘卓，任杰. 西方竞技伦理研究中的缺陷[J]. 体育文化导刊，2007(6).
[146]侯迎锋、郭振. 西方竞技体育身体暴力的演变[J]. 体育学刊，2010(11).
[147]张小平. 现代竞技体育发展与体育社会化关系研究[J]. 理论导刊，2008(5).
[148]李丹阳，范莉莉，朱艳美. 现代竞技体育全球化的内涵[J]. 辽宁体育科技，2012(2).
[149]董群，王璋，陈令伟. 运动竞技与社会公共秩序[J]. 体育与科学，2001(9).
[150]敖意. 证据法的公平竞技精神之美国样本与中国图景[J]. 佛山科学技术学院学报(社会科学版)[J]，2011(5).
[151]韩德明. 竞技主义到商谈合作：诉讼哲学的演进和转型[J]. 法学论坛，2010(2).
[152]尹碧昌、郑锋. 竞赛规则的正义考量[J]. 中南大学学报，2013(2).
[153]王健，赵永平. 论竞技的理念与秩序——以马克思人性观为视野[J]. 北京体育大学学报，2010(3).
[154]张春良. 论竞技体育争议的程序法治——行业自治与接近正义的关系视角[J]. 体育与科学，2012(2).
[155]钟辉，颜青山. 论体育竞技正义的特征——与分配正义的一个比较[J]. 成都体育学院学报，2013(4).
[156]刘庆伟，龚正伟. 足球竞赛规则演变的正义性分析[J]. 北京体育大学学报，2010(1).
[157]张建伟. 认识相对主义与诉讼的竞技化[J]. 法学研究，2004(4).
[158]祁洞之. 本体论的世界与本然论的世界——对中西方哲学语言体系异质性的解释性阐述[J]. 南京理工大学学报(社会科学版)，2002(4).
[159]孙麾. 本体论的限度与改变世界的哲学[J]. 哲学研究，2003(7).
[160]王现伟，李海峰. 本体论的原像及其在现代语境中的多义性[J]，兰州学刊，2012(9).
[161]张世远. 本体论学说的近现代流变及其前景[J]. 学术探索，2009(6).
[162]吴德勤. 评价论研究的本体论方向[J]. 上海大学学报(社会科学版)，2007(4).
[163]梁冬华. 认识论、本体论、社会学——论国内美学主体间性理论建构的三种立场[J]. 东北大学学报(社会科学版)，2010(2).
[164]刘双贵. 文学理论的本体论思考[J]. 学术交流，2003(9).
[165]郭玉生. 宇宙本体论、理性本体论、人类学本体论——西方悲剧理论嬗变新探[J]. 华中师范大学学报(人文社会科学版)，2004(1).
[166]高玉平. 从道德建构到政治建构——论罗尔斯的制度理念[J]. 道德与文明. 2010(4).
[167]陈德中. 当代英美道德哲学与政治哲学中的建构论[J]. 哲学研究，2008(2).
[168]崔宜明. 德性论与规范论[J]. 华东师范大学学报(哲学社会科学版)，2002(3).

[169]徐梦秋. 规范论的对象和性质[J]. 哲学动态, 2000(11).

[170]陆益龙. 建构论与社会学研究的新规则[J]. 学海, 2009(2).

[171]李永根. 论法律规范的结构——从规范论的视角分析[J]. 厦门理工学院学报, 2009(2).

[172]孙笑侠. 论法律规范的社会渊源[J]. 西北政法学院学报, 1995(2).

[172]李宏伟. 论时间的社会建构性[J]. 长白学刊, 2012 (6).

[173]王华平, 盛晓明. 社会建构论的三个思想渊源[J]. 科学学研究, 2005(5).

[174]白小瑜. 社会建构论的再考量[J]. 西华师范大学学报(哲学社会科学版), 2009(4).

[175]朱春艳、陈凡. 社会建构论对技术哲学研究范式的影响[J]. 自然辩证法研究, 2006(8).

[176]李晓凤. 社会建构论视角下的社会问题研究及其对社会工作的启示[J]. 中南民族大学学报(人文社会科学版), 2006(5).

[177]沈岿. 宪法规范层次论：一种解释方法[J]. 清华法学, 2012(5).

[178]赵晓红. “德性”：个体与社会和谐关系的伦理审视——基于对麦金太尔社群主义思想的一种理解[J]. 攀登, 2008(5).

[179]向玉乔. 社会制度实现分配正义的基本原则及价值维度[J]. 中国社会科学, 2013(3).

[180]陈立军, 陈立民. 哈耶克社会规则生成理论研究[J]. 延安大学学报(社会科学版), 2013(2).

[181]宁莉娜. 论秩序生活的逻辑基础[J]. 北京大学学报(哲学社会科学版), 2018(3).

[182]周赟. 内生规则、官方规则与社会秩序[J]. 求是学刊, 2014(6).

[183]郝军龙, 郝永朝, 张居伟, 等. 我国体育法律秩序研究[J]. 河北体育学院学报, 2010(6).

[184]贾文彤. 我国体育秩序转化问题研究[J]. 成都体育学院学报, 2014 (11).

[185]曹永林, 常乃军, 葛振斌. 现代体育与公平、公正社会秩序建立的研究[J]. 山西大同大学学报, 2011(3).

[186]闫成栋. 中国体育行政行为的秩序功能研究[J]. 成都体育学院学报, 2016(2).

[187]郭佩惠. 社群主义“自我”观的批判性分析——方法论的视角[J]. 中国矿业大学学报(社会科学版), 2012 年(2).

[188]彭东琳. 社群主义对构建和谐社会的意义[J]. 探索, 2011(3).

[189]王泽. 社群主义及其现实意义评析[J]. 唐山师范学院学报, 2012 (1).

[190]于宏. 社群主义视阈中的善与权利[J]. 大连海事大学学报(社会科学版), 2012(2).

[191]白雪苹. 社群主义研究[J]. 河北理工大学学报(社会科学版), 2010(4).
[192]程立涛, 曾繁敏. 社群主义与集体主义之比较[J]. 河北师范大学学报(哲学社会科学版), 2005(5).
[193]袁洪英. 社群主义自我观的理论结构及其现实关照[J]. 北方论丛, 2009(4).
[194]何霜梅. 试论社群主义的道德教育观[J]. 中国人民大学学报, 2010(3).
[195]尹宏林. 体育竞技伦理初探[J]. 淮南师范学院学报, 2009(6).
[196]袁洪英. 自我的逻辑及其超越——一种社群主义视角[J]. 学术交流, 2009(4).
[197]刘翠玉. 个人与社群——从社群主义到马克思主义[J]. 前沿, 2008(1).
[198]沙弗尔. “规则”与“标准”在发展中国家的运用——迈向法治征途的一个重大现实问题[J]. 李成钢, 译. 法学评论, 2001(2).
[199]宋远升, 李瑱. 辨认原理、规则之解析与构建[J]. 犯罪研究, 2007(2).
[200]曾莉. 承认规则效力论研究——以包容性实证主义法学为视角[J]. 石河子大学学报(哲学社会科学版), 2013(2).
[201]林振林, 马皑. 从规则到行为: 试论我们为何守法[J]. 政法学刊, 2010(4).
[202]黄晓慧, 黄甫全. 从决定论到建构论——知识社会学理论发展轨迹考略[J]. 学术研究, 2008(1).
[203]洪勋. 从自然与人为两分的角度再论马克思的价值形式和哈耶克的规则[J]. 李朝晖, 译. 马克思主义与现实, 2010(5).
[204]冯书生. 德性还是规则? ——关于柏拉图正义追问方式的追问[J]. 深圳大学学报(人文社会科学版), 2010(6).
[205]卜安淳. 法是规则[J]. 江苏警官学院学报, 2007(1).
[206]郁振华. 范例、规则和默会认识[J]. 华东师范大学学报, 2008(4).
[207]张晶. 公共决策规则的经济学思考[J]. 西安文理学院学报(社会科学版), 2009(1).
[208]严存生. 规律、规范、规则、原则——西方法学中几个与“法”相关的概念辨析[J]. 法制与社会发展, 2005(5).
[209]董良. 规则的力量——试论约束力的契约式证明[J]. 重庆大学学报(社会科学版), 2011(1).
[210]陈景辉. 规则的普遍性与类比推理[J]. 求是学刊, 2008(1).
[211]欧阳景根. 规则与公正: 宪政经济学视野下的立宪、释宪与修宪[J]. 南京社会科学, 2006(9).
[212]袁继红. 规则与社会科学解释——自然主义的视角[J]. 华南师范大学学报(社会科学

版)，2009(4).

[213]谢惠媛. 美德与规则——从道德训诫方式的转变看现代道德中心问题的转换[J]. 甘肃社会科学，2012 (6).

[214]蔡灿新，聂新军. 权力、规则与秩序：一个组织分析框架[J]. 宏观经济研究，2010 (2).

[215]刘茂林，仪喜峰. 宪法是组织共同体的规则[J]. 法学评论，2007(5).

[216]葛伟民. 新市场规则[J]. 社会科学，2006(2).

[217]王利荣. 刑罚理性与规则意义[J]. 人文杂志，2002(2).

[218]柳海涛，万小龙. 语言、实在与规则——简论塞尔的社会哲学[J]. 甘肃社会科学，2011(5).

[219]张洁. 元规则、潜规则、显规则——对奥运会规则的三重解读[J]. 山东体育学院学报，2009(4).

[220]李可. 原则和规则的若干问题[J]. 法学研究，2001(5).

[221]张国庆，胡微微. 制度规则失范与公平正义失和——现时期中国政府深化改革的必解难题[J]. 山东社会科学，2013 (5).

[222]赵旭东. 程序正义概念与标准的再认识[J]. 西北政法学院学报，2003(6).

[223]熊云辉. 程序正义在中国的运行分析——以民事诉讼为对象[J]. 南昌大学学报(人文社会科学版)，2017(6).

[224]胡利明. 论程序的法治价值[J]. 中州大学学报，2017(4).

[225]陈瑞华. 走向综合性程序价值理论——贝勒斯程序正义理论述评[J]. 中国社会科学，1999(6).

[226]程立显. 德沃金的“权利——公正”论述评[J]. 中国人民大学学报，1999(2).

[227]朱颖. 德沃金与伯林之争：“原则”与“价值”的内在线索[J]. 法制与社会发展，2014 (5).

[228]陈景辉. 法理论的性质：一元论还是二元论？德沃金方法论的批判性重构[J]. 清华法学，2015(6).

[229]刘叶深. 法律规则与法律原则：质的差别[J]. 法学家，2009(5).

[230]陈洪杰. 论法律解释学视角内外的确定性命题[J]. 西北政法大学学报，2012(2).

[231]文长春. 罗尔斯、诺齐克与德沃金权利正义论比较[J]. 学术交流，2006(3).

[232]范立波. 原则、规则与法律推理[J]. 法制与社会发展，2008(4).

[233]许冬香. 布坎南经济正义论[J]. 伦理学研究，2010(2).

[234]许冬香. 从经济正义到政治正义的路径——布坎南经济伦理思想研究[J]. 伦理学研究，2016(6).
[235]陈泽环. 经济生活世界的正义追寻——读《经济正义论》[J]. 道德与文明，2006(4).
[236]王海明. 经济制度伦理新探[J]. 华侨大学学报(哲学社会科学版)，2002(1).
[237]龚天平、李海英. 论产权正义[J]. 晋阳学刊，2016(1).
[238]毛勒堂. 论经济制度正义[J]. 湖南师范大学社会科学学报，2005(5).
[239]陈芬、史秀子. 马克思经济正义思想的伦理特性[J]. 长沙理工大学学报(社会科学版)，2007(2).
[240]毛勒堂. 西方经济正义思想的历史脉动[J]. 云南师范大学学报(哲学社会科学版)，2005(3).
[241]乔洪武，李新鹏. 有限理性的人如何实现符合经济正义的利益追求——威廉姆森的经济伦理思想探析[J]. 武汉大学学报，2015(6).
[242]向玉琼. 从契约正义到合作正义：公共政策的目标转向[J]. 浙江学刊，2018(3).
[243]谢文郁. 解构性的正义概念[J]. 北京大学学报(哲学社会科学版)，2018(4).
[244]陈凡，高兆明. 历史学——人类学语境中的“承认”理论——西普承认思想研究[J]. 江海学刊，2016(2).
[245]杨竞业. 论“文化正义”概念[J]. 南方论丛，2012(6).
[246]龚群. 人类命运共同体及其正义维度[J]. 哲学分析，2018(1).
[247]张兴华. 文化正义：一个生态学的论域[J]. 南昌大学学报(人文社会科学版)，2018(3).
[248]曾楠. 文化正义：政治认同提升的隐喻命题[J]. 内蒙古社会科学(汉文版)，2016(6).
[249]刘昊. 自发秩序与分配正义——哈耶克与罗尔斯思想比较研究[J]. 内蒙古大学学报(哲学社会科学版)，2018(2).
[250]张琳琳. “五位一体”总体布局的思想演进及其逻辑特征[J]. 探索，2017(5).
[251]叶子鹏. 从“两个文明” 到“五位一体”——中国特色社会主义事业布局的历史演进[J]. 吉林省社会主义学院学报. 2016(2).
[252]贾中海，祁靖贻. 习近平公平正义思想研究[J]. 理论探讨. 2018(5).
[253]李林. 维护宪法权威，推进宪法实施[J]. 时代主人. 2018(5).
[254]黄永惠. 我国宪法宣誓制度研究[J]. 法制博览. 2018(4).
[255]李月青. 宪法宣誓之制度功能[J]. 忻州师范学院学报. 2018(4).
分配正义中文文献.

[256]高兆明.“分配正义”三题[J]. 社会科学, 2010(1).

[257]段忠桥.关于分配正义的三个问题——与姚大志教授商榷[J]. 中国人民大学学报, 2012(1).

[258]姚大志.论分配正义——从政治哲学的观点看[J]. 社会科学, 2015(5).

[259]向玉乔.论分配正义的价值维度[J]. 南昌大学学报(人文社会科学版), 2013(4).

[260]李佃来.马克思正义思想的三重意蕴[J]. 中国社会科学, 2014(3).

[261]姚大志.三论分配正义——答段忠桥教授[J]. 吉林大学社会科学学报, 2013(4).

[262]向玉乔.社会制度实现分配正义的基本原则及价值维度[J]. 中国社会科学, 2013(3).

[263]叶常林.西方分配正义理论综述[J]. 安徽行政学院学报, 2010(1).

[265]王立.也论分配正义——兼评姚大志教授和段忠桥教授关于正义之争[J]. 哲学研究, 2014(5).

[264]段忠桥.也谈分配正义、平等和应得——答姚大志教授[J]. 吉林大学社会科学学报, 2013(4).

[265]姚大志.再论分配正义，答段忠桥教授[J]. 哲学研究, 2012(5).

三、外文著作

[1]McNamee M, Morgan W. Routledge Handbook of the Philosophy of Sport[C]. London and New York: Taylor and Francis Group, 2015.

[2]McNamee M. Sports, Virtues and Vices: Morality Play[M]. London and New York: Taylor and Francis Group, 2008.

[3]Morgan W J. Ethics in Sport[M]. 2th. Champaign (II). Human Kinetics, 2007.

[4]Morgan W, Meier K. Philosophic Inquiry in Sport[C]. Champaign, Illinois: Human Kinetics Publishers, Inc, 1988.

[5]Ryall E. Philosophy of Sport: Key Question[M]. Lodon: Bloomsbury, 2016.

[6]Suits B. The Grasshopper: Games, Life and Utopia[M]. Toronto: Broadview Press Ltd. 1985.

[7]Steenbergen J, Knop P. Values and Norms in Sport[M]. Oxford: Meyer and Meyer Ltd, 2001.

[8]McNamee M, Olivier S. Research Ethics in Exercise, Health and Sports Sciences[M]. London and New York: Taylor and Francis Group, 2007.

[9]Simon R. The Ethics of Coaching Sports[M]. Boulder: Bestview Press, 2013.

[10]McFee G. Ethics, Knowledge and Truth in Sports Research[M]. London and New York:

Taylor and Francis Group, 2010.

[11]Luis J, Trivino P. The Challenges of Modern Sport to Ethics[M]. Plymouth: Lexington Books, 2013.

[12]Fraliegh W. Right Action in Sport[M]. Champaign, Illinois: Human Kinetics Publishers, Inc, 1984.

[13]Simon R, Torres C. Fair Play: the Ethics of Sport[M]. Boulder: Bestview Press, 2015.

[14]McFee G. Sport, Rules and Values[M]. London and New York: Taylor and Francis Group, 2004.

[15]Best D. Philosophy and Human Movement[M]. London: George Allen and Unwin, 1978.

[16]Kretchmar S. Practical Philosophy of Sport[M]. Champaign, Illinois: Human Kinetics Publishers, Inc, 1994.

[17]Lumpkin A, Stoll S K, Beller J M. Sport Ethics—Applications for Fair Play[M]. 3rd[M]. New York: McGraw Hill, 2003.

[18]McNamee M. Philosophy and the Sciences of Exercise, Health and Sport—Critical Perspectives on Research Methods[M]. New York: Taylor and Francis Inc, 2005.

[19]Thiroux J P. Ethics: Theory and Practce[M]. 8th. Beijing: Peking University Press, 2005.

[20]Peterfreund D W. Great Traditions in Ethics[M]. 10th. Beijing: Peking University Press, 2005.

[21]Brackenridge C. Spoil Sports: Understanding and Preventing Sexual Exploitation in Sports[M]. London: Routledge, 2001.

[22]Coakley J. Sport in Society[M]. 7th. Boston: McGraw Hill, 2001.

[23]David P. Human Rights in Youth Sport[M]. London: Routledge, 2013.

[24]Dimeo P. A History of Drug Use in Sport: 1876-1976: Beyond Good and Evil[M]. London: Routledge, 2007.

[25]Kyle D G. Sport and Spectacle in the Ancient World[M]. Oxford: Blackwell, 2007.

[26]Loland S. Fair Play: A Moral Norm System[M]. London: Routledge, 2002.

[27]McNamee M J, Oliver S, Wainright P. Research Ethics in Exercise, Health and Sport Sciences[M]. London: Routledge, 2007.

[28]Andrews D L, Silk M L. Sport and Neoliberalism[M]. Temple University Pres, 2012.

四、外文论文

[1]Gorman A D, Abernethy B, Farrow D. Investigating the anticipatory nature of pattern perception

in sport[J]. Psychonomic Society, 2011(39).

[2]Garland D J, Barry J R. Cognitive advantage in sport: The nature of perceptual structures[J]. The American Journal of Psychology, 1991(2).

[3]Hogeveen B. Skilled Coping And Sport: Promises Of Phenomenology[J]. Sport, Ethics and Philosophy, 2011(3).

[4]Martinkova I, Parry J. Eichberg's "Phenomenology" of Sport: A Phenomenal Confusion[J]. Sport, Ethics and Philosophy, 2013(3).

[5]Bartle R. The multidisciplinary nature of sport and exercise science[J]. Journal of Sports Sciences, 1998(4).

[6]Shilling C, Mellor P A. Re-Conceptualizing Sport as a Sacred Phenomenon[J]. Sociology of Sport Journal, 2014(31).

[7]Davids K, Baker J. Genes, Environment and Sport Performance: Why the Nature-Nurture Dualism is no Longer Relevant[J]. Review Article, 2007(11).

[8]Greenberg M R. Insidious Trends and Social/Environmental Justice: Public Health's Challenge for Responding to Hazard Events[J]. American Journal of Public Health, 2014(10).

[9] Anderson D. Recovering Humanity: Movement, Sport, and Nature[J]. Journal of the Philosophy of Sport, 2012(1).

[10]Kretchmar S. A phenomenology of competition[J]. Journal of the Philosophy of Sport, 2013(1).

[11] Mayoh J, Jones I. Making well-being an experiential possibility: therole of sport[J]. Qualitative Research in Sport, Exercise and Health, 2014(2).

[12]Krein K. Sport, nature and worldmaking[J]. Sport, Ethics and Philosophy, 2008(3).

[13]Skillen A. Sport: An Historical Phenomenology[J]. Cambridge University Press on behalf of Royal Institute of Philosophy, 1993, 68(265).

[14]Kerry D S, Armour K M. Sport Sciences and the Promise of phenomenology: philosophy, Method, and Insight[J]. National Association for Physical Education in Higher Education. quest, 2000(52).

[15]Vannatta S. A Phenomenology of Sport: Playing and Passive Synthesis[J]. Journal of the Philosophy of Sport, 2012(1).

[16]Elchberg H. Sport and Laughter: Phenomenology of the. Imperfect Human Being[J]. Sport, Ethics and Philosophy, 2009(3).

[17] Breivik G. Sporting knowledge and the problem of knowing How. [J]. Journal of the Philosophy of Sport, 2014, 41(2).

[18] Jirásek J H I, Nesti M S. Phenomenology is not phenomenalism. Is there such a thing as phenomenology of sport? [C]. Acta Gymnica, 2014, 44(2).

[19] Meier K V. Amateurism and the Nature of Sport [J]. National Association for Physical Education in Higher Education, QUEST, 1993(45).

[20] Eichberg H. Sport as Festivity: Towards A Phenomenology of the Event [J] Sport, Ethics and Philosophy, 2009, 3(2).

[21] Eichberg H. Play as production-Production as game? Towards a critical phenomenology of productivity [J]. European Journal for Sport and Society, 2015, 12 (1).

[22] Benson A J, Siska P, Eys M, et al. A prospective multilevel examination of the relationship between cohesion and team performance in elite youth sport [J]. Psychology of Sport and Exercise, 2016(27).

[23] Gimeno F, Lacambra D, et al. SportsmanshipRating Scale in Tennis Competition with Young Players [J]. Procedia-Social and Behavioral Sciences, 2013(82).

[24] Saenz A, Gimeno F, Gutierrez H, et al. Characteristics of the Sportsmanship and Unsportsmanlike Conduct Evaluation Tools in Youth Sport [J]. Procedia-Social and Behavioral Sciences, 2013(82).

[25] Sailors P R. Mercy Killing: Sportsmanship and Blowouts [J]. Journal of the Philosophy of Sport, 2012(1).

[26] Chin C B. "We've got team spirit!": ethnic community building and Japanese American youth basketball leagues [J]. Ethnic and Racial Studies, 2015(10).

[27] Dow L A, Dun W J. Economic Neoliberalism: A Behavioral View of the Sportsmanship Assumption [J]. The American Journal of Economics and Sociology, 1974, 33(4).

[28] Fiala A. Team Spirit, Team Chemistry, and Neuroethics [J]. Sport, Ethics and Philosophy, 2017, 16.

[29] Malcolm D. The social construction of the sociology of sport: A professional project [J]. International Review for the Sociology of Sport, 2014, 49(1).

[30] Smith W R. Communication, Sportsmanship, and Negotiating Ethical Conduct on the Digital Playing Field [J]. Communication & Sport 2017, 5(2).

[31] Darnis F, Lafont L. Cooperative learning and dyadic interactions: two modes of knowledge

construction in socio-constructivist settings for team-sport teaching[J]. Physical Education and Sport Pedagogy, 2015, 20(5).

[32]Bolter N D, Weiss M R. Coaching for Character: Development of the Sportsmanship Coaching Behaviors Scale (SCBS)[J]. Sport, Exercise, and Performance Psychology, 2012, 1(2).

[33]Rudd A, Gordon B S. An Exploratory Investigation of Sportsmanship Attitudes Among College Student Basketball Fans[J]. Journal of Sport Behavior, 33(4)

[34]Ryska T A. Sportsmanship in Young Athletes: The Role of Competitiveness, Motivational Orientation, and Perceived Purposes of Sport[J]. The Journal of Psychology, 2003, 137(3).

[35]Vallerand R J, Losier G F. Universite du Quebec a Montreal. Self-Determined Motivation and Sportsmanship Orientations: An Assessment of Their Temporal Relationship[J]. Journal of Sport &Exercise Psychology, 1994, 16.

[36]Apostolou M, Athanasiou M. I Want to Watch this! An Evolutionary Perspective on the Popularity of Sports[J]Psihologijske teme, 2016, 25(2).

[37]Bredemeier D L, Light B. Why Sportsmanship Programs Fail, and What We Can Do About It [J]. Journal of Physical Education, Recreation & Dance, 2011(7).

[38] Stewart C C. "Be more concerned with your Sportsmanship, Gamesmanship, and the Implications for coach Education[J]Strategies, 27(3).

[39]Ford D W, Jubenville C B, Phillips M B. The effect of the star sportsmanship education module on parents' self-perceived sportsmanship behavior sportsmanship in youth sports[J]. Journal of Sport Administration & Supervision, 2012, 4(1).

[40] Wells, Mary Sara, Ruddell, Edward, Paisley, Karen. Creating an Environment for Sportsmanship Outcomes: A Systems Perspective [J]. Journal of Physical Education, Recreation & Dance, 2006(7).

[41]Hitchner T. Edwardian Spy Literature and the Ethos of Sportsmanship: The Sport of Spying[J] English Literature in Transition, 1880-1920, 2010, 53(4).

[42]Abad D. Sportsmanship[J]. Sport, Ethics and Philosophy, April 2010, 4(1).

[43]Feezell R M. Sportsmanship[J]. The Journal of the Philosophy of Sport, 1986, XⅢ.

[44] Frias F J L. Sportsmanship. Multi-disciplinary Perspectives [J]. The Journal of the Philosophy of Sport, 2017, 44(2).

[45]Sessions W L. Sportsmanship as Honor[J]. The Journal of the Philosophy of Sport, 2004, XXXI.

[46]Smith A. Reimaging the City the Value of Sport Initiatives[J]. Annals of Tourism Research, 2005, 32(1).

[47]Doherty A. Investing in sport management: The value of good theory[J]. Sport Management Review, 2013(16).

[48]McFee G. Olympism and Sport's Intrinsic Value[J]. Sport, Ethics and Philosophy, 2012, 6(2).

[49]Sam M P. Building legitimacy at Sport Canada: pitfalls of public value creation? [J]. International Review of Administrative Sciences, 2011, 77(4).

[50]Woratschek H, Horbel C, Popp B. The sport value framework - a new fundamental logic for analyses in sport management[J]. European Sport Management Quarterly, 2014, 14(1).

[51]Hatzigeorgiadis A, Morela E, Elbe A M, et al. The Integrative Role of Sport in Multicultural Societies[J]. Special Issue: Multi-culturalism in Europe Original Articles and Reviews, 2013: 18(3).

[52]Brookes S, Wiggan J. Reflecting the public value of sport A game of two halves? [J]. Public Management Review, 2009, 11(4).

[53]Leithauser R M. Keeping High the True Values of Sport. [J]. International Journal of Sports Physiology and Performance, 2017(12).

[54]Izzo R. The Educational Value of Competitive Sport[J]. Sport Science Review, 2010, XIX(2).

[55]Russell J S. The Value of Dangerous Sport[J]. Journal of the Philosophy of Sport, 2005, XXXII.

[56]Culbertson L. Does sport have intrinsic value? [J]. Sport, Ethics and Philosophy, 2008, 2(3).

[57]Hardes J. Governing sporting brains: concussion, neuroscience, and the biopolitical regulation of sport[J]. Sport, Ethics and Philosophy, 2017, 11(3).

[58]Kerwin S, S Jeremy. Jordan, Brian A. Turner. Organizational justice and conflict: Do perceptions of fairness influence disagreement? [J]. Sport Management Review, 2015(18).

[59]Schinke R J, McGannon K R. Cultural sport psychology and intersecting identities: An introduction in the special section[J]Psychology of Sport and Exercise, 2015(17).

[60]Parker L S. In Sport and Social Justice, Is Genetic Enhancement a Game Changer? [J]. Health Care Anal, 2012(20).

[61] Liljeblad J. Foucault, justice, and athletes withprosthetics: the 2008 CAS Arbitration Report on Oscar Pistorius[J]. Sports Law, 2015(15).

[62] Rapp G C. Field of Broken Dreams: The Quest for Rule-of-Law in Sports Litigation Reviewing Roger I. Abrams, Sports Justice: The Law & Business ofSports[J]. Texas Review of Entertainment & Sports Law, 2011-2012, 103.

[63] Stephan S H. Blowing the Whistle on Justice As Sport: 100 Years of Playing a Non-Zero Sum Game[J]. Hamline Law Review, 2007, 587.

[64] Toon P D. Gens, Gender, Sport, and Justice[J]. British Journal of General Practice, November, 2009.

[65] McNamee M. Schadenfreude in Sport: Envy, Justice, and Self-esteem[J]. Journal of the Philosophy of Sport, 2003, XXX.

[66] Brown A. Principles of stakes fairness in sport[J]. Politics, Philosophy & Economics, 2015, 14(2).

[67] Schinke R J, Stambulova N R, Ronnie Lidor, Athanasios Papaioannou et al. ISSP position stand: Social missions through sport and exercise psychology[J]. International Journal of Sport and Exercise Psychology, 2016, 14(1).

[68] Blodgett A T, Schinke R J, McGannon K R, et al. Cultural sport psychology research: conceptions, evolutions, and forecasts[J]. International Review of Sport and Exercise Psychology, 2015, 8(1).

[69] Schinke R J, McGannon K R, Smith B. Expanding the sport and physical activity research landscape through community scholarship: introduction[J]. Qualitative Research in Sport, Exercise and Health, 2013, 5(3).

[70] Dagkas S. Problematizing Social Justice in Health Pedagogy and Youth Sport: Intersectionality of Race, Ethnicity, and Class[J]. Research Quarterly for Exercise and Sport, 2016, 87(3).

[71] Berg A. Questions of Athletic Excellence and Justice in Sport[J]. Sport, Ethics and Philosophy, 2017, 18.

[72] Dworkin S L, Swarr A L, Cooky C. (In)Justice in Sport: The Treatment of South African Track Star Caster Semenya[J]. Feminist Studies, 2013, 39(1).

[73] Stewart C, Pullen E. Monadic, material and mirroring: Female bodies in track athletics culture[J]. International Review for the Sociology of Sport, 2016, 51(6).

[74] Lyndsay M C. Hayhurst, Courtney Szto. Corporatizating Activism Through Sport-Focused

Social Justice? Investigating Nike ' s Corporate Responsibility Initiatives in Sport for Development and Peace[J]. Journal of Sport and Social Issues. 2016, 40(6).

[75] Samuel - Azran1T, Lavie - Dinur Y K A. Globalization and SocialJustice in Sports Broadcasting: The Case of Al-Jazeera Sport[J]Television & New Media, 2014, 15(8).

[76]Loland S. Justice sport an ideal and its interpretations[J]. Sport, Ethics and Philosophy, 1 (1).

[77] Rawls J. Sigmund Loland Justice and Game Advantage in Sporting Games[C]. Kluwer Academic Publishers. Ethical Theory and Moral Practice, 1999(2).

[78]Proios M, Athanailidis I, Proios M, et al. Management of Ethical Problems in Sport Within the Justice Framework[J]International Journal of Sport Management, Recreation & Tourism, 2013, (11).

[79]Newman J I. Sport Without Management[J]. Journal of Sport Management, 2014(28).

[80]Gillham A. Relationships between Organizational Justice and Coaches' Attitudinal Outcomes in Intercollegiate Sports[J]. International Journal of Sports Science & Coaching, 2015, 10 (2).

[81]Storms T. The Wheels of Justice Turning Adapted Interschoiastic Sport: Making Progress[J]. Editor´ Scorner, 2007, 23(3).

[82] Culp B. An Analysis of Future Coaches' Emerging Dispositions on Social Justice: The Wooden Effect[J]. International Journal of Sports Science & Coaching, 2014, 9(1).

[83]Popelka J. Territorial Justice and Sport: Public Subsidies to Sport in Czech Regions[J]. Acta Universitatis Carolinae kinanthropologica, 2014, 50(1).

[84]Ha J P, Ha J. Organizational justice - affective commitment relationship in a team sport setting: The moderating effect of group cohesion[J]. Journal of Management & Organization, 2015(1).

[85] Verdot C, Schut P O. Sport and Social Inclusion: The Political Position vs. Practices[J]. European Journal for Sport and Society, 2012(3) .

[86]Martínkovǘ I, Parry J. An Introduction To The Phenomenological Study Of Sport[J]. Sport, Ethics and Philosophy, 2011(3).

[87]Borge S. Sport Records Are Social Facts[J]Sport, Ethics and Philosophy, 2015, 9(4).

[88]Mahony D F, Hums M A, Andrew D P S, et al. Organizational justice in sport[J]. Sport Management Review, 2010(13).

[89]Seiferta L, Araújob D, Komara J, et al. Understanding constraints on sport performance from the complexity sciences paradigm: An ecological dynamics framework[J]. Human Movement Science, 2017(2).

[90]Jensen R D, Christensen M K, LaDonna K A, et al. How Surgeons Conceptualize Talent: A Qualitative Study Using Sport Science as a Lens[J]. Journal of Surgical Education, 2017, 1(1).

[91]Silk M L, Andrews D L. Toward a Physical Cultural Studies[J]. Sociology of Sport Journal, 2011(28).

[92]Hartmann-Tews I. Assessing the sociology of sport: On ageing, somatic culture and gender[J]. International Review for the Sociology of Sport 2015, 50(4-5).

[93]Ackland T R, Lohman T G, Sundgot-Borgen J, et al. Current Status of Body Composition Assessment in Sport[J]. Sports Med, 2012, 42 (3).

[94]Sherick I. The Emergence of Athleticism and Participation in Athletics: A Proposed Line of Development[J]. Psychoanalytic Review, 2012, 99(5).

[95]Sinden J L. The Structure and Direction of Emotion in Elite Sport: Deconstructing Unhealthy Paradigms and Distorted Norms for the Body[J]. J Relig Health, 2014(53).

[97]Holmberg H C. The elite cross-country skier provides unique insights into human exercise physiology[J]. Scand J Med Sci Sports 2015, 25 (Suppl. 4).

[96]Savage D W H. Effort, play, and sport[J]. Sport, Ethics and Philosophy, 2016, 10(4).

[97]Edgar A. The Birth of Sport[J]. Sport, Ethics and Philosophy, 2013(1).

[98]Markula P. Assessing the sociology of sport: On sport and exercise[J]. International Review for the Sociology of Sport, 2015, 50(4-5).

[99]Shaw A, Olson K. Fairness as partiality aversion: The development of procedural justice[J] Journal of Experimental Child Psychology, 2014(119).

[100]Lucas T, Kamble S V, Wu M S, et al. Distributive and Procedural Justice for Self and Others: Measurement Invariance and Links to Life Satisfaction in Four Cultures[J]. Journal of Cross-Cultural Psychology 2016, 47(2).

[101]Bradford B, Hohl K, Jackson J, et al. Obeying the Rules of the Road: Procedural Justice, Social Identity, and Normative Compliance[J]. Journal of Contemporary Criminal Justice 2015, 31(2).

[102]van Craen M, Skogan W G. Achieving Fairness in Policing: The Link Between Internal and

External Procedural Justice[J]. Journals. Sagepub, 2017, 20(1).

[103]Hon A H Y, Yang J X, Lu L. A cross-level study of procedural justice perceptions[J]. Journal of Managerial Psychology, 2011, 6 Issue 8.

[104] Kim S, Andrew D P S. Relationships between Organizational Justice and Coaches' Attitudinal Outcomes in Intercollegiate Sports[J]. International Journal of Sports Science & Coaching, 2015,10(2).

[105]Burton L J, Peachey J W, Wells J E. The Role of Servant Leadership in Developing an Ethical Climate in Sport Organizations[J]Journal of Sport Management, 2017(31).

[106]Hofer A R, Knemeyer A M, Murphy P R. The Roles of Procedural and Distributive Justice in Logistics Outsourcing Relationships[J]Journal of Business Logistics, 2012, 33(3).

[107] Lehmann - Willenbrock N, Grohmann A, Kauffeld S. Promoting Multifoci Citizenship Behavior: Time-Lagged Effects of Procedural Justice, Trust, and Commitment[J]. Applied psychology: an international review, 2013, 62 (3).

[108]van Prooijen J W. Procedural Justice as Autonomy Regulation[J]. Journal of Personality and Social Psychology, 2009, 96(6).

[109] Witztum A. Corporate rules, distributive justice and efficiency [J]. Business Ethics Quarterly, 2008, 18.

[110]Herzog L. Distributive Justice, Feasibility Gridlocks, and the Harmfulness of Economic Ideology[D]. 2015.

[111] Cordelli C. Distributive Justice and the Problem of Friendship [J]. Poltical Studies, 2015, 63.

[112] Mahony D F, Riemer H A, Breeding J L, et al. Organizational Justice in Sport Organizations: Perceptions of College Athletes and Other College Students[J]. Journal of Sport Management, 2006(20).

[113]Malloy D C, Zakus D H. Harassment Issues in Sport Organizations: Utilitarian, Justice, Kantian, and Existential Approaches to Moral Ontology[J]. Quest, 2004(56).

[114]Christen M, Glock H J. The (Limited) Space for Justice in Social Animals[J]. Soc Just Res, 2012(25).

[115]Makoff R, Read R. Beyond Just Justice - Creating Space for a Future-Care Ethic[J]. Philosophical Investigations, 2017(40).

[116]Gelfer J. Both Remedy and Poison: Religious Men and the Future of Peace[C]. Journal of

Men, Masculinities and Spirituality, 2010, 83(3).

[117] O' Brien N. Administrative Justice: A Libertarian Cinderella in Search of an Egalitarian Prince[J]. The Political Quarterly, 2012, 83(3).

[118] Salembier J P. Designing Regulatory Systems: A Template For Regulatory Rule-Making—Part Ⅱ[J]. Statute Law Review, 2003, 24(1).

[119] David W, Rainey, Janet D. Balls, Strikes, and Norms: Rule Violations and Normative Rules Among Baseball Umpires[J]. Journal of sport & exercise psychology, 1988(10).

[120] Charles N. Normative conflict and feuds: The limits of self-enforcement[J]. Journal of Public Economics, 2012(96).

[121] Mark C, Strategies and public propositions in games of institutional change: Comparative historical cases[J]. Journal of Comparative Economics, 2017(45).

[122] Muller M. Global constraints for round robin tournament scheduling[J]. Journal of Operational Research, 2004(153).

[123] Rodney Fort, College Sports Competitive Balance"Beliefs" and the Rule of Reason: Applied Theory and a Literature Review[J]. The Antitrust Bulletin 2017, 62(1).

[124] Michel K D, An Analysis of Penalty Kicks in Elite Football Post 1997[J]. International Journal of Sports Science & Coaching, 2015, 10(5).

[125] Jose L. Arias L, Francisco M. Review of rule modification in sport[J]. Journal of Sports Science and Medicine, 2011(10).

[126] Hastings D W, Zahran S, Cable S, Drowning in Inequalities: Swimming and Social Justice[J]. Journal of Black Studies, 2006(6).

[127] Brown A, Principles of stakes fairness in sport[J]. Politics, Philosophy & Economics, 2015, 14(2).

[128] Bautz B. What is the Common Morality, Really? [J]. Kennedy Institute of Ethics Journal, 2016, 26(1).

[129] Mitchell G, Tetlock P E, Mellers B A, et al. Ordonez. Judgments of Social Justice: Compromises Between Equality and Efficiency[J], Journal of Personality and Social Psychology 1993, 65(4).

[130] Bankovsky M, Social justice: Defending Rawls' theory of justice against Honneth's objections[J], Philosophy and Social Criticism, 2011, 37(1).

[131] Mumi W E, The Ideology of Social Justice inEconomic Justice For All[J]. Journal of

Business Ethics, 1989(8).

[132] Karel M. Basing Transport Planning on Principles of Social Justice[J]. Berkeley Planning Journal, 2006, 19(1).

[133] Brigati R, Desert as a principle of distributive justice: A reconsideration[J], Philosophy and Social Criticism 2014, 40(7).

[134] Shrotria S, Environmental justice: Is the National Green Tribunal of India effective? [J]. Environmental Law Review 2015, 17(3).

[135] Ramsay S, Boddy J. Environmental Social Work: A Concept Analysis[J]. British Journal of Social Work, 2017(47).

[136] Hodges K E, Sulmasy D P, Moral Status, Justice, and the Common Morality: Challenges for the Principlist Account of Moral Change[J]. Kennedy Institute ofEthics Journal, 2013, 23(3).

[137] Pilkington F B, Fairness and Justice as Dimensions of Leading-Following[J]. Nursing Science Quarterly, 2012, 25(2).

[138] Manivong J. Ratts Loni Anthony KristiAnna Nicole T. Santos, The Dimensions of Social Justice Model: Transforming Traditional Group Work Into a Socially Just Framework[J]. the Journal for Specialists in Group Work, 2010, 35(2).

[139] Hewstone M, Consequences of Diversity for Social Cohesion and Prejudice: The Missing Dimension of Intergroup Contact[J]. Journal of Social Issues, 2015, 71(2).

[140] Roberts P, Sustainable Development and Social Justice: Spatial Priorities and Mechanisms for Delivery[J]. Socio-logical Inquiry, 2003, 73(2).

[141] Rutl T Y A, Killen M. Equity and Justice in Developmental Science: Discrimination, Social Exclusion, and Inter-group Attitudes[J]. Child Development, 2016(9).

[142] Stoll S K. Social Justice: An Historical and Philosophical Perspective[J]. Journal of Physical Education, Recreation & Dance, 2011(10).

[143] Schmidt K B, Lobo M L. Social justice: a concept analysis[J]. Journal of Advanced Nursing, 2011(9).

后 记

中学时代喜欢上了唐诗，直至今日，时不时读上一两首古诗是我的日常习惯。本书稿停笔时的第一感觉就是想起了唐代诗人温庭筠的《商山早行》："晨起动征铎，客行悲故乡。鸡声茅店月，人迹板桥霜。槲叶落山路，枳花明驿墙。因思杜陵梦，凫雁满回塘。"

情不自禁地忆起《商山早行》有三大因由。一是温庭筠写这首诗时四十八岁，当下自己的年岁与其相同。二是均在人生羁旅途中，为入世的梦想折腾忙碌，人生感触不乏相近之处。当年温庭筠离开长安赴襄阳，而今自己也在遵义拼搏多年，很快面临去留抉择。三是"鸡声茅店月，人迹板桥霜"这一名句呈现的意境和意蕴与时下自己对体育伦理的探索的心境极其吻合，在无意识中产生了共鸣。

"虽然自己是在鸡鸣和晨月中起身离开客店踏上征途，但看到的是板桥上的清霜已经记录下了比自己更早的行人的脚印。"从 2009 年在中南大学攻读博士研究生开始，对体育伦理的研究我已坚持了十个年头。此书是我探索体育伦理的第二个阶段的小结，第一阶段的小结是 2015 年出版的《追寻竞技正义：竞技体育伦理批判》一书。这两本书都有着清晰的"鸡声茅店月"的印记。写《追寻竞技正义：竞技体育伦理批判》时我正在湖南师范大学工作，在长沙的岳麓山下，岳王亭边，每天早上四点起床，一口气写到上班时间(假期写作时间更长)。持续了四个多月，月黑月亮，鸡声无数。那种"衣带渐宽终不悔，为伊消得人憔悴"的追求让人斗志昂扬地消磨术苦与乐。写此书时，也曾无数次早起，闻鸡鸣视晨月，但人的体力精力与上次相比，已有明显的降退，显著的不同是那时的青丝已掺杂了不少银发。作为体育伦理的研究者，我是一个半路出家者，我最初学英语专业，后硕士攻读法学专业，法理学引起我对哲学的兴趣，后决定博士攻读哲学专业，对拳击的哲学思考又激励我走进体育伦理这一道德哲学学术之园。我国对体育伦理的专门研究肇始于20世纪80年代，国外比国内要早近半个世纪。这正是“当我迎着‘鸡鸣’和‘晨月’离开‘茅店’时，早行者已在‘板桥’的‘霜’上留下了清晰的脚印”的现实写照。这些年，尽管自己在体育伦理中埋头耕耘，也发表和出版了一些研究成果，但我内心很清楚，自己一直是个体育哲学界的局外人。这种情景或多或少与当年温庭筠的处境有些相似。尽管如此，解决了稻粮之需后，我已经能静下心来做自己喜欢的研究了，尤其当我在英国斯旺西大学访学时，看到西方体育伦理的发展现状，我内心总有种急起直追的冲动。无论旁人如何看待，我依然会负重前行，此书之后，我还会尽力写本《体育伦理本体论》，完成我的体育伦理“三部曲”，权且当作自己的“杜陵梦”吧，希望看到“凫雁满回塘”的图景。

本书在2014年立项的国家社会基金项目“竞技正义研究”结项成果的基础上扩充而成。感谢立项和结项时的各位评审专家，他们的严格把关和对该项目的期待是本书得以此貌面世的重要前提。

感谢湖南师范大学刘湘溶教授、北京体育大学任海教授、上海体育学院龚正伟教授对书稿提出宝贵的修改意见。

感谢英国斯旺西大学 Mike McNamee 教授、Andrew Bloodworth 教授、Libby Pearson 博士、Luke Cox 博士、英国剑桥大学 John William 博士，他们不仅为本书的写作提供了大量外文资料，与他们的讨论还大大丰富了本书的思想。

感谢中南大学出版社陈应征主任和沈常阳编辑为本书付梓所付出的辛勤劳动；感谢我的家人对我写作的理解和支持；感谢遵义师范学院领导、同事在本书育生过程中对我的关心和帮助。

囿于笔者的知识和学术水平，本书存在的一些不足甚或错误，敬请各位读者批评指正。

2020年7月16日于遵义寓所